Breaking Twitter

イーロン・マスク
史上最悪の企業買収

ベン・メズリック 著
井口耕二 訳

ダイヤモンド社

BREAKING TWITTER

by

Ben Mezrich

本書は、私が行ってきた取材や報道に基づき、
創作的に物語るノンフィクションである。
本人が特定できないように名前や特徴を一部変えたりしているし、
登場人物のなかには、複数の人をひとつにまとめて生みだした人もいたりする。
会話の内容やものの見方なども一部再構成しているし、
日付も、物語の都合に合わせて一部を調整したり圧縮したりしている。

すべてがすばらしいシミュレーションであることの証しをターニャに捧ぐ。
私は一番ラッキーなNPCだ。

はじめに

本書『Breaking Twitter　イーロン・マスク 史上最悪の企業買収』は、取材をいくどとなくくりかえして多くの関係者に直接話をうかがい、また膨大な量の資料を読み込んだ上で、とても風変わりで劇的な企業買収劇を物語るものである。登場する出来事のなかには、人によって意見の異なるものや、議論になるものもあるが、私としては、取材などで得た情報をもとにできる限り忠実にシーンを再現したつもりである。ただし、会話の内容やものの見方などは一部再構成してあるし、日付も一部を調整したり圧縮したりしてある。皮肉をきかせる書き方にしたところもある。取材に応えてくださった方々の要請をうけ、彼らのプライバシーを守るために、複数の人をひとりにまとめたり、名前や特徴を変更するなどしたところもある。

本書は、イーロン・マスクによるツイッターの買収を公認の物語として記したものではない。マスクの場合はだいたいそうなるのだけれども、取材の依頼は断られてしまった。そもそも、マスク本人としては、今回のような物語をあまり語られたくないのではないかと思う。今回は、結末だけでなく、なにをどうしてそこにいたったのかや、その際になににが起きたのかなども記しているからだ。シーンやコメントをマスクがどう感じ、どう見ていたのかは、関係者や綿密な取材から得た情報に私の推測も交えて構築した。

私は、2008年11月以来の熱心なツイッターユーザーである。なにがなんだかよくわからないスタートアップの時代から、文化、ジャーナリズム、政治を中心としたオンライン有数の重要ソーシャルメディアに育つ過程をつぶさに見てきたわけだ。そんなこともあり、イーロン・マスクが興味を持っているとのニュースが最初に流れたとき――もちろん、ツイッター上に流れたわけだ――私は、一瞬で引きつけられてしまった。マスクほど複雑な人はまずいない。世界でもトップクラスの金持ちであり、テスラとスペースXを生んだ才気あふれるアントレプレナーであり、同時に、インターネットでトップクラスに大胆な「トロール」であるのだから。1兆ドル企業を経営しつつ、ふざけたミームで米証券取引委員会をからかって楽しむなど破格にすぎると言えるだろう。

それでもなお、彼がツイッターに狙いを定めたあと、ありえない展開や劇的な展開が次から次へとくり広げられることになるとは思ってもいなかった。買収が成立するまでの紆《う》余《よ》曲折《きょくせつ》から、マスクがトップに就任し、混乱の数週間を始めたときのサンフランシスコ本社における関係者の行動や気持ち、さらには、世界のタウンホールの民営化がもたらす政治的・文化的な影響という大きな意味合いにいたるまで、本書に登場する人々は、みな個性的で、信条も大きく異なっている。

我々が公開の場で交わす会話の中心に位置するプラットフォームと当代随一の男とが、ある意味どろどろとした、ある意味こっけいな戦いをこれほどに表で戦うなどまずありえないことであり、これほどに刺激的で、これほどに重い意味を持つ話を物語るのは、これが初めてだと言えるだろう。

ベン・メズリック

目次

第2部　大量解雇

第3部　崩壊

主な登場人物

イーロン・マスク
宇宙事業やテクノロジー事業の先駆者。スペースXやニューラリンク、テスラの経営者。ツイッター社を買収する。

■ マスクの友だちや部下

ジャック・ドーシー
ツイッター創業者のひとりで、ツイッター社の元CEO。ツイッター1.0の状況を憂い、マスクに助けを求める。

ジェーン・バラジャディア
ザ・ボーリング・カンパニーの若きCOO。マスクが目標を達成できるように手伝うことが自分の仕事だと考えている。

ジェームズ・ベイカー
FBIの主任法務顧問を務めたあと、ツイッター社の法務副部長に転じた人物。

ジェームズ・マスク
マスクのいとこ。まだ若く、訓練も教育も経験も足りないのにツイッター社のエンジニアリングを統括する立場になって苦労する。

■ マスクの「舎弟」

デイビッド・サックス
ペイパル時代からマスクとかかわってきた人物で、ツイッター買収の背中を押した。

ジェイソン・カラカニス
シリコンバレーの投資家でありテック系ジャーナリストでもある。実践的なアドバイザーとしてマスクのツイッターにかかわる。

アレックス・スパイロ
マスクの顧問弁護士であり腹心の友でもある。

シュリラーム・クリシュナン
ソフトウェア技術者で、ツイッター1.0の時代には経営幹部を務めたこともある。ベンチャーキャピタリストに転身し、ツイッター2.0で古巣に戻る。

アントニオ・グラシアス
ベンチャーキャピタリストで、テスラの取締役を務めている。

ジャレッド・バーチャル
マスクの財務関連を取り仕切っている。マスクが持つ会社のひとつ、ニューラリンクのCEOも務めている。

スティーブ・デイビス
マスクが持つ会社のひとつ、ザ・ボーリング・カンパニーの社長。ツイッター社にいることが多く、マスクがツイッターCEOを辞すことがあったら後任だろうとうわさされる。

■ツイッター1.0(マスク買収前)経営幹部

パラグ・アグラワル
ジャック・ドーシーの後任としてツイッター社CEOに就任。CEOとしてマスクのツイッター買収に直面し、買収と同時に追放される。

ブレット・テイラー
ツイッター社の取締役会会長。マスクのツイッター買収と同時に追放される。

■ツイッター1.0〜2.0(マーケティング部門)

レスリー・バーランド
ツイッター社の最高マーケティング責任者。広告営業の大黒柱だったが、マスクがトップになった翌日に姿を消す。

JPマヒュー
広告営業のグローバルバイスプレジデント。分厚い人脈をもつ営業の要だった。

ロビン・ウィーラー
広告営業のトップで、ジョン・ケイヒルの上司。広告営業の要ふたり(レスリー・バーランドとサラ・パーソネット)が消えたあとの穴を埋めようと悪戦苦闘するが、度重なるリストラの要求を拒んでマスクに切られる。

ジョン・ケイヒル
マーケティング担当シニアバイスプレジデントで、マーク・ラムゼイの上司。

マーク・ラムゼイ
ツイッター社クリエイティブ・ストラテジー・チームのリーダー。急激な変化にとまどいつつ、できるかぎりの居残りを決める。

■ツイッター1.0〜2.0(顧客部門)

サラ・パーソネット
ツイッター社の最高顧客責任者。広告営業の大黒柱だったが、マスクがトップになった翌日に姿を消す。クビになったともみずから去ったとも言われていて真偽は不明。

ジェシカ・キタリー
ツイッター社のグローバルセールスマネージャー。広告主との関係を管理し、収益を支える役割を担う。ツイッター2.0ではマスクを支えるひとりとなる。

■ツイッター1.0〜2.0(製品開発部門)

ジェイ・サリバン
ツイッター1.0の時代にエスター・クロフォードの上司だった人物。守旧派で、マスクのツイッター買収後、すぐに姿を消す。

エスター・クロフォード
ツイッター社の製品開発ディレクター。マスクへのアピールに成功してツイッター2.0で側近に取り立てられ、マスクに直接もの申せる貴重な人材となる。

■ツイッター1.0〜2.0(トラスト&セーフティ部門)

ヨエル・ロス
ツイッター社トラスト&セーフティ部門の責任者で、コンテンツモデレーションや安全性管理のリーダー。

■その他

サム・バンクマン=フリード(SBF)
暗号通貨取引所FTXの創設者。ツイッター買収の際、マスクに資金提供を申し出る。

フィオドール・ドロボースキー
カザフスタンのアクトベで活動するサイバー犯罪者。SNSでの情報操作を仕事にする人物。

——2022年11月29日

プロローグ

ツイッター本社に棲むビリオネア

会議室にふたつの影

11月末の月曜日、サンフランシスコは、カラッとした海風がそよそよと吹きつけるいつもどおりの夜だった。ひりつく気配をそこはかとなくまとってはいるが気持ちいい。そんな夜、しかも、時計が真夜中を回って10分ほどという時間に、まさか、シリコンバレーにとって第3次世界大戦とさえ言えそうな戦いを始めるのはやめるべきだ——そう、世界一の金持ちを説得しようと、薄暗い会議室で孤軍奮闘する羽目になるとはエスター・クロフォードも予想していなかった。

人影はふたつ。ツイッター本社の10階を二分するかのように置かれた長大な机に並んで座っている。エスターの前には開いたノートパソコンがあり、陶器のような肌がスクリーンの光で輝いている。彼女の右肩からのぞき込むようにスクリーンを見ているイーロン・

マスクは、角張った顔にもちゃめっ気の宿る目にも、その顔に張り付いた薄ら笑いにも天井の蛍光灯から注ぐ光がほとんどあたらず、陰に潜んでいるかのようだ。机の向こうはガラスの壁だ。なごやかに力を合わせて事にあたるツイッターらしい文化を後押ししようとオープンな造りになっていたものだ。だがマスクは、ここをねぐらのひとつとして接収すると全面をすりガラスとし、明るく活気に満ちていた場所を洞穴かなにかのように薄暗い防空壕《ぼうくうごう》に変えてしまった。それでも昼間は多少暗くなるだけでそれなりなのだけれども、夜になると、エルゴノミクスなオフィス家具や木製事務用品の暗い影が不気味な雰囲気を醸し出す。

エスターはお昼からここに詰めっぱなしだ。昼間は多少なりとも人が出たり入ったりしていたが、日が沈み、すりガラスの向こうにある窓の景色が大理石とガラスと鋼鉄でできた活動的な大都市、すなわち、サンフランシスコ市庁舎とそれを囲むように林立するオフィスビルから、漆黒の空を背景にたくさんの光が瞬く夜景へと変わってからは、人の出入りもほとんどなくなってしまった。

ほとほとお腹も空いたし疲れてしまった。だいたい、この丸二日で2～3時間しか寝られていないのだ。いいかげん家に帰ろうか、夫と3人の子どもの顔くらい見たいしと思った矢先、マスクが登場した。10分前のことだ。従えていた屈強なボディガードふたりは、いま、巨大なガーゴイルよろしくドアの向こうで立ち番をしている。

この会議室にマスクが突然姿を現すのは珍しくない。真夜中などのおかしな時間でさえも、である。いまは荷物用エレベーターで運びあげたベッドで彼もその部下も寝ているが、マスクは、その何週間も前から、8階図書室の長椅子を寝床にツイッター本社に寝泊まりしているのだ（ビリオネアだというのに）。エスターとサシでやりあうことも珍しくない。エスターは経営幹部ではないし、それどころか買収前のツイッターでは、すりガラスの向こうでガーゴイルと一緒に控えていろと言われてもおかしくないくらいの下っ端だったというのに。

「洗いざらいわかりあおう《let that sink in》」と洗面台《sink》を手にマスクがツイッター本社の玄関をくぐった事件から4週間、エスターの人生は一変した。いまや幹部中の幹部である。マスクの「側近」は社外から連れてこられた壮年男性の友だちが基本で、その一員とまではさすがに言えないが、「チーフ・ツイット」を自称する気分屋のツイッタートップと直接やりあえる数少ない人間のひとりになったことはまちがいない。そして、なにかというと断崖絶壁の向こうへ飛びおりそうになるマスクを押しとどめるという、名誉ながら胃が痛くなりそうな仕事をしなければならなくなってしまった。

　今晩も、か……。

　マスクは、勢いよくドアを開け、ドスドスドスと大きく3歩でエスターの隣まで来た。ところが、そこにあった椅子は、なぜか、窓際にしつらえられたひとり用スペースから持ってきたものでとても小さく、188センチの巨体を収めるのは大変だ。手も足も体の前に縮めておくしかない。まるで祈りをささげるカマキリのようだ。しかし、そんなことなど気にする様子もなく、マスクは、二日前の続きを話し始めた。物言いは落ちついているし声を荒げることもない。それでもエスターは、断崖に向けた突進がもう始まっているのだと感じた。急がないと、断崖から本当に飛んでしまうかもしれない。

アップルとの抗争

ことの始まりは単なる誤解だ。でもだからといって、たやすく解消できるわけではない。ここ何週間か一緒に仕事をしてわかったのだが、そもそもマスクの行動原理は事実でも専門知識でもなく、本能と直感だ。また、彼が対峙《たいじ》しているシステムはどう見ても不当だし、法的に争えば勝てるかもしれないとマスクは考えていたし、実はエスターも同じように考え、同じように憤りを感じてもいた。でもだからといって、たやすく解消できるわけではない。

マスクはアップルに宣戦布告しようとしているが、ツイッターのトップに就任してわずかに1カ月で世界最大のテック企業にけんかを売るなど、自殺行為以外のなにものでもない――エスターにとっては自明の理である。

念のために指摘しておくと、アプリを通じた購入の30％も持っていくというアップルの料金体系にかみついたCEOはマスクの前にもいたし、特殊なシステムを用意し、それを使ってもらえば、暴利としか思えないこの手数料を回避できるのではないかと考えた事業者もマスクの前にいた。

だが、一握りになってしまったマーケティングと営業の幹部とこの同じ部屋で二日前に打ち合わせをして、その決済の拘束力がいかにすさまじいかを突きつけられると、マスクの顔は怒りで白くなり、目はらんらんと燃えあがった。マスクの目に、アップルに支払う料金は、儲け主義一辺倒の暴虐的な事業戦略ではなく、革新や自由、競争といった自分の信条と真っ向から対立するものに映ったのだ。

エスターは、とりあえず、マスクの懸念をただじっと聞くことにした。少し待てば激高も収まって論理的に考え、致し方ないことだ、今後もがまんするしかないと判断してくれるかもしれない。だがそうはならなかった。この件に関する打ち合わせの3回目では、現状を受けいれる気などさらさらない、アップルと戦う、法廷に持ち込んでやる、必要なら最高裁まで争うとまで言いだしてしまう。これはさすがにまずいと、エスターは、有料ユーザーをアップルのプラットフォームからウェブに誘導するのが自分たちにとって一番の策だと、別の道を提案した。しかし、即刻、マスクに却下される。ウェブ決済ではセキュリティが確保できない、有料ユーザーをウェブに誘導すればツイッターがボットの攻撃にさらされるというのだ。古い。認識が古すぎる。エスターは、いまのウェブ決済は安全なのだと説明しようとした。自分自身、ツイッターの決済をストライプでできるようにする仕事をしてきた経験もあったからだ。それでも、「決済のことはオレが一番よく知っている」とマスクはにべもない。

続けて、ウェブ決済のサブスクリプションはいますぐすべて廃止しろとの指示が出た。つまりツイッターの支払いはアプリ経由のみになる、言い換えればアップル経由のみに近くなるわけだ。これは根拠のない恐れにもとづく悪手だ。そう、エスターは思った。同時に、自分もやり損なったのだと気づいた。危険を避けるよう、そっと仕向ければよかったのに、対決姿勢で臨んでしまった。そんなことをすれば、マスクは逆に突っ込んでいくとわかっていたのに。マスクについては正しい取り扱い方法というものがあるし、さらに言えば、絶対にしてはならないまちがった取り扱い方法というものもある。そのあたりは経験からも学んでいたし、それこそ、このビリオネアに初めて会った日にお付きのひとり、つい先日、実務面の連絡参謀となったザ・ボーリング・カンパニーの若きCOO、ジェーン・バラジャディアから教えられてもいた。人のいないところに連れていかれ、こう言われたのだ。

「心に留めておくべきことがいくつかあります。イーロンはとにかく変わっています。その彼を支え、彼を守り、物事が彼にとっていい方向に進むようにするのが、これからおそばに仕えるあなたの仕事です。世の中から彼への働きかけもあなた経由になります。ですから、これからは、細心の注意を払っていただく必要があります」

それから何週間か、マスクへの接し方をいろいろと試してみたところ、どうやら、遊び心と自尊心をくすぐるのがいいらしいとわかった。一番いいのは、いわゆるミームを夜中にメールすること（朝に送るのは最悪）。きわどければきわどいほどいい。逆に彼が恐れるのは、世間的な評判に傷がつくこと。天才だ、史上まれに見るほど偉大なアントレプレナーだと持ち上げられてきたのに、ツイッター買収後は、はっきりと否定的な見方が増えてしまった。そのあたりをすごく気にしているのだ。

マスクは、ここ数日、アップルとの抗争をイデオロギーの問題だとする見方を強めつつあった。だからエスターは、膨れていくその怒りを少しでも鎮められればと、アップルやその料金体系をちゃかすミームを無理にでもひねりだしてはマスクに送ってみた。だがその程度ではどうにもならないらしい。それは、ここ24時間にマスクがツイッターに書いたものを見れば明らかだ。

アップルは政治的に「偏向している」と1億人以上もいるフォロワーに向けて書いたり、「アップルはツイッターに広告をほとんど出さなくなった。米国における言論の自由が嫌いなのだろうか」と書いたりしているのだ。「アプリストアでツイッターの提供をやめる」とアップルに脅されたとも書いている。最悪は今朝7時のツイートだ。ハイウェイを走りつづける直進の矢印には「30％支払う」と添えられていて、出口に向かう矢印には「戦端を開く」と添えられている出口案内標識が大きく写っている画像を投稿したのだ。このツイートはその後削除されたものの、マスクがなにを考えているのかはばれてしまった。

さて、エスターの隣に座り、小さな椅子を軽くゆらしながら、マスクは、アップルの独裁について、アプリ内課金に手数料を課すのは強盗の一種だ、テック業界を独占している証拠だ、法的に闘い、分割解体する必要があるなどと、ぶつぶつぶつぶつ独り言をつぶやいている。さらに、ツイートストームを巻きおこしかねないことまで言いだし、まずい展開になるかもと聞き耳を立てていたエスターをあわてさせた。アップルに抗議するようフォロワーに呼びかけるというのだ。しかも、オンラインだけでなく、現実世界でもアップル本社にデモのようなものをしかけろ、と。エスターは自分の耳が信じられなかった。一揆でも引きおこすつもりか？

急いで対処しなければならない。このままではツイッターの未来にも暗雲が立ちこめてしまうし、テック業界全体をゆるがす大騒ぎにもなりかねない。ツイッターとアップルの戦争など、天才がするようなことではなくて狂気の沙汰に近く、両社の評判にも傷がついてしまう。

エスターは机に手をついて立ち上がった。身長１５０センチと小柄な彼女は、これでようやく、獰猛なアントレプレナーと正面から目を合わせることができる。そして、マスクが理解してくれるやり方で状況を説明。マスクは旧経営陣をツイッター1・0と呼んでいるのだが、彼らが残した遺産のせいで、アップルに勝つことは不可能なのだ、と。マスク自身はなにも悪くないのに、急所をアップルにしっかり握られてしまっているのだ、と。

特に大きな問題は、アダルトコンテンツをまともに取り締まってこなかったことだ。旧経営陣は認めたがらないが、実は、ポルノ目的の利用がとても多いのだ。「問わず語らず」の裏世界である。加えて、最近は、もっとまずいものが広がっていた。児童ポルノである。ツイッター側もセキュリティチームやモデレーションチームが全力で抑えにかかっているにもかかわらず、だ。

ツイッターがアダルトコンテンツに侵食されていることや児童ポルノで苦戦していることをアップルは当然に知っているし、ツイッターアプリの大半がアップル経由で配布されているのだから、その支払い記録も押さえている。つまりアップルと下手に戦うと、この記録を使われるかもしれない。マスクがツイートしたようにツイッターをアプリストアから排除する場合も、その理由として、禁止された決済方法を使ったからではなく、アダルトコンテンツや児童ポルノという表沙汰になるとまずいものを挙げてくる可能性があるわけだ。そんなことをされたら、世界のさらし者になってしまう。

話が終わっても、マスクは押し黙ったまま、隣に立つ彼女をじっと見ていた。机に座ってから初めてのことだ。口を開いたのは、しばらくたってからだ。

「それはオレがトップに就任する前の話だ。オレのせいじゃないぞ」

「ええ。でも、いまのトップはあなたです」

エスターは生きた心地がしなかった。もう一呼吸おいて、マスクはうなずいてくれた。助かった。児童ポルノの温床だとアップルに批判されたら、世間的にどう見られることになるのかを考えたはずだ。そうなれば、ツイッターCEOである自分の評判に新たな傷がつくことになる、と。そうでなくとも、最近は、メディアにたたかれまくっているわけで。

肩の力が抜けるのを感じ、エスターは椅子に背を預けた。マスクは、弁護士やそれこそ干し草用の熊手を持った農民を送るより、自分がクパチーノに行ったほうがいいのではないかと一歩引いた対応をぶつぶつと検討している。話し合いで妥協点を探す平和的な解決方法だ。

このつぶやきを聞きながら、エスターは、自分の体がまだ震えていることに気づいた。一歩まちがえればまるで違う展開になっていたはずだ。本当に危ないところだった。戦うしかないと思い込んでしまう一歩手前までマスクは行っていた。いったんそう思い込んでしまえば、いったん、勝つか負けるかだと思ってしまえば――。

マスクは負けない。

でも、マスクも、方針を変えないわけではない。手遅れでないタイミングで誰かが説得に成功できれば。ただ、このところ、どこが限界なのかがわかりにくくなっている。それどころか、最近は猜疑心《さいぎしん》が強くなっているようだ。決済プラットフォームを攻撃するボットに対してもそうだし、社内でも、側近以外は全員を疑うようになっている気がする。そんなのは妄想だと言い切ることもできない。まだツイッターで仕事を続けている中間管理職が、我々は「集団退職」を考えている、一緒に辞めないかとエスターにそっと耳打ちしてきたなんてこともほんの数日前にあったくらいだ。

この誘いは断ったが、そういう話が進んでいると密告もしなかった。退散するよりマスクに話ができる立場でいたほうがいいと、まだ、思っているからだ。ただ、突進の向きを断崖絶壁からそらすのがどんどん難しくなっている気もする。そのうち、思い込みや、彼にしかわからない考えで突っ走るようになってしまうのではないか、いや、それこそ、狂気に支配されるようになってしまうのではないかと思えてならない。

一度そうなってしまったら、ミームも、悪評の可能性も、すりガラスも、向こう側へ滑り落ちていくのを止める役にたちはしない。そして、そのときツイッターがどうなっているかわかったものではないが、ともかく、なにがしか残っているものもすべて、マスクと一緒に向こう側へ滑り落ちていくだろう。

第1部
買収

「私が口にしたことはたいがい実現する。
予定どおりとはいかないかもしれないが、
でも、たいがい実現するんだ」
―― イーロン・マスク

第1章
ワンチーム・カンファレンス

——2年以上前の2020年1月15日

テキサス州ヒューストン中心部のジョージ・R・ブラウン・コンベンションセンターにて

舞台両袖のスピーカーから流れるノリのいい音楽に合わせ、スポットライトの光が満員の観客席におどる。天井からつり下げられた巨大なビデオモニター5台からもネオンブルーの光が客席に降りそそいでいる。企業主催の会議にしてはご機嫌にすぎる雰囲気だ。CEOがモニターの前に登場するのはまだ先だというのに、場内には電流が流れているかのようである。ただごとではない。

会場を埋め尽くしているのはツイッター社員だ。そのひとり、マーク・ラムゼイは、同僚ツイープスでごった返すなかをぬうように進んでいた。かなり若く見える32歳、引き締まった体にくしゃくしゃの茶髪。肩はほっそりしていて、軍にいたことがあるとはちょっと信じられない雰囲気だ。

ツイッター社内では社員をツイープスと呼ぶのだが、マーク・ラムゼイは、この呼び方があまり好きではない。ただ10年も勤めていれば、いいかげん慣れてしまうのも事実だ。ラムゼイは、スピーカーから流れる低音の振動を胸に感じつつ、ステージにほど近いシートをめざして進む。期待に胸が高鳴っていくのも感じてしまう。

今回のイベントはチームビルディングの実習、カクテルパーティ、意欲的な社会事業の体験などがちりばめられた三日間の社外研修で、今日は、そのメインとなるお祭り騒ぎである。この仲間4000人が同じ目的意識を持って力を合わせ（大半は終身雇用である）、儲けはそれほどでもないかもしれないが、パワフルで人々の話題となり、広く普及しているという意味では世界のトップを争うソーシャルメディアの会社を作りあげてきたのだ。

マークは、情緒的なタイプではないと自認しているし、友だちや同僚、婚約者からは、むしろ、冷静沈着だと思われていてもおかしくないはずだ。それでも、会場の熱気にあてられ、気分が高揚するのを感じていた。それとも単なる寝不足なのだろうか。なにせここまで、水のボトルをホームレスの人々に配布するなど心をゆさぶる体験から、ジョンソン宇宙センターで開かれた宇宙飛行士がテーマのカクテルパーティみたいにばかげた体験まで、72時間もノンストップで走ってきたのだ。

それでも、前から3列目の自分の席についたとき、ここ数カ月で一番というほど元気だと感じていた。隣は、たしか米国ダイバーシティ・アウトリーチ委員会所属の若い女性だ。

反対側はサンフランシスコ本社のエンジニアで、20代前半にしか見えない若者である。とにかく、若く情熱的な人が多い。

マークが率いるクリエイティブ・ストラテジー・チームのメンバーは、もっと後方、会場のあちこちに散っている。10年前はこじんまりしていたよなとマークは思った。ふつうの広告やマーケティングに飽きたらず、もっと創意工夫に富んだことがしたいと願う人、10人あまりを採用し、ノースカロライナ州シャーロットにある彼のサテライトオフィスに集めてチームを作ったのだ。クリエイティブ・ストラテジーは社内で「秘密兵器」と呼ばれる特別なチームで、ソーシャルメディアならではの企画を用意し、大手広告主に売り込むことを目的としている。いまのメンバーは100人ほど。みな有能なクリエイターで、世界各地に分かれて仕事をしている。物理的な場所に意味はないに等しい。ツイッターは創業時から「完全在宅勤務」をめざしていたし、あごひげがトレードマークの創業者、ジャック・ドーシーがCEOに返り咲いた2015年以降は完全リモートに移行したからだ。

マークはツイッターで挙げた成果を誇りに思っていた。そして、だからこそ、突然にわきあがったエネルギーとやる気にほろ苦いものを感じてしまう。ワンチーム・カンファレンスに参加するのは、驚くべきことに、おそらくこれが最後だからだ。このイベントはもともと、自己資金だけで興した社員数百人のテックスタートアップが開く小さな社外研修会だった。それが「大会」と呼ぶにふさわしい規模に成長し、数千人ものツイープス仲間で市内のホテルが満杯になっている。会場がヒューストンだというのも、ここまで来たのかと思わせてくれるポイントだ。

ヒューストンといえば、３年前にはハリケーン・ハービーがテキサス州を襲い、この街も水浸しになったし、今回の会場、コンベンションセンターは避難所として使われた。そしてそのとき、ツイッターの真価が世界に示された。市内は電力の供給もままならない状態なのに、ツイッターでは、リアルタイムに情報をやりとりできたのだ。避難場所への誘導、避難の経路、救護所の場所など、どこに行けば支援が受けられるのかといった公的情報もツイッター経由で拡散された。

マークはノースカロライナ州の出身だが、ＭＢＡをテキサス州オースティンで取ったので、この災害は他人事《ひとごと》になりえなかった。だから、１３００キロも離れたガラス張りの事務所に座り、友だちなどゆかりのある人々がツイッター経由でつながっていく様をじっと見ていた。あれこそ、ツイッターというアプリの理想形だった。ツイッター社が全社的な目的意識をあのくらいしっかりと持ちつづけてこられればよかったのに――マークはそう思わずにいられなかった。

客席の照明がゆっくりと落ち音楽が大きくなるにつれ、マークは、体が硬くなっていくのを感じた。実はここ数カ月でフラストレーションがたまり、二日前には、ついに、年内に辞めるつもりだと直属の上司に伝えるにいたっているのだ。

ツイッターを離れてどう生きていくのか、想像もできない。マークが入社したのは2008年だ。この直前にドーシーがCEOを退いたが、世間的にこれは自然な進化であると見られることが多かった。ドーシーは哲学的でのんびりとしたところがあり、創業から幼年期のゲリラスタイルを脱し、青年期にさしかかった企業の経営には向かないとされたのだ。

ドーシーは、この2年前に、ノア・グラス、ビズ・ストーン、エヴァン・ウィリアムズとともに「Twttr」なる会社を立ち上げ、「自分のtwttr、設定完了」という最初のツイートを3月21日に投稿している。始まりがどうだったかについては諸説あるが、ともかく、現状報告を簡単に行えるツールという大本のアイデアを思いついたのはドーシーだと言われている。そして、それをまずはグラスに話し、続けて、オデオを経営していたストーンとウィリアムズにも伝えたという流れだ。オデオとはポッドキャストのスタートアップであり、アップルがiTunesでポッドキャストを提供すると発表したことを受けてお先真っ暗な状態になっていた。

ハッカーを自認するドーシーはミズーリ工科大学からニューヨーク大学に進んだものの、結局、大学は中退してしまう。そしてその後、資格を取ってマッサージカフェで働いていたところ、ウィリアムズに出会い、オデオに加わった。2006年のことだ。そして、オデオを救うアイデアをみつけようと開かれた社内ハッカソンで、前述したメッセージングアプリのプロトタイプを作る（ドーシー自身は「現状報告」サービスと呼んでいた）。さらにその４カ月後の７月15日、ツイッターが一般公開され、初日に２万件ほどもツイートが生まれたわけだ。

サウス・バイ・サウスウエストでベスト・スタートアップ賞に輝いたこともあり、それから1年で、ツイッターは、１日６万ツイートに達する大人気サービスになり、さらに、２０１０年には５０００万ツイート／日に迫るところまで成長する。この急成長をマークはかぶりつきで見ていた。矢継ぎ早のＣＥＯ交代劇も、である。初代ＣＥＯのドーシーは、早くも２００８年、同じく大学中退のウィリアムズに交代。オデオの創立にかかわる前、ブログという用語を生みだしたことで知られているテック系シリアルアントレプレナーだ。そのウィリアムズも、ほんの何年かでディック・コストロに取って代わられる。なお、ドーシーは、その間、取締役として強い影響力を持ちつづけた。というわけで、社内はごたごたしていたが、オプラ・ウィンフリーやアシュトン・カッチャーといった著名人が「ツイッタラー」に名を連ねていたこともあってツイッターの人気はどんどんと高まり、２０１２年末にはアクティブユーザー数が2億人以上と、押しも押されもせぬ主流のソーシャルメディアとなった。この年には、バラク・オバマ大統領が再選勝利をツイッターで宣言する、翌年には、評価額３１０億ドルで株式を公開するといったこともあった。

その後、マークがマーケティング部門で出世していく何年かのあいだも、ツイッターは世の中に広がりつづけた。だが、マークがクリエイティブ・ストラテジー・チームを立ち上げて大手広告主の心をつかみ、広告がツイッター収入の90％近くをたたき出すようになっても、ツイッターは、フェイスブックやインスタグラム、スナップチャット、グーグルなどの巨大ソーシャルメディアに追いつくほどの成長を実現できなかった。報道、政治、娯楽を中心に世論の形成を左右する対話の場にはなったものの、同時に、混沌とした遊び場でもあり、いつもどこかで火の手が上がっている状態だったからだ。

だから、ハラスメントや虐待、ヘイトスピーチのない場に保つ仕事が増え、数千人もの社員、数え切れないほどのアルゴリズム、たくさんの規則に委員会、そして、かなりのところまで各自の判断で投稿を取り締まってもらう形の門番、いわゆるゲートキーパーまで動員しなければならなくなってしまった。加えて、２０１５年にデイリーユーザー数が頭打ちとなり、生命線の広告収入にたびたび落ち込みが見られるようになると、ドーシーがCEOに返り咲き、立て直しを図ることになった。その後の12カ月は波乱の連続だ。２０１６年の大統領選挙では、国を二分する勢いで米国世論が沸騰。ツイッターでは、人々を扇動するような言葉が飛びかい、デマが拡散された。矛盾する話が入り乱れる。外国による情報操作もあったと言われている。もう、しっちゃかめっちゃかである。

２０１７年には、ドナルド・トランプが３０７０万人ものフォロワーを集め、ツイッターで一番注目される存在となった。一方、広告主は、文化的・政治的な騒動が続き、内乱寸前に思えるあやうい状況に恐れをなし、財布のひもを絞りがちになった。争いは増えるばかりで広告主の懸念が強まる一方で、ツイッターはおもしろいと世間の興味関心は高まっていく。ほぼ毎月、アクセスが増えていくような状態で、月間ユーザー数が3億2100万人を突破する記録もこのころに達成している。

そして2018年9月には、2016年の大統領選でトランプがヒラリー・クリントンに勝てたのは、ソーシャルメディア経由でロシアが働きかけを行ったことも要因のひとつだとされている件について、ドーシーとフェイスブックCOOのシェリル・サンドバーグが上院情報委員会の公聴会に呼ばれる事態となる。買収もうわさされ、ウォルト・ディズニー社やグーグル、ベライゾンといった大会社の名前が取り沙汰された。

2018年末、マークは、ツイッターにおける旅が節目を迎えたように感じていた。入社したころ、ツイッターは経営破綻の瀬戸際をうろついていて安定にはほど遠かったが、目的意識ははっきりしていた。彼を含む社員一同、意義のある善きことをなそうとしていたのだ。社会的な対話が行われる場の運営は責任が伴う仕事であり、マークら社員は、みな、真剣に取り組んでいた。マークのチームは、単に、こんな広告はいかがでしょうと、出稿をしぶる清涼飲料水メーカーやソフトウェア会社、自動車メーカーに売り込む仕事をしていたわけではない。そうすることで、どこにいる誰であっても、自分の意見を表明したり、意見を聞いてもらったり、あるいは、それこそ敵をなじったり、ひとりひっそりとつぶやいたりできるプラットフォームを支えていたのだ。そういう場を作ることこそドーシーが掲げたビジョンだし、マークはその考えを信奉していた。

会場内が突然静かになった。席に座りなおしつつ左を見ると、そこには、すぐ後ろの広告担当者とツーショットの自撮りをする女性の姿がある。右側のエンジニアふたりは、ゴルフだかなんだか、明日朝の予定について話すのをやめ、ステージに視線を向けるところだった。若いな、と感じた。年齢的にはほとんど変わらないというのに、だ。気になったのは実年齢でもなければ、ヒューストンという離れた場所で開かれるイベントに興奮している様子でもない。ワンチーム・カンファレンスは、もともと、世界中のツイープスが集まり、善きことの構築に自分が果たしている役割を祝う集いなのだから。であるのに、今日は、幸せそうにほほ笑んでいる姿に違和感を覚えてしまう。

厳粛さが失われたとでも表現すればいいのだろうか。入社した10年前ははっきりとした目的意識を持ち、地に足のついた筋肉質の企業だったはずなのに、いつのまにか腑《ふぬ》抜けてしまった気がする。

最近の若者は雪のように繊細な「スノーフレーク」世代だと言われていて、マークとしては、ある意味ツイープ以上にこの言葉が嫌いなのだが、そうとでも表現するしかないように感じてもいる。ここ何年か、なにかというとその吹雪に巻き込まれ、仕事よりも快適な暮らしや個人的な対立、趣味などを優先する仲間が増えている気がしてならないのだ。文化そのものが変わってきているのかもしれないし、このところシリコンバレー全体を覆っている贅沢三昧《ぜいたくざんまい》な風潮のせいかもしれない。単なる成功の副作用という可能性もある。いずれにせよ、みな、自分のライフスタイルを優先して、会社のミッションが二の次になってしまっている。それも、最初は昼休みを2時間と長めに取るくらいだったものが、そのうち、休暇を2カ月も取るようになったりする。ささいなことでもすぐに委員会を立ち上げるものだから、毎日のように新しい委員会が生まれ、生産的な時間がむしばまれてしまう。しかも、どうでもいい意見の相違で話し合いが決裂し、なにも実現できずに終わってしまう。たまに出社してきたときも、まるでやる気が感じられない。最近、みんなが一番熱心に動いたのは、コスト削減の一環として本社のスムージーバーが撤去されたときだった。

ツイッターが生き残るには広告収入を追う以外にない。ツイッターにとって広告とは収益に等しく、それがあればこそ、事務所に電気も点けばスムージーが提供されたりもするからだ。だからマークのチームは100人を超える規模に成長していた。そのチームがこの流れに巻き込まれないよう、あの手この手を尽くしてはいる。でも、つい、昔はよかったなと思ってしまうのだ。無料のシリアルやオンラインゲームといった特典を求めてではなく、中核の事業を推進しようと考えて10分早く出社する、ズームの会議に10分早くアクセスする——みんながそうしていた時代が懐かしい。

ジャック・ドーシー

物思いから現実に戻ると、周りがみんな立ち上がっていた。温和で落ちついたカリスマ、ジャック・ドーシーの登場である。身長180センチ、体重75キロの堂々たる体格はシルエットでもすぐにわかる。長いあごひげにゆったりめのパーカー、鼻ピアス、いつも前かがみな姿勢から、ジェダイの騎士か操り糸を切られたばかりのアンティーク人形かという感じだ。ライトセイバーを抜いたとしても、目をぱちくりさせる人はいないだろう。

ジャックのCEO返り咲きに社内は沸いていた。しかしマークは、もろ手を挙げて歓迎する気になれなかった。社内文化が変わったのはジャックのせいだとまでは言わないが、責任の一端は彼にあると思うからだ。ジャックは基本的に哲学者であり、ツイッターのおかげで押しも押されもせぬビリオネアになったし、2009年に決済サービスのスクエア社を立ち上げたりもしているというのに、資本主義が大好きということはないように見える。そのジャックをトップにすえるというのは、マリファナでハイになる人を大統領に選ぶようなものだ。マリファナでけぶるなかを歩く彼はたしかに人気だろうし、みな、彼のあとをついて行こうとするだろう――そして、深い穴に落ちるわけだ。

厳しすぎる見方かもしれない。たしかにジャックは変わっている。それでも、天才であることはまちがいない。1日1食しか食べない、氷風呂によく入る、1週間もヨガの修行に行く、毎朝8キロも歩いて出社する――それがなんだというのだ。ツイープスは彼の手から食べ物がもらえたら喜ぶわけで、昔のようにがっつり働く文化に会社を戻すつもりがあるなら彼にはそうできるはずなのだ。ただ、ジャックが考えているのは宇宙と一体化する感覚や商取引の分権化など、もっと観念的なことのようだ。運営しているのがジェダイの寺院であればそれでもいいのだろうが、数十億ドル規模のソーシャルメディアでそんなことを考えてもあまり役にたつとは思えない。

マークとしては今後もツイープでありたいし、給料にもストックオプションにも満足している。だが残り時間はかぎられていて、吹雪がだんだんと強まり、この10年間、身をささげてきた会社が内側から崩壊し、別物になってしまう日が遠からず来るであろうことはまちがいない。

そうなる前に辞めよう――マークはそう考えていた。

そんなほろ苦いことに気を取られていたら、いつのまにか、会場がまた静かになっていた。壇上のジャックは観客席に背を向け、天井からつるされた巨大なモニターに向かっている。スクリーンの中央には四角く光るものが映っている。なんなのかしばらくわからなかったが、ビデオ通話のウインドウである。そこに、窓がたくさんある巨大な壁に囲まれ、いまふうの椅子や机がずらりと並ぶ事務所が浮かび上がる。別の壁は、人工衛星かなにかが描かれたポスターに覆われている。いや、国際宇宙ステーションの一部かもしれない。通話画面の中央に映る人を見て、ああ、そういうことかとマークは納得した。

誰もが知っている顔だ。そうか、彼かと会場に興奮したつぶやきが広がっていく。イーロン・マスクだ。3000万人以上のフォロワー数を誇る最大級のツイッターユーザーで、人を楽しませるツイートや争いの原因となるツイートを連発する。哲学的になることもあれば、ただひたすらに人を笑わせようとすることもある。さらに、インターネットトロールとなり、人の神経を逆なでることだけが目的のようなミームやコメントを連発することもある。彼はツイープスの多くに気に入られているし、世の中では、成功した実業家として尊敬を集めていた。なにせ、テスラで自動車業界を根本的に変えてしまったし、スペースXで宇宙開発の世界を根本的に変えようとしている天才なのだ。映像から推測するに、今回のビデオ通話はスペースXにつながっているようだ。

カリスマ的アントレプレナー、イーロン・マスク

マークは、ビリオネアをじっと見た。角張った顔。少し前のめりの姿勢。落ちつきのな

い手。光をたたえた小さな目。「火星に住もう《Occupy Mars》」と胸元に描かれたTシャツにしゃれたレザージャケットをはおっている。そんなマスクの巨大な映像にジャックが話しかける。会場と同じくジャックも興奮しているようだ。いずれにせよ、ふたりの関係はよさげである。互いに敬意を抱いていることがわかる。

「忌憚《きたん》のないご意見をお聞かせください。我々がうまくできていないのはなにか、もっとよくできるのはなにか、サービスとしてツイッターはどういう力を秘めているはずだと考えておられるのか、などです。また、もし、ツイッターを経営するとしたら――あ〜、念のためうかがっておきたいのですが、ツイッターを経営したいとお考えですか？」

会場が笑ってくれるのを待ってから、ジャックは続けた。

「いかがでしょうか」

事前に打ち合わせていたわけではないようでマスクは考え考え言葉を紡いでいたが、次第に、立て板に水となっていく。

「きちんと区別することが大事だと思うんですよ。リアルと――そう、リアルとですね、え〜、つまり、リアルな人なのか――単に認証された人という意味ではなくてですね、リアルな人なのかボットなのか、それともトロールアーミーかなにかなのか……要するに、リアルな反応なのか、システムをだまそうとしているのかをどう区別するかが大事なのです。たぶんリアルであるのか、たぶんシステムをだまそうとしているのか」

マスクの話はまだまだ続いた。このような問題についてずいぶんと考え、検討してきたことがよくわかる。彼が特に気にしているのは、リアルなものとそうでないものの区別がどんどん難しくなっている点だ。大半が匿名のアカウントも問題ではあるが、ツイートそのものや、そこに表される考え、意見、主張などもそうだ。ユーザーを操り、世論を望む形にねじ曲げようとする勢力にいつのまにか場を侵食されてしまったのではないかと考えているらしい。

この話にマークは興味をそそられた。お金を払ってくれる会社に売る広告を作ってきたわけで、意見の市場も市場であることには変わりがないと理解しているからだ。もちろん、お金をかけてなにかを売ろうとしている投稿やコメントと、「リアル」であるはずの投稿やコメントは区別するように努力してきた。それだけに、マスクの懸念は大事だと思えたのだ。ボットは自動的に投稿する偽アカウントであり、トロールは人間が書いていて偽アカウントの運用に協力していることが多いと違いはあるけれど、ツイッターというメディアがぐちゃぐちゃになれば、区別できなくなりかねない。いや、違いさえもなくなってしまうかもしれない。

マスクは、この対話でさらに大きなポイントも指摘した。ツイッターがいわば世界のタウンホールとして市民が対話する場になるのであれば、その場を操られないように対策を講じなければならないという点だ。進めば進むほど、話に熱がこもる。心の底から信じていることを語っているのだろう。

このような思い入れこそ、ツイッター社内からほぼ失われたとマークが感じているものだ。大金持ちのカリスマ的アントレプレナーの話に引き込まれ、会場には熱気が満ちていた。ここまでの熱気は、最近、無料のスムージーがなくなったときや、おもしろくもない現場仕事で休暇が短縮されたときくらいしか見ることはなかったというレベルである。

マスクとのビデオ通話が終わると（最後は、火星からのツイートが初めて届くのはいつごろだろうとジャックが問い、「5年後。遅くとも10年以内」とマスクが答えた）、嵐のような拍手が巻きおこる。国際宇宙ステーションに滞在中の宇宙飛行士が登場したとき以上の拍手だ。マスクの楽観的な話にツイープスの心が躍ったということだろう。ジャックが降壇し、また音楽が流れたとき、会場の雰囲気ははっきりと変わっていた。

マークは、テキサス大学でMBAを取り、その学費のローンを返済するために、4年間、軍にいた。だが育ったのは、ノースカロライナ州ハンターズビルの郊外という田舎も田舎、周りに農場しかないような場所だ。嵐が近づくと空気が変わってわかる。いま、会場に満ちている空気がまさしくそんな感じだ。

勘、なのだろう。雲が厚くなり、湿度が上がる。空気が重くなる。なにかが近づいてきている。そう、全身で感じていた。

——2022年3月25日

第2章 ギガテキサス

午前1時半過ぎ

テスラのテクノキングでCEOでもあり、スペースXの筆頭エンジニアでCEOでもあり、ニューラリンクとザ・ボーリング・カンパニーの創業者でもあり、さらに、まもなく世界一の金持ちとなる男、イーロン・マスクは、隠れ家っぽくへこんだアルコーブに寝転がっていた。テキサス州オースティンから20キロほどの場所だ。砂だらけで雑木林くらいしかない場所を切り裂くように不時着したエイリアンの宇宙船という雰囲気で、鉄とガラスの迷路が100万平方メートルも広がっている。天井高は6メートル。きらめくキャットウォークが張り巡らされ、アクリルの安全窓が並んでいる。床も磨きあげられている。真っ白な通路が四方八方にのびていて、あちこちに作業ブースがある。作業ブースは、走行用の軌道と爪、自在に動く機械の眼を持つ金属製の真っ赤ななにかでいっぱいだ。シリコンネットワークとギアのかみ合いで構成された高度な技術の未来がかいま見える気がして、感動的である。

マスクの親指は、胸に置いたスマホの上を漂っている。床が硬くて背中が痛い。床に直接寝るのはしんどいでしょうと、真夜中すぎにヨガマットを貸してくれた人がいるが、そのくらいでは、窓にスカーフをかけて極寒の風を防ごうとするようなもので、ほとんど役にたたない。宇宙船という未来的なものであっても、床で3週間も寝つづければなにごともなくすむはずがないのだ。

本当のところ寝ていた場所は宇宙船ではなく、工場である。ただ、それはまたそれで、状況を正しく表現していると言いがたい。SF映画としか思えないテクノロジーに満たされた工場が、その先祖である薄汚れた組立ラインやたくさんの機械工が汗水垂らして働く工場に似ていると言うのは、スーパーコンピューターも先祖のそろばんに似ていると言うようなものだ。

ここはテキサス州にあるテスラのギガファクトリー、「ギガテキサス」である。技術的に大きく最先端を行く野心的な工場で、テスラ最大の生産設備となっている。世界第2位の巨大建造物で都市部なら15区画を覆う大きさだし、使われた鋼鉄はエンパイアステートビルディングより多い。しかも、これを拡張する計画がすでに申請されている。ギガテキサスの建設が始まったのは2020年7月。それから2年もたっていないのに、もうすぐ、人気の電気自動車、モデルYの出荷が始まるという。数千人を集める記念イベント「サイバー・ロデオ」も計画されていて、そこでは、サイバートラックやロボタクシー、人型ロボットのオプティマスなど、開発中の製品も紹介される予定だ。マスクも黒いカウボーイハットをかぶって登場することになっているし、その前には、ドローンのショーも計画されている。物理学者のニコラ・テスラ、モデルY、暗号通貨ドージコインのマスコット犬などが空に描かれる予定だ。

こういう演出もギガテキサスそのものも、大胆で劇的、皮肉まじりで、わずかながら狂気が漂うのが、いかにも、イーロン・マスクらしい。しかも、華々しい舞台の裏には、自動車業界に革命を起こすというマスクの目標に向けた一歩がある。ギガテキサスは持続可能な電気自動車を45秒に1台、いずれ年100万台生産することを目標にすると同時に、工場自体もソーラーパネルと蓄電池のパワーパックを装備していて、テスラが掲げるクリーンエネルギーのビジョンをアピールするものとなっている。電気自動車1台分ずつ世界を救っていくクエストの記念碑となる、マスク自慢の一品なのだ。

さて、アルコーブの床に寝るマスクは、ヨガマットから少しだけ頭を上げ、あたりを見回した。混沌として美しい。未来的な巨大マシンがきっちりとした振り付けのダンスを踊るように連携し、その隙間を、テスラの制服を着た技術者がすり抜けていく。その様子が、マスクには、偉大なる機械神に仕える古代の人々に見えた。

その中心にあるのが、圧倒的な存在感を示すギガプレス2機である。アルミニウムを成形する高圧ダイカストの機械で、列車1両分ほどもある超大型だ。明るい赤と白の帯状に塗られ、油圧の配管やヘビのような金属シリンダーが目を引くギガプレスは、アルミニウムとシリコンの混合物を高温で融解して6000トンもの圧力で成形し、モデルYの後ろ半分をごくわずかな時間で作ることができる。ギガプレスは上海、カリフォルニア、ベルリンに合計5台あって、まちがいなく最先端で世界的に人気が高まりつつあるテスラ電気自動車を次々と製造し、市場に供給している。さらに、ギガテキサスでは、モデルYの生産を増やすため、もっと大型の9000トンバージョンを何台も設置する準備が進められている。こちらなら、モデルYも開発中のサイバートラックもボディを一発で作ることができる。玩具会社のマテルがおもちゃの車を作るときと同じようなやり方で、乗用車やトラックが作れるわけだ。

テスラのギガファクトリー専用に作られたギガプレスは、マスクのミッションを支える重要コンポーネントである。マスクはもともと電気自動車が作りたかったわけではなく、考えていたのは輸送の変革だ。マスクにとって持続可能エネルギーは、学生がデモのプラカードにスプレーで書きなぐったりするはやり言葉ではなく、じっくり作り込んだ事業戦略であり、もっと大きなビジョンの一部を構成するものなのだ。

すっかり目が覚めたマスクは起きあがると、痛む肩のストレッチをした。もちろん、巨大工場のどこかにはベッドくらいあるだろうし、近くのオースティンまで行けば高級ホテルだってある。ちなみに、このころマスクは所有物の大半を売ろうとしているところで、自宅がない状態だった。もともと物質的な贅沢《ぜいたく》には興味がない上、不平等が激しいいまの世の中において、邸宅やクルーザーは格好の攻撃材料にしかならないと気づいたからだ。だが、毎晩のように最新工場の床で寝ているのは宣伝工作でもないし、それどころか、話題作りだけが目的というわけでもなかった。

　体が痛むと、人生で一番きつかった時期が思いだされる。手ごろな価格で買える大量生産車、モデル３の発売準備が大詰めを迎えていた２０１７年の末は、遅れや製造上の問題が頻発して悪夢のような状況だった。だから、自分で生産ラインの陣頭指揮を執ることにした。カリフォルニア州フリーモントの工場で夜を徹して働き、机の下で寝ることも多かったという。後日、ブルームバーグにこう語っている。

「社内で最悪の状況に自分を追いこみたいと考えました。社員が痛みを感じるなら、自分はもっと強い痛みを感じたいと思ったのです」[1]

　報道されることはなかったものの、このときテスラは、あと１カ月ももたない崖っぷちに追いつめられていた。自動車会社はいままで数え切れないほど立ち上げられ、消えていったが、もうあと一歩でテスラもその仲間入りをするところだったのだ。

　現状はまるで違う。テスラはありえないほどの快進撃を続けていて、株価も３００ドルを突破した。時価総額は1兆ドルを超えている（1兆ドル突破は世界中で6社のみ）。

それでもなお、テスラの成果は始まりにすぎない。マスクはそう考えている。なにせ、モデルSや今回のギガテキサスといった成功は、もっと大きなミッションの一部にすぎず、そのミッションが気になって、工場の床でもビジネスジェットの機内でも、夜中につい目が覚めてしまうのだから。

このミッションをマスクが初めて匂わせたのは、テスラの立ち上げを支援した2年後だった。テスラ初の電動スポーツカー、ロードスター（価格は10万ドル）を世の中に送り出した少しあと、「テスラモーターズ秘密のマスタープラン（ここだけの話です）」なるブログ記事を自分で書いて公開したのだ。

「テスラモーターズの包括的な目的（そして私がこの会社に出資している理由）は、採掘しては燃やす炭化水素社会から……ソーラー発電社会へのシフトを加速することです……」

そのためにテスラですることはシンプルだという。

「①スポーツカーを作る。②①の利益で手ごろな価格の車を作る。③②の利益で、もっと手ごろな価格の車を作る。④同時に、ゼロエミッションで発電ができる仕組みを構築する」

「ほかの人に言わないでくださいね」――マスクはこう結び、それから15年、記したとおりに進んできた。社員を4分の1も解雇し、クリスマスイブの夜、もうあと1時間で会社が倒れるというぎりぎりの時刻に資金調達をまとめて2008年の財務危機を乗り切ると、2012年にはロードスターよりも安価なモデルSセダンを発売し、続けて2015年にはSUVのモデルX、2017〜18年にはモデル3を投入。また、その途中の2009年7月に黒字化し、2010年6月には、株式を公開する。自動車会社の株式公開は、1956年のフォード以来という快挙である。その後も、クロスオーバーSUVであるモデルYなどの新型車はもちろん、急速充電設備（2012年）や、自動車業界の聖杯ともいえる精巧なオートパイロットシステム（2014年）などのイノベーションを投入し、テスラの時価総額をIPO時の22億2000万ドルからさらに押し上げている。

というわけで、テスラは存亡の危機に瀕していないし、それどころかかつてないほど絶好調だ。それでも、マスクにしてみれば、まだまだやらなければならないことがありすぎて、少しの間だけでもアクセルを緩める気になれないらしい。

そして2022年春、マスクは、新たな問題の解決に乗りだそうとしていた。

米国は――いや世界は――コロナ禍が始まって2回目の冬をようやく乗り切ったところだったが、マスクはコロナ禍を過去のものにしたいと考えていた。経済は、今後も世界的に混乱が続くと思われる。であればなおさら、急いで前に進む必要がある――マスクはそう感じるのだ。持続可能エネルギーを推進することで化石燃料への依存から人類が脱却するのを支援するとテスラのミッションステートメントに掲げてきたのも、もっと大きなビジョンの一部としてなのだから。
マスクはヨガマットから起きあがると、胸元のスマホを取りあげ、淡く光るスクリーンを見つめた。ついさきほど入力した文字が並んでいる。

民主主義が機能するには言論の自由が不可欠だ。
いま、ツイッターは、この原理に従っていると思うか？
１　はい
２　いいえ

メモではない。電子メールでもなければブログ記事でもない。ツイートだ。７９００万人近いフォロワーに投げかけたアンケートツイートで、ツイッターのユーザーなら誰でも回答することができる。回答する、いいねする、コメントするなどの形で、すでに、何十万人もの人が反応してくれている。最終的に、24時間後の回答期限には２００万人以上の回答が集まり、その70％が「いいえ」を選んでいた。さもありなんである。えげつない政治抗争、度重なるメディアのスキャンダル、世界全体ですでに６００万人も亡くなった１００年に一度レベルのパンデミックと、トラウマ級の出来事が続いて社会全体が不安定になっていることを受け、ここ1年ほど、ツイッターも荒れていたからだ。ただ、前述のツイートをしたのは、そういう怨嗟《えんさ》や議論を見てきたからではない。マスクは、もっと大きなものを狙っていた。しばらく前から気になってしかたのないことだ。

マスクはアルコーブを出て歩きはじめた。一定ルートを巡る自立走行のスマートカートをよけ、続けて、自動マルチスポット溶接機を囲む技術者をよける。この溶接機は、この工場でも特に複雑といえる装置である。真っ赤なクモのロボットがひっくりかえり、多関節アームを空中に突き上げているように見える。アーム先端の溶接ヘッドは高温で白く光っていた。溶接機は動き方のトレーニング中で、技術者の手には携帯型デジタルデッキがある。みな、マスクが通りかかったからと手を止めはしないが、その目が輝くのは見てとれた。マスクは厳しいボスかもしれないが、真夜中すぎまで現場で一緒に仕事をする。このとき彼の心に浮かんでいた言葉は、そしておそらくは技術者たちの心にも浮かんでいた言葉は――。

本気、だ。

自動車工場なら、それがギガテキサスほど未来的で自動化されたところであっても、これしかありえない。戦略でも業務でもミスは危険だし、下手をすれば命にかかわる。技術者という人種は手順を重視し、細かなこともないがしろにしない。慎重に進め、きちんと結果を出す。マスクも技術者ではあるが、ちょっと違う面も兼ね備えていて、夜中や、なにかにいらだったときなどに、その面が顔をだす。

そして、ツイッターでつぶやくのだ。

ツイッターは13年ほど前から使っているが、使い方が並大抵ではない。フォロワーがすさまじく多いということもあるが、とにかくよくつぶやくのだ。すでに2万回に達しようかというほどだし、このころは、日に6回くらいも投稿している。移動中や夜中、あるいは、朝起きたときなどに、思いつくままに書く、ミームをリツイートする、哲学的なことを書くなどする。トイレに座りながら書いていることもある。後先考えないツイートで米国証券取引委員会（SEC）とトラブった2018年の話は有名だ。一株420ドルでテスラを非公開化する「資金は確保ずみ」だとツイートしたため、株式市場が大騒ぎになって株価が10％もはね上がったのだ。最終的に罰金2000万ドルを支払うことになり、史上最高に高くついたツイートとなってしまった。

指一本でアクセスできる最高のショーだとツイッターを考えるなら、マスクは、トップクラスの客寄せ効果を発揮する芸人だ。それもあってか、ジャック・ドーシーと仲がいい。

ふたりはビリオネアで、金融の分散化などにおいて個人の自由意志を尊重する、言論の自由を重要だと考えるなど共通点が多い。そして、ある日、ドーシーがツイッターのCEOを辞した（2度目のCEO退任）。おそらくは、ツイッターの大株主であるヘッジファンド、エリオット・マネジメントの差し金だろう。後任は、それまでほとんど表に出てこなかった最高技術責任者のパラグ・アグラワルである。なお、その後も、設計の中心人物であるドーシーは、ツイッターというサイトの空気に別格の影響力を持ちつづけている。

設計図がどれほどすばらしくても、実際に製品を開発し、維持する技術者の技量以上のものにはならない――意外に知られていないことなのだが、マスクはよくよくわかっている。世界のタウンホールというジャックの設計図はまちがいなく革命的である。ただ、最近はほころびが目立ち、ばらけてしまうのも時間の問題だ。そう、マスクには思えてならなかった。

アンケートを投稿したとき、マスクは、トロール化していたわけでもないし、単に思いつきを投稿し、反応を見たいと思ったわけでもない。その目は、心血を注いできた製品が脱線しそうになっているのをじっと見つめる技術者のものだった。

言論の自由

引き金になったのは、たわいもないことだ。マスクがよく読むバビロン・ビーなる保守系風刺サイトが、悪趣味なジョークを投稿したとして、アカウントを凍結されたのだ。具体的には、「バビロン・ビーが選ぶ今年の人《Man of the Year》はレイチェル・レビーン」というキャプションを添えてレイチェル・レビーン保健担当次官補の写真を掲載した。USAトゥデイが「今年の女性《Women of the Year》」のひとりにトランスジェンダーのレビーンを挙げたことを受けたもので、意図的なミスジェンダリングだとツイッターは判断したわけだ。

このアカウント凍結にマスクはいらだった。バビロン・ビーの方向性に賛同しているからでは必ずしもない。もっとも、おそらく賛同してはいるのだろう。この何カ月かあとには、「頼まれてもいないのにどういう代名詞で呼ぶべきかを押しつけるのは、そして、その代名詞を使わない人を暗に非難するのは、よいことでもないし、誰かに対する思いやりのある行為でもない」と説明したりしているからだ。それでも、一番の理由は、最近のツイッターはやりすぎている、言論の自由として守られるべきだと自分が信じているものを抑圧するようになっている、この凍結はその一環だと考えたからだ。

マスクの見方は世論に一致しているとはかぎらないし、そのことをマスクは理解している。なにせ、空気を読むのが不得意で、物事を文字どおりに解釈しがちなアスペルガー症候群を自認しているくらいなのだ。そのため、子ども時代は、本を読んでばかりのぼっちだったし、いじめにもあったしと大変だったが、そのうち、根本的な真理という概念に魅せられ、物理学とコンピューターサイエンスの道に進むことにした。そしていま、宇宙を理解することがマスクの哲学の中心にあり、問いを投げ、人類の意識を拡大することだけが、この目的を果たす方策だと信じているのだ。

そういうわけで、マスクにとって言論の自由はきわめて重要だ。問いを投げることができなければ、黙らされてしまえば、根本的な真理に到達できなくなってしまう。そして、根本的な真理を明らかにできなければ、宇宙を真に理解するなど不可能だ。

テスラを作った理由が車を作ることではないように、ツイッターを使う理由は、単に自分やほかの人を楽しませたいからではないし、経営するさまざまな会社のプロモーションがしたいからでもない。テスラさえもごく一部を構成するだけの大きなミッションにおいて、世界のタウンホール――ジャック・ドーシーが思い描いたように、足かせのない言論の自由が保証されている場――が大きな役割を果たしてくれると信じているからだ。逆に言えば、モデレーションで飼いならされた世界のタウンホールは、彼がめざすものすべてを絶体絶命の崖っぷちに追いこむものとなる。

ここ何カ月か、ツイッターはまずい状態になっている、ウイルスの一種が広がりつつあるとマスクは見ていた。主流と異なる意見を抑圧し、黙らせる力が急速に広がっている。多数派の意見に屈しないアカウントは、凍結やシャドウバン、場合によっては削除という強硬手段により、どんどん数を減らしている。この見立てが正しければ、世界のタウンホールに必要な条件がこのウイルスにむしばまれてしまうし、そうなれば、電気自動車や持続可能エネルギーのはるか先まで行く大きなミッションがあやうくなってしまう。

人類の存続がかかったミッションなのに。

工場という「宇宙船」を歩くスピードが上がる。シリコンと鋼鉄でできた昆虫のような機械が次々と後ろに流れていく。歩きながら、マスクは、あのアンケートからどう展開すべきかを考えていた。その結果はほんの何時間かで明らかになった。

ツイッターは、事実上、市民に開かれたタウンホールの役割を担っているわけで、そこで言論の自由という原則が守られなければ民主主義そのものが揺らいでしまう。どうすべきなのだろうか?

少しあとに、次の一言が続いた。

新しいプラットフォームが必要なのだろうか?

すっかり目が覚めたマスクは、この新たな脅威についてフル回転で考えはじめた。しばらく前から、世界は刃の上でバランスを取っているような状態になっていると感じている。そろそろ、そのあたりの是正を試みるべきなのかもしれない。

――2022年4月4日

第3章
不意打ちの株式取得

パラグ・アグラワル

朝7時、パラグ・アグラワルが街路樹の並ぶカリフォルニア州パロアルトの閑静な住宅街にあるスペイン風の自宅を出て2歩歩いたとき、携帯の通知が止まらなくなった。朝の眠たげな雰囲気がただようなか、励起された電子の小さなパケットが空を奔《はし》り、胸元のポケットに収めた工学の粋、アップルの四角い塊へと、シリコンバレーの携帯電話網を飛びかうテキストを次から次へと運んできているのだ。

ちょっと先に停めたメルセデスSUVに着くころには、ガラガラヘビかと思うほど電話の振動がひどくなり、ジャケットのポケットが破れるのではないかと心配になってしまった。それでも電話に手を伸ばさず、パラグは運転席に座るとドアを閉め、ひとりの空間でゆっくりと息をついだ。

車内はいつもどおり美しく、レザーシートが体を柔らかく受けとめてくれている。かんべんしてくれよ、疲れてるんだ。パラグはダッシュボードに手を伸ばし、気を静めようとしながら、エアコンの温度と換気を設定する。いつもながらあわただしい朝で、頭がまだ混乱している。子どもがふたりいる。4歳と生まれたばかりの赤ん坊だ。出勤前は戦争である。妻はハーバード大学とマサチューセッツ工科大学で学んだ医学博士で才色兼備。いまは、バイオテクノロジーを専門とするゼネラルパートナーとして、メガベンチャーキャピタルのアンドリーセン・ホロウィッツで働いている。そんな妻とふたりがかりでも、幼児のエネルギーと赤ん坊の大音量はこなすのがやっとだ。この何週間かだけでも、パラグがメルセデスに逃げたのは一度や二度ではないし、週末は、ほかの3台、すなわち、ランドローバーのレンジローバーにディフェンダー、キャデラックのエスカレードのいずれかに逃げこむことが多かった。[1]

お高い車ばかりだが、もともと贅沢《ぜいたく》が好きなわけではない（昔から車は好きだった。でもこんなに何台も持てるようになったのは、37年の人生で初めてのことだ）。むしろ逆で、控えめで物静かなタイプだと友だちには評されている。服装も華美に走ることがなく、ジーンズに白いボタンダウンのシャツ、四角いフレームの分厚い眼鏡、さらに、ジャケットはジッパー式で、ビジネスウェアというよりスポーツウェアといった雰囲気だ。車以外は、特に高価な持ち物もない。自宅はそれなりにしたけれども、購入当時でもパロアルトでは350万ドル以下の物件などありえなかったし、いまの価格はパンデミックで高騰した結果である。

わりとふつうの家の前にメルセデスを停めて、その運転席に座り、ジャケットのポケットでヒステリックに鳴りつづける金属の塊を必死で無視しているパラグの姿を見たら、よく話題にのぼることでは世界トップクラスのソーシャルメディア企業で、つい先日、CEOに任命された人物だと言われてもまさかと思う人もいるだろう。

シリコンバレーの業界通もテック系ジャーナリストも、アントレプレナーも、みな、6カ月前の2021年11月、パラグがツイッターの頂点に昇りつめるとは思っていなかった。パラグ自身、自嘲気味な気分のときなら、そんなことになるとは驚きだったと認めるかもしれない。2017年からCTOを務めてきたが、CEOというタイプではないし、それがテック系CEOならなおさらだ。カルトリーダーのようには見えないしそういう言動もない。大学を中退してもいない。コアラの肉を食べたこともなければスーパーモデルとデートしたこともない。気球で海を渡ったこともない。

パラグがツイッターに来たのは、社員が1000人にも達していなかった2011年のことだ。技術が好きで勉強してきた彼は、スタンフォードに進学して博士号を取得したあと、マイクロソフトとヤフー、AT&Tで経験を積んだ。そのさらに前は、インド工科大学ボンベイ（ＩＩＴＢ）校だ。成績はトップクラスで新入生全員に課せられる試験で2位になるなどしている。数学と科学が得意なのは、出自によるのかもしれない。父親はバーバー原子力研究所で燃料交換技術を研究していた人物だし、母親はボンベイ大学経済経営学部の教授を務めていたのだ。

ツイッターに入ったパラグは、機械学習と消費者工学に集中した。ＣＴＯに昇格するまで社の社会的・政治的な側面にかかわることはほとんどなく、その重層的な巨大ビジネスの経営は、基本的にＯＪＴで学ぶことになった。人当たりはよく、不興を買うことはあまりない。ツイッターにいるあいだに、否定的にせよ肯定的にせよ世間の注目を集めたのは、ＣＴＯに昇格した直後の２０１０年、古いツイートが取りあげられたときくらいだろう。政治風刺番組のザ・デイリー・ショーから「イスラム教徒と過激派が区別されないなら、白人と人種差別主義者を区別する必要はない」という一節を引用したツイートである。ツイッター入社前にしたこととはいえ、さすがに脇が甘すぎると言わざるをえない。これがちょっとしたスキャンダルになったことから、パラグは以前にも増して人前での言動をひかえ、それから5年間、存在感の薄い経営者となった。

実はこのあたりが決め手となって、ジャック・ドーシーが辞任した際（辞めさせられたという見方もある）、パラグが後任ＣＥＯに選ばれたのかもしれない。ジャックがパラグを指名したという説もある。ジャックと同じくパラグも控えめだし技術者だし、さらに、ジャックの従者とまでは言わないが、ジャックが思い描く計画を進めるじゃまはしないだろうし、ジャックの評判を落とすようなこともしないだろうというわけだ。

経済チャンネルのCNBCやフォックス・ビジネスに登場する著名CEOは、だいたい、つややかなスーツを着たつややかな髪の白人で、世界を変える未来のビジョンとか掃除機とか、なぜだかそのふたつが組み合わさったものだとか、とにかくなんでも売り込める雰囲気だったりするが、パラグはその対極なのだ。

珍しくツイッターCEOとして人前に出ると、黒髪に分厚い眼鏡、もの柔らかなインドなまりで、あどけなく穏やかな雰囲気を醸し出す。アントレプレナーでないのは誰の目にも明らかだし、誰かになにかを売りつけようとしていないのも明らかだ。達成したい目標はある。具体的には、ツイッターのデイリーアクティブユーザーを2021年対比で45%、1億人増やすことと、年間売上を50億ドルから75億ドルまで伸ばすことだ。ただ、いまこの瞬間は、その目標に向けてメルセデスのアクセルペダルを踏み込もうと思わないし、ポケットでしきりに振動しているスマホよりそっちを考えることもできない。そういう意味では、子どもになにか吐かれたのか朝食のアップルソースなのか、コーヒーなのか、ボタンダウンのシャツにシミが広がりつつあると突然気づいたことも、だからといってなにかが変わるわけではなかった。

マスクの横車

パラグは、一息、大きく吸って吐いてから、シャツのシミの先、ジャケットの内ポケットに手を伸ばした。そして、メッセージがまだ次々に届いているらしく、振動が止まらないスマホを取りだすと、画面に目を走らせた。

驚きに目が大きくなる。

メッセージの大半はツイッターの会長、ブレット・テイラーからだった。グーグルでグーグルマップを開発して注目を集め、ごく短い間ながらフェイスブックでCTOを務めたあと、2016年にツイッターの取締役となり、2021年から会長として活躍している人物だ。いくつか部下からのメッセージもある。ほかは、ツイッターの仲間やシリコンバレーの知り合い、友だちなどからだ。妻からも1通届いていた。赤ん坊におっぱいをあげたあと、ニュースを見たのだろう。

届いたメッセージを読み、ニュースサイトへのリンクに目を走らせる。当然ながら、ツイッターへのリンクにも、だ。顔がこわばっていく。なにが起きたのかはすぐに理解した。それがなにを意味するのかまでしっかりと理解するのは、もう少し時間が必要だろう。目をつぶる。しばらくそうしたあと、眼鏡を外すと、レンズから水のしみのようなものを拭き取った。

メッセージやニュースサイト、ツイートなどによると、世界一の大金持ち、イーロン・マスクがSECに報告し、ツイッター株式の9・5%を取得したことを明らかにしたらしい。約30億ドル分をひそかに買い集めたわけだ。

頭を左右にふってから、眼鏡を戻すとまばたきをした。そうすれば、スマホの画面からメッセージもニュースもツイートも消えるのではないかというように。これから進まなければならない世界線からもそれらが消えるのではないかというように。マスクに含むところはない。どころか、史上まれなほど優れたアントレプレナーであるし、パラグと同じように、誰よりもツイッターを愛する技術者であると考えていた。

でも、CEOという新しい役割に就いて6カ月という立場からすれば、世界がひっくりかえる可能性さえある。

株式の手に入れ方や公表の仕方からは、危険な匂いしかしない。株式は「パッシブ」だとSECの報告書に書かれているが、であれば、秘密裏に買い集める必要などないだろう。また、取得したのは21日前の3月14日とされていて、ということは、5%を超える株式の取得は20日以内に報告すべしというSECの規則を破ったことになる。この1日にはなにか目的があるのではないだろうか。そもそもマスクはSECとなんどもいざこざを起こしてきているし、大嫌いだと公言してもいるのだから。

ツイッター株の取得報告で規則を破れば、おそらくは10万ドル規模の罰金が科せられるはずだ。まあ、3000億ドルの資産を持つ男にとって10万ドルの罰金など、ソファの後ろに小銭を落とすくらいのことかもしれないが。ともかく、社内外で大いに話題となっているように、マスクは最近ツイッターに興味を示しているわけで、そこからなにが飛び出してくるのか、それが気になる。

たとえば、3月25日にマスクがツイッターに投稿した、ツイッターにおける言論の自由に関するアンケート調査はすさまじいばかりの注目を集めた。いまふりかえると、このアンケートにマスクがぶら下げたコメント「この調査の結果は重要な意味を持つ。よく考えて投票してくれ」は、お決まりの一言ではなかったのかもしれない。SECの報告書によると、あの時点で、マスクは10％近い株式を取得していたことになるのだから。

パラグは、メルセデス運転席のレザーシートに身を沈めた。そうか、この1週間のあれこれは、いずれも、たまたま偶然に起きたわけではなかったのか。この報告書を見たいまなら、どうしてこうなったのかもどういう経緯でこうなったのかもよくわかる気がする。パラグの脇腹に突き刺さり、眼鏡を曇らせ、血圧を上げたトゲは、実のところ、マスクでもなければ彼の「パッシブ」な株でもない。原因はもっと前にある。六日やそこら前のアンケート調査やそのあとの大騒ぎくらいではなく、6カ月前までさかのぼる話だ。

パラグはジャック・ドーシーのおかげでCEOになったと言えるが、その辞任には――ほんとうに辞任なのか誰かに辞めさせられたのかも含めて――ひと悶着があった。よく知られているように、もともとジャックと取締役会の間には確執があった。特に、500億ドルもの資産を運用し、ツイッターの株式も4%を所有する物言う株主、エリオット・マネジメントと仲が悪い。エリオットが最初からジャックの交代をもくろんでいたことは公然の秘密であり、そんなこんなから、ジャックもがまんの限界に達したのではないかと見られている。

争点は業績ではなく（エリオットが気にしているのは業績かもしれないが）、会社がどこに向かっているのかという哲学的な方向性だ。ジャックは、コンテンツモデレーションや問題アカウントの凍結などに関して、あきれるほどの放任主義である。昔から言論の自由を信奉しているし、このところ選挙関係で起きているごたごたについても、ツイッターは管理しようとしすぎだと感じていた。

このあたりの懸念についてジャックがイーロン・マスクに相談したのがいつなのかはよくわからない、しかし、少なくとも1年ほど前、マスクに声をかけろと取締役会に申し入れたのは知っている。このとき取締役会はマスクの取締役就任をこばんでいる。いずれにせよ、マスクは自分と同じく言論の自由をほぼ最優先にするし、会社を実際に変革できるお金も力も持っていて、ツイッターの救済者になりうるとジャックが思っていたことはまちがいない。

この1週間にジャックとイーロン・マスクが何回も連絡を取り合っていることもパラグ

は知っていた。言論の自由に関するアンケートなどを見ればわかる。ふたりの「テックブロ」が交わしたメッセージそのものをパラグはこのときまだ見ていなかったが、その内容が次のようであったと知っても驚きはしなかったであろう。

始まりはわりと唐突な感じで、くだんのアンケート調査をマスクが投稿した翌日の3月26日、ジャックから次のメッセージが送られた。

「そのとおり。新しいプラットフォームが必要だ。ただし、会社ではだめ。だから僕は辞めたんだ」

「そうか」――マスクが返信する。

「どういうものであるべきなんだ？」

「オープンソースの通信規約として、資金は基金の類いから提供する。基金は、その通信規約を所有せず、進化させるだけでなければならない。メッセンジャーソフトのシグナルがやっているような形だ。広告モデルは使えない。広告モデルにすると、政府や広告主の影響を排除できないからね。集中管理する組織があると、そこを攻撃されてしまう。特に難しいことはなにもない。ツイッターのようにならないだけの順応性を持つよう、うまくやる必要があるだけだ」

「それはおもしろいね」――マスクも賛同なのだろう。

「僕は5月半ばで取締役でもなくなり、会社と完全に切れる。この案を現実にして、まちがいを正したいんだ。ツイッターも、最初は通信規約だった。会社にしたのがまちがいなんだ。原罪だよ」

「できることがあるなら手伝うよ」——マスクは乗り気だった。

「もともと、しがらみを全部切り捨てたら、きみに相談するつもりだったんだ。きみはこのあたりを気にしてくれるし、その重要性も理解してくれる。そして、さまざまな形で支えることもできるからね。実は物言うやつが入ってきたとき、きみを取締役会に入れようと全力を尽くしたんだけど、拒否されてしまった。そのころだよ。自分のために、なんとしても辞めなければと思ったのは」

ふたりの考えは一致しているのだろう。最後の一言はマスクからだった。

「両方ともやるのがいいんじゃないだろうか。つまり、ツイッターの方向性を修正する努力もしつつ、分散型も新たに立ち上げるんだ」

ツイッター社にマスクを関与させようというジャックの戦略がなにがしかの実を結びそうな状態になったとも言える。

そのあともなんだかんだやりとりをして、電話でも1回は話をした上で、ジャックは、パラグやブレット、ツイッター取締役にマスクを紹介するとともに、実際に会ってみるべきだとせっついた。

というわけで、しばらく、パラグがメッセージでやりとりをして——パラグは、マスクの考えを詳しく知るまでは行きすぎに注意しようと、丁寧かつ短いメッセージを心がけた――ツイッター株取得の報が流れる3月31日の直前に、パラグ、ブレット、マスクの３人で夕食を囲む運びとなった。

この会食自体も会場も、パラグにしてみれば初めてという不思議なものだった。会場となったのは、３人の中間と考えられる場所をとブレットがエアビーアンドビーでみつけてきたもので、サンノゼ近郊の個人宅である。マスクは「終末後の世界だ」と評した。周囲にはトラックや農業機械がうち捨てられているし、ロバが歩き回っていて近づくとやかましく鳴くしなのだ。折々、農地の上を飛ぶヘリコプターの音も聞こえる。

会場はへんてこだったけれども、会合は期待の持てるものとなった。マスクは魅力的だし話もおもしろかった。ただ、しゃべり方は神経にさわる。たびたび押し黙ってしまい、なにかを考えているのかいらついているのか判然としないのだ。落ちついた話し方ではあり、その内容は、現在のツイッターについての懸念ふたつが中心だ。ひとつはボットやトロールの増加で、こちらは、パラグらもなんとかしようと対応を必死で進めているところである。もうひとつは、ツイッターを束縛のない自由な世界のタウンホールにすべし、つまり、なるべくモデレーションなしで自由に話ができる場にすべしというものだ。

マスクが真剣であることはすぐにわかった。ツイッターというプラットフォームが大好きで、そのツイッターが滅びに向かっている、言論の自由という意味ではまちがいなくそだったと感じながら会食の場を後にした。

うだと信じている。それでもパラグは、彼の批判や提案を前向きにとらえ、いい話し合いだったと感じながら会食の場を後にした。

だがしかし、会食から1週間もたっていないいま、会合の解釈をまちがえていたことにパラグは気づいた。あの会食は、単なる情報交換でもなければ親睦を深めるものでもなかった。警告だったのだ。

パラグは、もう一度深く息をすると、会長に電話をかけることにした。スマホを操作し、耳に当てると、ブレットは、もう、早口でしゃべり始めていた。最初の呼び出し音が終わらないうちに受けたらしい。遠慮のない言葉が流れてくる。

「くっそ〜。どうしてこんなことになったのかよくわからんが、でも、そういうことだとしか思えない。対応しないとまずい。急いで、だ」

マスクの動きがツイッターの将来にどう関係するのかはわからないが、急いで対応しなければならないことは論をまたない。

通話は短かった。なにをすべきかは明らかだったからだ。

ジャックに背中を押されたからか、なにか彼自身の理由があったのか、マスクは、ツイッターの経営に一枚かんでくるつもりだ。ボットやトロールには、もっと効果的なやり方で厳格に対処したいと考えているだろう。このあたりは基本的に工学的な問題であり、物議を醸すことはないはずだとパラグは考えていた。ボットが好きな人などいないし、トロールはリアルな人間なので話が複雑になるとはいえ、改善の余地が大いにあるのはまちがいない。

一方、マスクが一番気にしている点、すなわち言論の自由を保証してツイッターを束縛のない世界のタウンホールにしたいというほうは、話がややこしくて一筋縄にはいかない。

ツイッターは「市民の対話に資する」ものであり、その役割は「合衆国憲法修正第1条の定め」を超えるものではないとパラグは公言してきた。また、健全な対話にはおのずから限度があると考えている。これは、必ずしも、言論の抑圧や制限を意味しない。そもそも、インターネットでなにかを言うのは、パラグが過去に指摘しているように、とても簡単なのだ。ほとんどの人は自由に語れる。だがそれは、誰もが耳を傾けてもらえることを意味しない。

ツイッターが持っているのは、言論を抑える力ではなく、ある種の発言を推薦する仕組みを作る力だ。その目的は、人々が参加しやすい健全な方向に発言を導くこと――パラグはそう考えていた。

ジャックやマスクとおそらくは大きく違い、パラグは、ツイッターを中立なプラットフォームにすべきだとは考えていない。CTO時代に、「我々は本物と偽物を判別しない。

ただ、なるべく多くの発言が読んでもらえるように、対話を誘導する栄誉は我々にある」とポッドキャストで述べている。[2]

本人が一番よくわかっているはずなのだが、パラグは哲学者ではない。技術者だ。だから、ツイッターというプラットフォームも、技術者の目で見る。

彼にとってツイッターは機械の一種だ。レバーやダイヤルやガスケットがたくさんついていて、それをひねったり調整したりすれば、ある種の投稿やコメントの露出度を高め、エンゲージメントと呼ぶ反応を増やすこともできるし、逆に、露出度を下げて読まれなくすることもできる。

このレバーやガスケットの実体は、ユーザーになにが見えるのか、さらには、こちらのほうが大事なのだが、なにが見えないのかを決めるアルゴリズムである。そしてその目標は、自由な言論ではなく、健全な言論だというのがパラグの考えだ。さらに、健全な言論とはなんぞやと言えば、基本的に、ユーザーや広告主の気分を害さないもの、だ。

パラグがスマホに文字を打ち込んでいく。マスクに送るメッセージだ。ツイッター取締役になっていただけないかと有名ビリオネアに正式に申し入れるメッセージを、適度な熱意と興奮を込めて作るのだ。

マスクというと巨万の富とタブロイドの報道に目が行きがちだ。しかし、彼の本質は自分と同じく技術者だ。だから一緒にやれる。少なくとも、なにがしかの落とし所はみつけられるはずだ。万が一どうにもならなかったら、しばらく待てばいいのではないだろうか。マスクはとんでもなく移り気なことで知られている。風の吹き回し次第で、興味関心がころころ変わるのだ。バスケットボールを観戦したらとてもおもしろかったので、つい、そのチームを買ってしまうとか、新聞の見出しに腹を立て、その新聞社を買ってしまうとかやりかねない。

もしかすれば、ツイッターが実際にどう動いているのか、そのレバーやダイヤルやガスケットを自分の目で見たら気が変わるかもしれない。

ソーセージを見て、その匂いをかぐとお腹がすくが、そのソーセージがどのように作られているのかを見たら、ソーセージなど二度と食べたくないと思うかもしれない――そんな格言だってあるのだ。

第4章
ツイッターの運営・管理

ジェシカ・キタリー

3時間も時差がある4000キロのかなたで、ジェシカ・キタリー（34歳）はガラスのドアを通り、西17丁目245番地にあるツイッターのニューヨーク本部に入った。本部は倉庫として建てられた赤レンガのビル2棟で、マンハッタンでも特に気品があるとされるチェルシー地区にある。

いつもながら歩くのが速い。ファッショナブルなローヒールをフローリングに滑らせるようにしてロビーを抜けていく。モダンな家具や光り輝くタッチスクリーンで迷路のようになっているところを抜け、コーヒーバーを横目に、スピークイージーなるカフェのある地下に向かう階段を通り過ぎる（カフェではビールやロゼワインがタップから提供されるし、リップル・メーカーでラテにジャック・ドーシーの顔などを描いてもらうこともできる）。そして、体を駆け巡るカフェインにぴったりの刺激的で元気なジャパニーズポップスを聞きながらエレベーターに飛び乗る。ブルックリンからの地下鉄車内で大きなスターバックスを飲んだのだ。

3階でエレベーターを降りたのは、午前10時すぎだった。目の前にはオープンなワークスペースが広がっていて、たくさんのコンピューターとタッチスクリーンがごちゃごちゃ載った長机がずらりと並んでいる。ツイープスが数百人は働ける広さであるのに、いまは、壁際にぱらぱらと10人あまりの姿しかない。念のために付け加えておくと、お昼にはもっと増えているはずだ。上階のカフェテリアが始動し、レストランレベルのピザやとりどりのトッピングも用意された長大なサラダバーも提供されるからだ。

エレベーターを出たあと、一応はドアのある会議室（このドアを閉める人はまずいない）が並ぶほうへ短い廊下を進むと、見慣れたネオンサインの横を通る。ツイッター社内で非公式のハッシュタグ／モットーとされているもの、#lovewhereyouworkだ。出典はちょっと悲しい話で、がんで亡くなったロンドン事務所員が仕事仲間からニットの毛布を贈られたときに投稿したツイートである。それでも、これを見るたび、ジェシカはほほが緩んでしまう。当然ながら彼女は職場が大好きであり、彼女にとっては、ずっと変わらず真な言葉だからだ。

次の角を曲がると、幽体離脱した笑顔にぶつかりそうになった。廊下の真ん中で顔の高さに笑顔が浮かんでいたのだ。もう少し詳しく説明するなら、下に車輪のついた金属製の棒にスクリーンが固定されていて、そこに笑顔が映っていた、だ。それがよろめくように後ろへ下がる。次の瞬間、ジェシカも幽体離脱した顔も声をあげて笑っていた。

それにしてもこれには慣れないわとジェシカは思った。バーチャルな遠隔会議装置で、これを使えば、実際に出勤することなく本社の中を歩き回り、会議に出たり、それこそ社内のカフェでくつろぐといったことまでできてしまう。リモートワークなら人付き合いをあきらめろという法はない。いつでも好きなとき、電気仕掛けのホッピングバーに顔だけ幽体離脱させ、サラダバーに突進すればいいのだ。どの有機農場から空輸されたかにかかわらず、どうせ、レタスなんぞ誰も本当は食べたくないのだから。

もう一度笑いながら遠隔会議用ロボットをよけると、ジェシカは先に進み、廊下の突き当たり近くに見える開いたガラスドアに向かった。自宅でリモートワークも悪くないと思いつつ、ジェシカは、パンデミックがピークを過ぎ、ニューヨークに人が戻りはじめたころから、週に3回の出勤を心がけていた。

3ベッドルームとあまり大きくないブルックリンのアパートに夫と娘ふたりの4人暮らしだというのが大きい。夫はマンハッタンの大銀行に勤めるアナリストで、やはり出勤することが多い。ちなみに、パンデミックが落ちついて最初に戻ったのが、鋼鉄のスカイスクレーパーが建ち並ぶ世界的な金融街、ロウアー・マンハッタンで働くアナリストである。もっとも、その上司連中は、いまだにパームビーチやモントークにいて戻ってきていないのだが。ともかく、夫がいなくても、ブルックリンのアパートは狭苦しく感じられる。パンデミック前には、4人家族に適した広さの家を求めてもう少し遠くに引っ越そうと検討したこともあるくらいなのだ。これには、通勤時間がいまの40分でもつらく、これ以上長くなるのはいやだとジェシカが反対した。

というわけで狭いアパートに住みつづけている。でも正直な話、ジェシカに不満はなかった。手狭な暮らしには慣れているのだ。出身はニュージャージー州。といっても、プリンストンでもなければビーチのほうでもない。ペンシルベニア州に向かうとき通る牧場とかでもない。州北も州北、ニューアークやジャージーシティのあたりだ。子ども時代に住んでいたところは、一応、郊外と呼べるはずなのだけれども、隣家と壁を共有するほど古びたレンガのタウンハウスが密集していた。

父親はラトガーズ大学で働いていたが、ツイードを着る教授ではなく、制服を着て光熱水道設備などの保守チームを率いていた。母親は出無精の専業主婦だった。とはいうものの、ジェシカら3姉妹は、狭いながらも暖かい自宅の居間にいるより、ピアノの演奏会やフィールドホッケーの試合に行くため、また、友人宅に外泊するため、ぎゅう詰めで車に乗っている時間が長かったりした。

大学はニューヨーク大学に進学し、コロンビア大学で修士号を取得（そのときの奨学金と学資ローンは、いまだに返済中である）。どちらも家からそれほど遠くないのに、まるで違う世界に感じられた。仕事については、マーケティングか広告だろうと昔から思っていた。人が好きだし人と話をするのが好きだからだ。夫からは、エネルギーに満ちていてクリスマスツリーみたいだとよく言われる。

そんな彼女にとって、ツイッターは適職だった。事務所は活気に満ちていてクリスマスさながらだ。オーナメントのように、秘密の特典や隠された宝石がくるくると光り輝いている。職場は基本的にニューヨークだが、サンフランシスコの母艦にもよく行く。テンダーロイン地区の端にそびえる凹凸が特徴の本社に行くと、ふつうなら驚くニューヨークの事務所がありふれたものに感じられてしまう。スピークイージーのようなカフェもコーヒーショップも、ピザステーションも、２０１８年の暴落でみんなが地球に引き戻される前、イケイケドンドン時代の名残であり、テック企業では珍しくない。２０１８年以前は、マイクロソフトもグーグルもフェイスブックも、もちろんツイッターも、人材の獲得に血眼となっていて、給与やボーナスなどの報酬だけでは足らないだろうと、ロゼワインやテーブルサッカーゲームを追加したのだ。全体的に、こういう特典は、費用がかからないわりに、社員を幸せにできる。また、パンデミックがそろそろ終わるのではないかと言われるいまのように状況が厳しくなったときには、マーケティングの担当者を10人もクビにするより、テーブルサッカーゲームをなくすほうがずっと簡単だし、人間的でもある。

ジェシカの仕事は、テーブルサッカーゲームもマーケティング担当者も守れるだけのお金が会社に流れ込むようにすることだ。肩書きはグローバルセールスのマネージャーと、解釈次第でなんにでも対応できる。要するに、ツイッターと取引しようと思ってくれた大手広告主のご機嫌を取るチームのトップであり、広告費がツイッターに流れてくるようにするのが仕事である。

ちなみに、ツイッターにおいて肩書き自体はさしたる意味を持たない。指揮命令の系統は入り組んでいるし、誰かがほぼ勝手になにがしかの業務を担ってしまうことも多い。こういうめちゃくちゃな組織になったのは、2015年に復帰したジャックの放任主義が末端まで浸透したからだ。後任のパラグは決まりを重んじるが、なにせ根が技術者で、社員の手綱をさばくことには慣れていない。というわけで、ツイッターは、構造らしい構造のないアモルファス状態のままとなっている。

そのなかでジェシカの仕事は欠くことのできないものだし、業務責任も明確に定められている。彼女の仕事は会社の最終損益を左右するからだ。どこかで火の手が上がれば――ツイッターでは、常にどこかが燃えているように感じられる――その火を消すか、それが無理なら、なんとかして、広告主が逃げださない程度に炎を抑えるのが彼女の仕事となる。

幸いなことに、今朝のニュースは、煙こそたくさん上がったものの、炎はあまり上がらなかったと言える。社内のスラックチャンネルでは大いに話題となったし、ズーム会議もたくさん招集されたが、対面でどうこうしなければならないケースはほとんどなかったからだ。

彼女自身はこれから3階会議室で対面の会議がある。だがそれも、場所とタイミングからそうなったにすぎない。たまたまとはいえ、ノートパソコンのズームウインドウを1時間も目を細めて見る必要がなくなったのはありがたい。

ヨエル・ロス

開いたままのドアを通り、小さくて明るい会議室に入る。丸テーブルと壁際に簡単なキッチンを備えた会議室には、サンフランシスコ側の参加者がすでに来ていた。ほっそりした体に短く刈り込んだ髪、軽く彫り込んだようなほお骨。濃色のスキニージーンズに、上は、細身の体にあつらえたような濃色のジップアップジャケットと、いつもながらファッショナブルないでたちである。電話中だった。当然だ。だいたいいつでも電話をしているのだ。電話を肩にはさんだまま、キッチンに向かい、お茶を淹れている。会議室に入ってきた彼女にほほ笑んだあと、誰だかわからないが、通話相手に眉をひそめた。本当に、どのような相手と電話をしているか、わかったものではない。大手広告主のCEOかもしれないし、パラグやブレットかもしれない。公式には退職したことになっているジャックかもしれない。議員かもしれないし、それこそ、FBI特別捜査班の主任かもしれない。ジェシカの仕事は火を消すこととお金の流れを絶やさないことなわけだが、自分でお茶を淹れているこの若者は、消防部門全体を率いているのだ。

この若者、ヨエル・ロスは、いわゆる経営幹部という立場にない。日常業務には携わっていないし、広告を売ったり管理したりもしていない。技術者でもない。採用や解雇とも関係がない。であるのに、ヨエルほどパワフルな人間はそう多くない。なにせ、ツイッター上でなにがどこまで許されるのかを彼のチームが決めているのだから。

肩書きは、ツイッターらしく、いまいちわかりにくい。いまはサイト・インテグリティの長で、もうすぐ、トラスト&セーフティの長に変更となる予定だ。

職務は、「ツイッター」そのもの、すなわち対話やコメント、トレンド、アカウントなどをリアルタイムに監視し、保護することだ。つまり、彼の仕事は消防部門の長にとどまらず、自身が消防士でもあり、公衆衛生管理者でもあり、警察本部長でもあるのだ。ヘイトスピーチや暴力的な脅しなどをみつけてつぶす。最近は、誤解を招くいわゆる「誤情報」の取り締まりが増えている。ちなみに、なにをもって誤情報というのかは、政治的・

科学的・宗教的とさまざまな見地があるため曖昧模糊《あいまいもこ》としてよくわからない。

またその権限は、発生した問題に対応することにとどまらない。有害なツイートやアカウントを先回りしてつぶすことも含まれている。規則を定め、技術者の助けを借りてアルゴリズムを作り、悪意を垂れながしたりうっかり他人を傷つけたりするのを防止するガードレールとするのだ。

これは問題が起きたときだけ注目される舞台裏の仕事で、大変に難しい。でもヨエルは適任だ。あまり人と交わろうとせず、承認欲求がない。ツイッターが大好きで、真剣に仕事に取り組む。自分がしていることは哲学的に正しいと信じてもいる。大学は、スワースモア大学からペンシルベニア大学に進み、ガバナンスとポリシーでオンラインコミュニティの安全性を高める方策をテーマにコミュニケーション学の博士号を取得している。

ジェシカは、2015年にヨエルが入社して以来、数え切れないほどの回数、彼と仕事をしてきた。トラスト&セーフティの仕事がなければ、広告など売れはしない。少なくとも、コカ・コーラやマイクロソフト、アップル、GEなどのいわゆる大手には売れない。ヘイトスピーチの隣に広告を出そうと考える有名ブランドはないし、ソーシャルメディアというものは、モデレーションを続けていないと対話にごろつきが雑《ま》じりこみ、のさばるものなのだ。インターネットのあちこちに闇の空間があり、その多くに、思春期の子どもが棲《す》んでいる。

「独裁的な勅令」でコンテンツモデレーションを行ってはならないと、ヨエルはよく言う。のちにテック・ジャーナリストのカーラ・スウィッシャーに語っているように、大事なのは「どういう決断をしたのかではなく、その決断をどう下したのか」ということだ[1]。規則はその場しのぎであってはならないし、しっかりと周知して透明性を確保しなければならない。それでもなお、「オンラインの公衆衛生管理という仕事は、難しいし、物議を醸しがち」である。

ハンター・バイデンの事件

残念ながら、よくよく考えてコンテンツの規則を定め、それをしっかり守ったとしても、批判はなくならない。世間的に取り沙汰され、ヨエル自身が巻き込まれたものに、ニューヨーク・ポスト紙のツイッターアカウントを一時凍結した件がある。ドナルド・トランプと前副大統領ジョー・バイデンのあいだで米国史上もっとも激しい大統領選挙だと言われる選挙戦がくり広げられるなか、バイデンの息子、ハンター・バイデン（麻薬中毒など素行に乱れがあった）のノートパソコンに記録されていた内容をポスト紙が報じたことを受けた決定である。

このとき、ヨエルは、厳しい対応に反対している[2]。ポスト紙のスクープを取りまく状況は複雑で、うのみにするのは危なそうでもあった。ポスト紙の報道によると、2019年4月、ハンター・バイデンが、水没したマックブックプロをデラウェア州の修理店に持ち込んだという。その店主であり、法的に盲目かつ先天性色素欠乏症で、トランプ候補を支持するジョン・ポール・マック・アイザックなる人物が、マックブックのハードドライブに違法マテリアルと思われるものをみつけ、FBIに通報。だが期待したほどすばやく、あるいはしっかりと対応してもらえなかったということか、アイザックは、このパソコンをトランプ候補の顧問弁護士ルディ・ジュリアーニのところへ持っていく。そしてそれが、ジュリアーニ弁護士からポスト紙へ、大統領選投票日の3週間前に届けられた。そういうことらしい。なお、スクープされた会話もハンター・バイデンの写真も露骨に性的であるなど、ハードドライブの内容がわいせつであることは疑問の余地がない。

ただ、ヨエルとしては、コンピューターに保存されていた内容より、真実が語られているのか、証拠保全が適切になされていたのか、そして、本当のところ、本物の現実が含まれているのかのほうが大事だと思われた。

いまふりかえり、その拡散を抑えようとしたツイッターの判断を批判するのは簡単だ。このあとたくさんのニュースメディアがこの報道を多くの視点から検証して、その正しさを証明しているし、あのとき事態がどれほど混乱していたのかも、2016年の大統領選挙後にツイッターがどれほど白熱したのかも、ごく簡単に忘れてしまうものだからだ。

実を言うと、この選挙については、有権者の行動を左右しようと、ツイッターやフェイスブックなどのプラットフォームで海外勢が暗躍していると、FBIにCIA、国土安全保障省といった国の安全保障機関がこぞって判断していた。この点については、さらに、ジャーナリストのマット・タイービが後日報じたツイッターサーバー上の社内資料（「ツイッターファイル」と呼ばれている）にも記されているように、FBIとヨエルの間で、2018年からこのころまでに150通を超える電子メールがやりとりされていることも指摘しておこう。ヨエルがのちのちスウィッシャーに語っているように、このなかで「2020年の選挙ではハック&リーク作戦が国レベルで行われる恐れがある。危ないのは10月ごろだ。ハッキングによるマテリアルがツイッターにぶちまけられるだろう……ハンター・バイデンに関するものだ」という話さえもFBIから出ているのだ。

ポスト紙のスクープがツイッターに投稿されたとき、ヨエルらは、出どころが疑わしく、かつ、選挙に影響を与えそうな話が投入されるという、まさしくどんぴしゃの状況を警戒していたわけだ。

なにもせず、拡散するに任せるのがとりあえず手軽である。言論の自由というものがあるのだから。でも対応しなければ、なにがしかの形でモデレーションをかけなければ、それもまた、大きな禍根を残すことになる。後日、ハッキングによるマテリアルと海外勢力によって生まれたスクープだったと確認されたら、ツイッター社がなにもしなかったから誤情報に大統領選挙を左右されたと非難されかねない。

ジャーナリストのマイケル・シェレンバーガーが報じたツイッターファイルによると、このとき、この時点でどう判断するのがベストなのかと、どうすれば、なにごとかあったとき言い訳ができるのかが、ヨエルらチーム内で検討されたらしい。

たとえば、チームメンバーのひとりはこう書いている。

「どのポリシーを根拠にすれば、これは危険だと言えるのかが、正直なところ、よくわかりません。この外乱については、ハッキングによるマテリアルから生まれた記事であるのかどうかがはっきりするのを待っているところだと説明するのが一番いいんじゃないでしょうか。しっかりとした理由なしにこのリンクは危ないとすれば、のちのち、厳しい批判にさらされるでしょう」

これにヨエルは次のように返している。

「根拠となるポリシーは、ハッキングによるマテリアル、という点だね。ただ、すでに指摘されているように、事態は始まったばかりで、なにが事実なのか、まだわかっていない。それでもなお、リスクがきわめて大きいこと、また、2016年の教訓があることから、最終的にまちがいかもしれなくても、警告を出し、このコンテンツが広まるのを防ぐほうがいいだろう」

最終判断は、ジェームズ・ベイカーが下した。2016年の大統領選挙に対してロシアの工作があったのではないかという疑惑の捜査でＦＢＩの主任法務顧問を務めたあと、ツイッターの法務副部長となった人物だ。

現状、明らかとなっている事実が不十分で、マテリアルがハッキングによるものか否かを判断しがたいとの結論には賛同する。ただ、いまこの段階では、その可能性があり、注意喚起の必要があるとするのが我々としては理にかなっている。マテリアルがハッキングによると示す事実も存在するし、逆に、コンピューターは廃棄されたものである、あるいは、なにがしかの目的でショップが記録内容にアクセスすることに所有者が同意したと示す事実も存在する。情報がもっと必要だ。

当初は慎重な姿勢を示していたヨエルも、最後は、全力で記事の拡散を抑えることにした。

我々のアプローチに大きな影響を与える因子として、今回の件は、２０１６年のウィキリークス活用と我々のポリシー変更を受けたハック&リークに思えてしかたがないと、選挙に関するセキュリティと偽情報を監視している専門家の意見が一致したことが挙げられる。専門家が示唆しているのは、独立した出来事としてハッキングが行われ、その犯人らがハッキングによるマテリアルをノートパソコンに記録すると、それが、どういうわけかデラウェア州の修理店に持ち込まれ、そして、なぜかたまたま、非常に侵襲的な方法で読み取られ、そうした人物がなぜかたまたまそのマテリアルをルディ・ジュリアーニに渡したというもので、いかにもありそうな話である。このあたりはリスクがきわめて大きいと2016年に明らかとなっていることを鑑み、我々としては、別段の情報が得られるまで、警告と抑制を勧告するものである。

このあと、「理由を説明することなくツイートやDMによるURL共有をブロックするのは容認できない」とジャック・ドーシーが発言したりするのだが、ヨエルのトラスト&セーフティは、自分たちがすべきだと信じることをした。つまり、危険性があると判断したコンテンツからプラットフォームを守る、少なくとも、もっと詳しい事実が明らかになるまで、一時的には守る、である。

トランプ大統領アカウントの永久凍結

ヨエルのチームはノートパソコン問題以外にも物議を醸す決断を下さざるをえなかったことをジェシカは知っている（横から部外者として見ていただけのことが多い）。ともかく、これが先例となり、このとき以降、アカウントの凍結やツイート、ダイレクトメッセージ、トレンドのモデレーションなど、この記事の拡散を抑制するのに利用したツールの利用が急増する。パンデミックが広まり、コロナ関連の誤情報があふれたのも一因だ。

コロナ誤情報の対応は大変だった。だがそれも、2021年1月6日に米国連邦議会議事堂で起きた大事件を受け、同月8日に行ったドナルド・トランプのツイッターアカウントの永久凍結で巻きおこった乱痴気騒《らんちき》ぎに比べればたいしたことはない。トラスト&セーフティに対しても、また、ヨエル個人に対しても、このとき以上に注目が集まったことはないと言える。

ヨエルがトランプをどう思っているのかは、彼を知る人には知れわたっていたし、ヨエルが昔投稿したツイートを掘りおこしてきたネット探偵諸氏にもばれていた。たとえば2017年には「そうなんだよ、ピンクの帽子をかぶった人物が、フェミニズムにとって、ナチスがホワイトハウスにいるより大きな脅威であることはまちがいない」というツイートでトランプを痛烈に批判しているのだ。

それでも、トランプ大統領の排除など簡単にできることではない。トランプ大統領のアカウントは凍結すべきだとの声が2016年以降、増えつづけていたにしても、だ。実は、トランプのツイートに憤る人があまりに多く、2018年1月5日、大統領がいまだにツイッターを使いつづけていられる理由を、次のように、公式のポリシーアカウントから説明しなければならないところまで追いこまれていたほどなのだ。

世界的なリーダーをツイッターから排除する、あるいは、論議を呼ぶからとそのツイートを削除するなどすれば、国民が目にし、それについて意見を交換できてしかるべき重要情報を隠すことになります。また、そのようなことをしても、そのリーダーに口を閉じさせることはできず、逆に、その言動に関してなすべき議論がなされなくなる結果となりかねません。

ところが、2021年1月6日にあのようなことが起き、また、デモが暴動に転ずるなか、トランプ大統領自身が投稿したさまざまなツイートの内容が内容であったことから、ツイッター社も対処せざるをえなくなる。なにせ、逮捕者840人超、死者・負傷者多数で、数々の調査や訴訟が行われるほどの暴動が、2020年の大統領選挙が不正であるとの見解から発生したのである。ここまでの影響が出るのであれば、トラスト&セーフティとしても抑制せざるをえないし、この見解をもっとも声高に唱えているのはトランプ大統領自身なのだ。

この件については、丸二日もかけて、社内で激しい議論が交わされた。CEOのジャックが休暇でフランス領ポリネシアに行っていたため、大きな発言力を持っていたのはヨエルひとりである。このとき問題になったのは、大統領が6日に投稿した次のツイート2件だ。

「アメリカ・ファースト」や「米国を再び偉大な国に」という訴えに賛同し、私に投票してくれた偉大なる愛国者7500万人の声は、今後も末永く尊重されるべきだ。彼らに対する不敬や不正な取り扱いは、方法や様式、形式を問わず、あってはならない。

——午前6時46分

もうひとつは、午前7時44分に投稿された。

問い合わせをたくさんもらっている1月20日の大統領就任式だが、私は出席しない。

この2件とその後の暴動により、ツイッターは大荒れに荒れた。なにがしか対応すべきだとするスラックメッセージや電子メール、ツイートがツイープスの間で飛びかったのをジェシカもよく覚えているという。そして、1月8日には、対応を取らざるをえないとヨエルらもあきらめ、会社の公式ブログでその旨を説明することにした。

最近、@realDonaldTrump アカウントから投稿されたツイートと関連する状況——特に、これらがツイッター内外でどのように受けとられ、どのように解釈されているか——を精査した結果、今後も暴力沙汰を誘発するリスクがあると判断し、当該アカウントを永久に凍結することとしました。

ツイッターを安全な場所とするにはそうするのがいいと信じているから、大火事になりかねない火種を探りだし、しっかりと検討した上ですばやく対処した——そういうことだとジェシカには見えた。

トランプ大統領やコロナ誤情報のバンに比べれば、いやそれこそ、ハンター・バイデンのノートパソコンの件に比べても、今朝、ジェシカとヨエルが会う原因となったニュースはごく小規模な火災にすぎない。それでも、電話をスキニージーンズのポケットに戻すと、頭をふりつつ、ヨエルがこう切りだすくらいには大きな火だ。

「イーロン・マスクか。これは……興味深いと言うべきかな」

一瞬口ごもったのを見て、ジェシカは、ああやはりと思った。くだんのビリオネア――そう言えば、マスクはいまもビリオネアなのか？　それとももうトリリオネアになったのだろうか？――がツイッター株の９・５％を取得し、その彼に取締役になってくれとパラグが頼んで大筋で了承されたらしい。マスクはまちがいなく天才でパワフルだし、ツイートの仕方もうまいと言わざるをえない。しかし同時に、悪名高いツイッタートロールでもあり、しょっちゅうミームを投稿しては騒ぎを起こす。マスクのツイートに関してヨエルのトラスト＆セーフティが会議を開いたのも一度や二度ではないし、ジェシカが知るだけでも、無思慮だとしてツイートにフラグが立てられたことがなんどもある。

だからジェシカは、この打ち合わせをお願いしたのだ。このあと、ジェシカは、クライアントと話をしなければならない。どこに電話しても、同じことを尋ねられるだろう。マスクはなにを変えるつもりなのだ？　それは、ツイッターにとってどういう意味を持つのか？　もっとはっきり言えば、広告主にとってどういう意味を持つのか、だ。広告主が求めるのは、売りたいものを売るのに適した、安定していて安全・健全な環境だけだ。ヨエルらが提供しようと日夜努力しているものである。

興味深い、か。

たしかに、そう表現することもできるだろう。だがヨエルも、ジェシカと同じように首をひねっているはずだ。今回のニュースを受け、彼女のところには、鬼才のアントレプレナーが取締役になってくれるなんてすばらしいと興奮したメールやメッセージが同僚からたくさん届いている。ジェシカは、そこまで彼のオーラにあてられていない。マーケティングの仕事でたくさんのCEOに会ってきたし、彼らはふつうの人とさまざまな意味で一線を画す個性の持ち主が多い。そして、たしかに、イーロン・マスクは歴史に名前が残るレベルのビジネスマンであるが、ツイッターは自動車会社と違う。ソーシャルメディアのサイトであり、世界何十億人もの種々雑多な人々が言葉を交わすプラットフォームだ。

大げさに考えないように注意すべきだ——自分にそう言い聞かせる。マスクは会社を乗っ取るとか、そういうむちゃくちゃをしたわけではない。数十億ドル分の株を買っただけのことだ。それでも、つい、考えてしまう。

イーロン・マスクほどの人物がツイッターになにを望むのだろうか、と。

第5章

テキサス州ボカチカ

スペースX

砂と低木が400平方キロメートルも広がる敷地に低層の建物や円柱型の薬品タンクが点在し、未来的な機械群が光り輝く。周囲は高さ3メートルの金網で囲われている。大勢の技術者がいる。制服姿もあれば、Tシャツにカーキの短パンという姿もある。みな、金網に背を向け、低木を切ってならしたところの向こう側、金属でできた巨大なパイロンを見あげている。パイロンからはたくさんのアームが伸びており、それで覆うようにして、なにか光るものを6メートルほどの高さに浮かべていた。

技術者の頭上では、暑さと湿気で空気がゆらいでいる。ハイウェイをはさんで100メートルもないくらい近くにメキシコ湾を望むここは、すさまじい湿気が海から運ばれてくるのだ。

コマンドセンターよりテストプラットフォームへ。
安全チェック完了。
全システム異常なし。
秒読み開始。
10秒前。
9。
8……

技術者にまじって立つマスクは、頭蓋骨を伝わるこの小さな声に体が震えるのを感じた。そう、声は耳からではなく、頭蓋骨を通じて聞こえた。しっかりとかみ合った骨を通じて、だ。あご骨の頂点、上あごの骨に直接加えられた振動がいわゆる顔面頭蓋を広がり、そこで受けとられて、脳のニューロンで解析・解釈が行われたのである。

7。
6。

こう書くといかにも宇宙時代という感じだ。しかし、実際のところ、マスクの頭に装着されている骨伝導のヘッドセットは古い技術である。原理は100年も前に確立されているし、今回のように雑音が多い群衆のなかに立ち、肝がつぶれるほど大きな音を経験しようとする際などには便利なのだが、マスクは、泥臭くて非効率な装置だと思ってしまう。目の見えない人に盲導犬を与えるとか、足の動かない人に車椅子を与えるのと同じようにその場しのぎのまにあわせにすぎず、いつの日か、もっと賢い人がもっといいことを思いついてくれるはずだ——そう思えてならないのだ。

4. 5.

マスクが推し進めている構想のひとつ、経営するたくさんの企業のひとつが目標としていることに、埋込型ブレイン・マシン・インターフェースのニューラリンクがある。これも、骨伝導ヘッドセットより優れた技術だ。この技術ではシリコンとニューロンがシームレスに融合するので、骨や軟骨をスキップして、直接、管制室からの声を脳に伝えられる。開発は、カリフォルニア州フリーモントの実験室でサルを使ったベータテストを行うところまで進んでいる。実用化できれば、人と人のコミュニケーションが大きく変わるのはもちろん、目の見えない人が物を見たり、足が動かなくなった人が歩いたりといったことが現実になるはずだ。
けれども、いまはまだ、骨に振動を与える技術でよしとしなければならない。

3。

2。

感情が高ぶり、マスクは思わずまばたきをした。周りの技術者も同じような状態だろう。金網の後ろ、ハイウェイを越えた向こうのビーチに、うじゃうじゃと人がいるのもわかっている。観光客にジャーナリスト、ブロガー、ユーチューバーが砂の上でスマホやライブカメラを掲げているのだ。かまうことではない。これは記録に残すべき瞬間なのだから。
注意を前方30メートルほど、低木が払われた先のテストパイロンに向ける。そのもう50メートルほど先には発射台がある。鉄と鋼鉄が複雑に絡みあったものが、低い雲に突き刺さるのではないかと思ってしまう高さまでそびえている。だがその発射台は、今日、同じようにたくましいテストパイロンと、それが機械のアームでしっかりと抱きかかえるお宝の背景としてそこにたたずんでいるだけである。
光り輝くお宝はカラーコーンのような形で、スムーズな部分と、ノブやパイプがたくさん生えている部分がある。直径1・2メートル×長さ3メートルと大きさはそれほどでもないが、重量は1・6トンもある。現代工学の粋を極めた作品であり、地球という惑星に存在するなかでトップクラスにパワフルな物体だと言える。

1。

マスクは息をのんだ。周りの技術者もしんとする。時間が止まった。ガラスの向こうに描かれたものを見ているかのように感じられる。そして。

耳を聾《ろう》する轟音《ごうおん》が響いた。たたきつけられた音の圧力に思わず身を引いてしまう。円柱形の機械が震え、眠りから目覚めたのだ。ずぶとい炎が伸びる。色は、黄色というかオレンジというか青というか。あまりの熱量に空気そのものが激しく燃えていて、なんとも形容しがたい。

金網の後ろでは大歓声が上がり、技術者もざわめく。炎の勢いが増して音がさらに大きくなり、砂地を伝わってくる熱も増える。マスクの顔には笑みが浮かんでいた。地面自体がゆれている気がする。炎はどんどん明るくなる。もっと出力を上げろと管制室から指示が飛んでいるようだが、なにを言っているのかよく聞こえない。円柱はほぼ真っ白になっている。光が強く、強くなっていく。

突然、大きな音が響いた。金属がゆがむ音だ。円柱の側面から炎が吹き出し、支えているアームを襲う。もう一度、音が響いた。ビーチの人々が息をのむ。だがその瞬間、円柱形の機械は静かになり、炎も消えて、黒煙だけが空にたちのぼっていった。

金網の向こうにいる外野は、なにかまずいことが起きたのだろうと思ったかもしれないが、マスクや技術者は状況を正しく把握していた。円柱形の機械はその限界まで出力を上げただけでなく、そのさらに先、機械が壊れるところまで出力を上げたのだ。残骸を調べて爆発の原因を特定し、そこを修正したらまた試験を行う。それだけのことだ。

ロケットの開発ではよくあることである。壊れるまで試験をして、どうすれば、その程度で爆発しなくなるかを確認するのだ。

マスクは、無味無臭の過熱メタンを少し吸い込むかのように1回深呼吸をしてから、技術者の群れを離れた。ヘッドセットからはなにやら声が聞こえてくるが、無視だ。走ってくる消防車の音も無視だ。ぶすぶすくすぶるテストプラットフォームの周りにぶっといホースを触手かなにかのようにのたくらせて消火薬剤をまき、装置を泡だらけにするのだろう。そうすれば、技術者が現場に入り、なにが起きたのかを分析するやっかいな仕事に取りかかれるわけだ。

試験の結果そのものは、聞かなくてもわかっている。マスクのラプター2ロケットエンジンは、史上最高の性能を発揮した。エンジン1基で推力230トンというのは、前身のラプター1の3割増しであり、マスクの企業、スペースXがファルコンロケットを宇宙に打ち上げるのにここ10年あまりも使ってきたエンジンに比べると数倍に達する能力である。ラプター2の主燃焼室圧力はいままで、NASAやロシアを含めて、どこも実現できなかったほど高いし、その燃料は、極低温の液体メタンと液体酸素を混ぜた独自技術だ。ラプター2はスペースXが目標を達成する鍵となる技術であり、あばたの月面にニール・アームストロングが記した第一歩に負けず劣らず大きな飛躍だと言えるだろう。

金網の向こうから人々が手をふり、声をかけてくるのを背に、マスクは、建物のほうへ歩いていく。暑いのに、体は震えている。スマホやカメラが自分を追っていることだろう。ここはスペースXのメインキャンパス、スターベースである。俗っぽい名前は、2002年にこの土地を購入した際、マスク自身がつけたものだ。そのスターベースの入口には警備員がいるし、金網が張り巡らされてもいるが、スペースXの才気あふれる社員がしていることは秘密でもなんでもない。いや、むしろ、逆である。

たったひとつの不動産物件の上で、人類は、なんだかんだ発展してきた。いつ壊れてもおかしくない回転体の上で、天災や人災などの厄災にめげることなく。戦争、飢饉《ききん》、気候変動、疾病、人口減少――人類文明は、常に、壊滅の危機に直面している。それでも生き残りたいなら、複数惑星に広がるという選択肢しか人類にはないとマスクは考えている。

人類史上初めて、複数惑星に命を広げられるところまで経済と技術が発展したとマスクが考えたから、スペースXは生まれた。いまならまにあう。しかし、その状態がいつまで続くかは誰にもわからない。

マスクとスペースX技術者は、すでに、宇宙《そら》に向け、信じられないところまで進んでいる。民間企業として初めて、地球の周回軌道に到達できる液体燃料ロケットを開発したし、国際宇宙ステーションまで宇宙船を飛ばした。打ち上げ時に使うブースターロケットを垂直着陸させ、さらに、そのブースターを次のフライトで再利用することにも成功した。人を周回軌道へ、さらには国際宇宙ステーションへ届けたのも、民間企業では初の快挙である。２０１８年には、軌道に到達できて再利用もできる世界初のロケット、ファルコンへビーの打ち上げにも成功している。史上第４位の大型ロケットで、「これ以上ばかげた積み荷は思いつかない」とマスクをして言わしめたものを積んでいた。マスクのテスラロードスター２０１０年モデルだ。しかも、運転席には宇宙服のマネキンが座っているし、グローブボックスにはダグラス・アダムスの『銀河ヒッチハイク・ガイド』が１冊入っている（タオルも１本添えられていた。この本で星間ヒッチハイカー必携とされているからだ）。「パニクるな」の一言もダッシュボードに掲げられていた。

しかし、このファルコンへビーでさえ、スペースXの最終目標に向けた第一歩、前菜にすぎない。人類が地球大気圏の外まで広がるには、軌道到達くらいで満足していてはいけない。広大な宇宙を渡り、住むのに適した惑星に着陸して、さらに、自給自足の入植地を建設できるまで生きていられなければならないのだ。

それがなにを意味するのかは、すでにマスクらが計算している。数万人の入植者と機械類、原材料を運ばなければならないので、ロケット1基では足りず、1000基は必要になる。なんでもそうなのだが、これも、結局は数学と物理学の問題になる。そして、その数学と物理学から、マスクは、火星が人類第2の故郷の最有力候補だろうと考えている。最接近すれば地球から5400万キロあまりと比較的近くて行きやすい。薄いながらも大気があって、それを濃くする技術も開発できるかもしれない。水も、氷という形で大量に存在している。鉄やニッケルといった鉱物などの資源も豊富だ。

数学と物理学に基づく計算で、マスクは、自立した入植地を火星に作るには100万トン以上の物資を運ぶ必要があると推定している。そこまでのことを経済的に可能とするには、まして、現実的に可能とするには、火星まで飛べるほどパワフルで、かつ、完全に再利用可能なロケットというロケット工学の聖杯を手に入れなければならない。

その聖杯の鍵を握るのが、今回のラプター2エンジンである。理由としては、半世紀前、人を月に送り届けたエンジンに比べて推力が桁外れに大きいことのほか、燃料が独特であることが挙げられる。火星表層の氷の下にある凍ったメタンと酸素が使えるのだ。ラプター2エンジンをたくさん束ねれば、大量の物資を積んだロケットを軌道に打ち上げ、さらに、宇宙という暗黒界を5400万キロも飛ばして戻ってくるというのをくりかえせることになる。そして、スペースXは、すでに、その日をめざして1日1基、年中無休でラプター2を作りつづけている。

マスクは、巨大なパラボラアンテナ2基の陰を通った。スターリンク用だ。低軌道衛星のネットワークで地上世界にあまねくインターネットを提供するシステムで、太陽系に広がろうというスペースXミッションから派生して生まれたものだ。そして、背のわりと低い建物に向かう。側面には真っ赤な文字で「スターゲート」と記されている。これまたハリウッドのSFかと思う俗っぽい名前であるが、マスクにとっては、エンジニアリングラボ、研修施設、コマンドセンター管制室が入ったメインビルにぴったりの名前なのだ。ドアにたどり着く。だがすぐには入らず、立ち止まった。

スターゲートビルのはるか向こうに、光り輝く鋼鉄製の円柱が3本、空に向けて何十メートルもそびえている。それを見るだけで胸が高鳴る。1本だけでもバベルの塔が裸足で逃げだしそうなのに、まだまだ始まりにすぎない。目をつぶれば、まるで剣山のように、輝くハイテク機器が林立している状況を思い浮かべることができる。その機器と、いま、後ろのテストプラットフォームでぶすぶす煙を吐いているラプター2の組み合わせは、スペースXの希望であり未来であり、かつまた、人類の希望であり未来である。マスクはそう考えていた。それこそ、ここ20年間の人生そのものであり、心の大半を占めてきた夢が、目の前で現実になろうとしているわけだ。存在を賭けたミッションの要《かなめ》となる部分が、ついに、本物の現実になろうとしている、そして、そうなることが必然になろうとしている

――マスクとしてはそう信じたいところだ。一方、約束された成功というものなどないこともわかっている。角を曲がるたびになにか起きるものだと、テスラの経験で身に染みているのだ。

虫が知らせでもしたのだろうか、マスクは、ポケットからスマホを取りだした。ここ数日のメッセージをささっと確認する。そうか、スターゲートと管制室は後回しにせざるをえないらしい。

このところ、スマホの重量が増えるのではないかと思うほどメッセージのやりとりが増えていた。ばからしいとも見えかねないプロジェクトを始めたからだ。最初はなんとなくだったのにどんどんのめり込み、いまは、いろいろな意味でここに力を注ぐべきだと考えるようになっている。

ツイッターはボロボロだ。世界中の人々が自由に語れるタウンホールにするというジャック・ドーシーのビジョンは、ボットやトロールに踏みにじられているし、カーテンの裏で行われる主観的なモデレーションで自由が制限されてしまっている。

ツイッターは壊れてしまった。これは、マスクにとって、大好きなプロダクトが台なしになった以上の意味を持つ。すばらしい可能性を秘めて歩み始めたものが腐ってしまった以上の意味を持つのだ。

テスラを立ち上げ、スターベースのあれこれを作るもととなったビジョンが危機にさらされる、一番大事なミッションが危機にさらされることを意味する。

複数惑星に住めるところまで人類文明が到達するのであれば、その状態を十分な期間、保ちたいのであれば、文明が前に進みつづけ、暗黒時代に戻らないようにしなければならない。そして、意見を真に自由に交換できる世界のタウンホールは、ロケットブースターと同じく、前に進みつづけるのに必要である。逆に、言論の自由や意見の共有に対する攻撃はエアブレーキのように働き、前進速度を遅くするし、スターゲートというスターティングゲートまで人類を連れてきてくれたさまざまな成果を無にかえしてしまう恐れさえある。


それは絶対に避けなければならない。

だから、是正の第一歩として、ツイッター株をひそかに購入した。だが次の一歩、サンノゼ郊外のロバがうろつくエアビーアンドビーで持った経営幹部との会食は、むしろ後退に感じられた。パラグにもブレットにも含むところはないし、ふたりとも頭も人柄もよさそうだ。なのに、話し合いが実際の変化につながるとは思えなかった。みな口は達者なのに、行動はそうでもない。なにをどれほど語りあおうとラプターエンジンは作れない――それをマスクはよく知っていた。

ツイッター社の取締役を引きうけるか否か

4月4日、SECへの株式取得報告が報じられたあととなる午後に、マスクは、ツイッターの取締役にはならないとパラグにメッセージを送った。
「ツイッター取締役への就任を検討していただき、ありがとうございます。ですが、熟慮したところ、いまは時間的な余裕があまりなく、取締役としてお役にたつのは難しいとの結論に達しました。将来的には状況が変わる可能性もありますが。イーロン拝」
ツイッター側関係者にしてみれば驚くしかない展開で、みな、困惑した。いずれにせよ、株式取得のニュースでツイッター社内にはピリピリした空気が広がっているだろうとマスクは思っていた。ちなみに、ツイッター社外は——少なくともマスクの友人は——むしろお祝いムードである。

保守系コメディアンでポッドキャスターのジョー・ローガンからもお祝いのメッセージが届いた。一緒にマリファナを吸った有名な事件の相手である（テスラが上場していることもあり、このせいでマスクは、麻薬検査を毎日受けなければならなくなった）。彼からは、この少し前、「検閲大好きなやからからツイッターを解放するのかい？」と問われている。

この問いをマスクは笑いとばした。右派のつもりはないし、右寄りの共和党を支持してもいない。大統領選挙では左寄りである民主党のオバマやバイデンに投票してきたし、のちにやめておけばよかったと後悔したらしいが、コロナワクチンも打っている（それにしても、医学的判断がどの政党を支持しているかを示すことになるとはなんともはやである）。政治的に自分は中道だ。マスクは昔からそう言っているが、このころ、友だちや相談相手がかなり代わり、右寄りの自由主義者が増え、熱烈なトランプ支持者もまじるようになっている。ほかが左寄りにシフトしたので自分が保守的に感じられるようになっただけだと本人は言うかもしれないが、彼の考え方は、右派共和党のシンクタンクや専門家に近くなりつつあるように見えた。

おそらくは、ツイッターで保守的な声が抑制されているからこういう問いが出てきたのだろう。いずれにせよ、昔の中道的な見方からでも、いまの右寄りな見方からでも、ローガンの問いには一理があると感じられた。

「アドバイスを提供することになるね。彼らが従うか従わないかはわからない」――マスクはこう返した。

このあたりがあったからだろう、マスクは考えを変える。彼らが望むか否かは別として、アドバイスを提供できる立場にはなるべきだろう。というわけで、4月5日、自分の取締役就任を発表してかまわないとパラグに知らせた。

我が社の取締役に@elonmuskをお迎えすると発表できることは、大いなる喜び

です！　ここしばらくイーロンと対話を重ねてきた結果、彼なら当社取締役会に大きく貢献してくれると信じるにいたりました。その理由は、彼が当社サービスの熱心な支持者であり、同時に、猛烈なる批判者でもあるからです。いま、ツイッターが、そしてその取締役会が、まさしく必要としているタイプの人物なのです！　ツイッターにようこそ、イーロン！

絵文字が山のように降ってきそうなびっくりマークだらけの文章だ。それはさておき、パラグのような新任CEOが取締役会に「猛烈なる批判者」を欲しがるのだろうかとマスクは割り切れない思いをぬぐえなかった。

こういう懸念を抱いているはずだと思ったのか、ジャック・ドーシーから、不安を鎮めるようなメッセージが届いた。

「パラグはすばらしい技術者だ。対して取締役会は悲惨。なにかあったらいつでも相談に乗るよ」

マスクの顔に笑みが浮かぶ。なんだかんだ、ジャックがいたからこうなったんだよな。ジャックが取締役会を嫌うのは当たり前だ。なにせ取締役会には、一度ならず二度も、経営権を取りあげられたのだから。マスクの取締役就任は反攻の一撃になると見ていることだろう。

「こうなってくれたらいいなと昔から思っていたんだ」とジャックは続けた。

「ついにその日が来たと知って、感慨深いよ」

ジャックにとってもそのほうがよさそうだし、変化につながる一番抵抗の少ない道だしで、このあとマスクはパラグとやりとりをすることにした。熱のこもったメッセージがものすごい勢いで飛びかう。これから仕事仲間になるふたりの対話というより、恋に落ちたふたりの会話という感じだ。

「提案したいことならたくさんあります。ですが、せかしすぎたら教えてください。私としては、ツイッターを最高にすばらしいものにしたいと願っているだけですから」

マスクはこう慎重に切りだすと、無理のないところから攻めていく。

「まずは、コードベースを技術的に詳しく理解したいと思います。そうすれば、提案の不備をみつけやすくなるでしょうから」

アピールも少ししておく。

「ちなみに、酷使されるソフトウェアは20年も書いてきました」

パラグも同じような返信をした。

「私はもともとCTOで、ツイッターのコードベースをずっと扱ってきました」

これにマスクが食いつく。

「私、プログラムマネージャー／MBAタイプより、本格的なプログラミングができる技術者のほうが話が合うんですよ」

　これに対するパラグの返信は、こびを売っているに近かった。

「次の機会には、ぜひ、ＣＥＯではなく技術者だと思って接してください。どういうお話ができるか楽しみです」

　マスクもまんざらではないようだ。

「実を言えば、管理ってきらいなんですよね。誰かが誰かの上に立つとか、そういうのがなくなればいいのにとも思います。それはともかく、技術的な問題や製品デザインの問題の解決なら、喜んでお手伝いしますよ」

　そんな感じで、とりあえず1日、メッセージのやりとりをして幸先はよさそうだと感じていたが、スターゲートのドアを前にふりかえると、単なる言葉の応酬にすぎなかったことにマスクは気づいてしまった。

　週末が始まる翌日に入ると、マスクは、いままでもよくやった方法でこのいらいらをぶちまけた。８０００万人を超えるフォロワーを相手に、猛烈なツイートストームを始めたのだ。

　まずは、サンフランシスコのツイッター本社をホームレスのシェルターにするのはどうかと問うアンケートだ。

　続けて、サブスクサービスのツイッターブルーについて、その料金をドージコインで払えるようにすべきだ、また、そうやって料金を払った人には、基本的にセレブやジャーナリスト、政治家などの著名人のみとされている「認証バッジ」を与えるべきだと提案。「ツイッターブルーを契約すれば（料金は月3ドル）、認証バッジがつき、広告がなくなる。ツイッターの存続が広告収入に依存した状態では、企業がポリシーに口を出しやすくなってしまう」

単にトロールモードでこう書いたわけではない。ツイッターと広告主の分離は言論の自由にかかわる問題だとかたく信じているのだ。圧政的なモデレーションがときどきあるが、その多くは広告を援護するためなのだと、エアビーアンドビーの会食でパラグが口を滑らせたのもある。論議を呼びそうなコンテンツの隣に出稿したい広告主などいないので、規制を強くしたほうが広告収入は増えるというのだ。であるならば、広告費に頼っているかぎり、ツイッターにおける言論が真に自由となる日は来ないはずだ。

だがそのあとは自制が薄れ、Ｔｗｉｔｔｅｒからｗをなくし、つぶやきのツイッターを忍び笑いのティターにしたらどうかとアンケートを取るなど、だんだんとトロール人格が中心になっていく。そして、4月9日土曜日の朝には、ダークモードに入ってしまった。

朝9時32分、トゲのある問いを投げる。

『トップ』アカウントの大半はめったにツイートせず、コンテンツをほとんど投稿していない。ツイッターは死にかけているのか?

さらに、コメントで、バラク・オバマ、ジャスティン・ビーバー、ケイティ・ペリー、テイラー・スウィフトなど、フォロワー数の特に多いアカウントをやり玉に挙げていく。このツイートは、経営陣もさすがに捨て置けない。パラグがメッセージを書く。マスクは夕食を終えたところでこのメッセージを読み、内容はともかく、その調子が厳しいことにめんくらった。

『ツイッターは死にかけているのか?』などなんでも好きにツイートしていただいてかまわないのですが、そのような行為が、ツイッターを改善しようという私の努力を助けるものでないことは、立場上、お知らせせざるをえません。次にお目にかかった際には、そのせいで、現在、社内の業務がどれほど支障をきたしているのか、また、仕事の遂行力がどれほど傷ついているのか、そのあたりについてもお話しさせていただきたいと思います。

小学生かなにかみたいにいましめてくるとは。そんな扱いは受けたことがない。スターゲート入口に立ついまも、そのときの怒りが忘れられない。子ども時代に孤独だったからか、それとも、社会的なシグナルをうまく読み取れないからか、マスクは批判のあしらいが下手で、激しやすいと評されることが多い。

「今週、どういう成果を挙げましたか？」とパラグにかみついた。さらに、「取締役にはなりません。時間の無駄です」と追い打ちをかける。

怒りに任せ、きわめて短い一言をつむぐ。運命の一言だ。その一言を入力することで、心が決まったとも言える。極低温配管にぶつかったメタンのように。


株式非公開化を提案するつもりです。


目をつぶると、限界を超える出力にラプター2エンジンの横っ腹が裂け、炎が吹き出したシーンがよみがえる。

「とにかく、一度お話しさせていただけませんか？」――速攻、パラグが返信してきた。やってしまったとわかったのだろう。

取締役会会長のブレット・テイラーからも「パラグから話は聞きました。お話しできませんか？」とのメッセージが届く。

マスクの心は決まっていた。

会長にも「株式非公開化の提案をお待ちください」とだけ返す。

「おふたりのやりとりを見させていただきました。5分だけでかまいませんから、なにがどうなっているのか、わかるように説明をしていただけませんか」

泣きべそで後ずさるのか。弱虫め。

「パラグと話をすることでツイッターを立て直すのは無理です」とマスクは取りつく島もない。

いくら話をしてもラプターエンジンはよくならない。あのがらくたを爆発させないと改良なんてできないのだ。

マスクは、また次々にメッセージを送るが、今回は恋に落ちたふたりのダンスではなく、けんか別れに向けたレイピアの鋭い突きである。

「思い切った策が必要です」

「偽アカウントの一掃は数字が悪くなるので、株式公開企業ではやりにくい。ですから、このあたりのリストラは、株式非公開企業としてやるべきです」

「これは、ジャックの考えでもあります」

ナイフをひねりこむ。パラグもブレットも取締役会も切除したと思っていたジャックの復活だ。しかも、はるかにパワフルな形態に変身して。

あわてたブレットから、またお願いが届く。

「10分でいいから説明をしていただけませんか。取締役になられて24時間です。おっしゃりたいことはわかるのですが、なぜ急に方向転換をされたのかがわかりません。なにをどう考えておられて、これからどうされるおつもりなのか、しっかり理解したいのです」

そう言われても、これ以上つきあう気はマスクになかった。これから10時間は、ブレットとパラグに嫌がらせをする時間だ。とりあえず、週末のツイートは削除しよう。一番きついやつは例外で、ツイッターは死にかけているのかと問うたものだけは残す。

また、マスクは、「タンク」を自称するユーザーのツイートに、わざわざいいねをつけに行った。みんなが見たあと、見られなくしてしまったマスクのツイートについて説明しているものだ。

解説しよう。イーロンは言論の自由を代弁する最大の株主になったんだ。そして、お行儀よくしろ、勝手に口を開くなと言われたんだ。

お行儀よくなど、マスクにできるはずがない。

さて、ツイートストームの二日後、ツイッター取締役になって三日目に、マスクは正式な書状を会長のブレットに送った。お気に入りの政府機関、SECへの報告も、定められているとおり、同時に行った。

ツイッターに投資したのは、言論の自由を守る世界的プラットフォームになれると信じたからです。そして、言論の自由は民主主義が機能するために欠くことのできない社会規範だと信じているからです。

しかるに、その後、いまの形式ではツイッターがにぎわうこともなければ、この社会規範を実現することもできないと考えるにいたりました。ツイッターは株式を非公開とする必要があります。

よって、ここに、ツイッター株式の１００％を現金で買い取ることを提案します。価格は1株54ドル20セント。私がツイッターに投資を始めた日の価格に対して54％のプレミアム、私の投資が公表された日の価格に対して38％のプレミアムを乗せた価格です。本提案は私が示せる最高の条件であり、最終提案となります。本提案が受諾されない場合、私は、株主としての立場を再考せざるをえなくなります。

ツイッターはすばらしい可能性を秘めています。私なら、その力を引き出すことができます。

総額４３０億ドル超である。

大きく息を吸うと、マスクは、テキストのスクロールを止めた。これはもう確定事項だ。

なぜなら、なにがどうしてここまで来たのか、ツイッターの非上場化を提案することになったのか、その理由や経緯がどうであれ、これこそが唯一正しい道であると、いまは信じているからだ。最後は、ツイッターも、まちがいなく、この提案を受け入れざるをえなくなるはずだ。

後書きも添えた。

a. 駆け引きがしたいわけではありません

b. これが最終提案です

c. 買い取り価格は高く、株主には歓迎されるはずです

d. 私は現経営陣を信頼できませんし、公開の市場では必要な変化を実現できないと考えているわけで、この取引が成立しない場合、私は、株主としての自分の立場を考え直さなければならなくなります

i. これは脅しではなく、単に、必要な変化を起こせないのであればよい投資になりえないということです

ii. そして、その変化は、非上場としなければ実現できないということです

ツイッターは壊れてしまった。

それを自分がなんとかする。買収して。

この直後の4月14日、TEDの問いに対し、マスクは次のように答えている。

「最高に信頼され、幅広いものを歓迎する公開プラットフォームを持つことが文明の未来にとってきわめて重要であると、私は強く感じているのです」[1]

この言葉には、彼がどう考えたのかがにじんでいる。ツイッターの株式非公開化は、人類の存亡がかかるミッションに不可欠な要素になったのだ。複数惑星に広がる種とすることで人類を救うため、スターベースで作っているものの一部になった、程度は違えど、ある程度はテスラで作っているものの一部になったと言える。テスラとツイッターは、どちらも、その可能性を文明が持つ期間を長くするために必要なものであり、硬貨の裏表と言える。テスラは、化石燃料を捨てて持続可能エネルギーの世界にするという形で。ツイッターは、意見の交換を自由に、足かせなく行えるようにするという形で。

翌朝7時23分、ごく簡潔な一言を8000万人のフォロワーに流した。「申し入れをした」である。

スターゲートのはるか向こうに、3体の構造物が銀色にそびえているのが見える。マスクが作りあげた三位一体のバベルの塔だ。それを見ていると、体の奥から骨を伝って秒読みが聞こえてくる気がした。

3。

2。

1。

リフトオフ。

――2022年6月16日

第6章 ウェブ会議

ただひたすらに四角

マーク・ラムゼイは、椅子に浅く腰かけ、ノートパソコンのスクリーン中央に浮かぶウインドウを見つめていた。いまだ真っ暗で動きのない四角《スクエア》の周りにはバーチャルカンファレンスアプリの四角い《スクエアな》ウインドウがあり、その周りの四角《スクエア》はノートパソコン、そのまた周りの四角《スクエア》は机、それをまたオフィスの四角《スクエア》が囲み、そして、そのオフィスの奥の隅に座るマークは、四角い《スクエアな》窓からの光を背中に浴びていた。ふりむいて外を見れば、アスファルトの四角《スクエア》が並ぶ駐車場が朝の熱気にさらされているはずだ。車の姿はほとんどない。この7階建てビルの反対側にある部屋を選んでいれば、窓の外には金融街の眺めが広がっていたはずだ。そうしても別によかったのだ。気にする人などいない。そもそも、シャーロット本部に人影がほとんどないのだ。彼と同じくウェブ会議の始まりを待っているツイープスの8割以上が、自宅か自分の車のなかにいるはずだ。ビーチにいるやつだっているかもしれない。

体をゆらすと、スクリーンに映る自分の影もゆれる。その影さえ、なんとなく四角い気《スクエアな》がした。10歳若く、陸軍にいたころなら角張っていると言われたかもしれない。でも、30代になったいまは少し柔らかく、彫り込んだ石というより、膨らませたガラスという感じになっている。それでも、短く刈り込んだ髪からいかり肩まで、いまだ基本的に四角《スクエア》のイメージだ。

ただひたすらに四角《スクエア》だ。

指で机をたたく。まだ始まらないのか。指の皮膚がいつになく黒っぽく見え、マークは笑みを浮かべた。二日前には、妻のジーナとビーチにいたことを思いだしたのだ。

妻か――この単語にはいまだに慣れないな。

南部出身のマークにとって、30代になっても独身というのはほとんどありえない話だ。でも、大学卒業からビジネススクール入学までの4年間を迷彩服で過ごしたため、高校1年のときには決まっていたゴールに飛び込むのが遅くなってしまった。ジーナとは新入生同士として出会い、使うバス停が同じでホームルームが同じと近くにいることが多かったのが惹かれあった原因だろう。さらに、運転免許がないこと以外にも共通点がたくさんあった。ふたりとも小さな町で育ったし、クラシックロックが好きだったし、世界中を旅してみたいと考えていた。軍に入ったおかげで、大学とビジネススクールの学費も工面できたし、彼女を欧州旅行に連れていってあげることもできた。このときマークは、最後にコペンハーゲンのローゼンボルグキャッスルガーデンズを散策しているときまでプロポーズする勇気がなく、婚約指輪をロンドンからパリ、ベルリンと持ち歩いてしまっている。ともかく、こうしてふたりは、短いながらもロマンチックなさすらいの生活を終え、シャーロットに戻って現実的な暮らしをするようになった。

今回は新婚旅行で、ハワイに2週間行ってきた。マークはなにもせずのんびりするタイプではないので、これも、予算を十分に用意し、計画をじっくりと練っておいた。というわけで、最初の1週間、ふたりは、青々とした雨林を歩きまわる、澄んだ海でシュノーケリングをする、岩壁から海に飛び込むなどしてすごした。だがさすがにジーナが抵抗し、猛烈なネゴで数日は日暮れまでビーチでのんびりすることになる。これがマークにはつらく、最後は、早くシャーロットに戻りたい、人影まばらな事務所が恋しいとなってしまった。

新婚の2週間、仕事を忘れてただ楽しむことができなかったのは、2カ月近く前、報道各社をいなずまのように貫いた例のニュースが同時にツイッターをも貫いたからというのもある。

そのとき、マークは、いまと同じところに座っていた。突然に事務所が騒がしくなったのをよく覚えている。携帯電話が通知音を次々と吐き出すし、さらには机から落ちるのではないかと思うほど振動する。机の電話も鳴りだした。これが一番驚いたことかもしれない。机の電話にかけてくる人間がいまだにいるとは思っていなかったからだ。コンピューターも通知を次から次へと吐き、仕事用・私用を問わず、あちこちのメールサーバーからメッセージが洪水のように押し寄せていると知らせてきた。あのニュースを知ったのは、自分が最後だったんじゃないかと思ってしまう。ツイッター、スラック、メッセージアプリを開いてみると、なにが起きたのか、すぐにわかった。

ツイッターを株式非公開にするというイーロン・マスクの提案に、みんな、びっくり仰天したのだ。マークも、価格を見た瞬間、常軌を逸していると思った。いまの株価の40％増し、総額440億ドル近くというのだから。これはまた、ツイッター取締役会に拒否はまずできないと思われる数字でもある。取締役会は当初「ポイズンピル」で買収に対抗しようと、割安な価格で株式を既存株主に提供することを提案したが、すぐに撤回している。株主を喜ばせるのが取締役会の仕事であり、これほどの高価格を拒否するのは職務放棄にほかならない。いくらやりたくてもできないわけだ。ほどなく、取締役会はマスクの提案を受諾することになったとパラグからツイープスに発表があった。

社内に驚きと恐れが広がる。3年前、ヒューストンのイベントにバーチャルゲストとして登場し、チアリーダー役を務めたときは、みな、マスクを大歓迎したが、今回は、みな、厳戒態勢だ。なにをやらかすかわからないビリオネアが会社の手綱を握るって？　まさかという思いもある。やることならテスラとスペースXで十分にあるだろう。本気でツイッターにまで手を伸ばすつもりなのか？　ウチはなにかと言えば論議の的になり、あっちにかしいだりこっちにかしいだりするソーシャルメディアだぞ？

一方、社外の友だちからは、お祝いのメッセージやメールが次から次へと届く。世界一の金持ちによるツイッター買収はマークにとっても大当たりであり、ほどなく退職して、今回、給料1カ月分をつぎ込んだ新婚旅行で訪れたようなビーチで悠々自適の生活を送れるようになると、どういう理屈なのかわからないが、みな、考えているらしい。母親も、シャーロット近くの不動産を2軒も紹介してきた。どちらも、新婚カップルふたりはもちろん、家族が5人いても十分すぎるくらいの家だ。ベッドルームのひとつは自分用なのだろう。マークが20代のとき父親が亡くなり、母はその後のつらい時期をマークに寄りかかるようにすごしてきている。母は母なりにマークのことを思ってくれていて、マスクがツイッターを買収すれば、マイヤーズ・パークに立つ6ベッドルームの物件が買えるようになると思ったのだろう。

テスラの株価が急落

世の中はマークの母親と似たとらえ方をしているらしい。その証拠に、買収提案が発表された翌日、ツイッターの株価が28%も上昇。でも、それから数週間がすぎ、実家から2ブロックの教会でジーナと結婚の誓いを交わすころには（ジーナ側は親戚が山のように参列したが、マーク側の参列者は、母親と、小学校卒業以来会っていなかったいとこふたりだけだった）、世の中が思ったほどスムーズには話が進まないらしいことがわかってきた。

マスクの買収提案を受け入れるとツイッターが正式に発表してから1日で、テスラの株価が12%も下落した。わずかに1日で1000億ドル以上も時価総額が下がったのだ。言い換えれば、マスクがツイッターの買収に払う金額の倍以上が失われたことになる。ツイッターとテスラの株主は、ツイッター買収のとらえ方がまるで違うわけだ。さらにその三日後、買収資金の足しにするためマスクが85億ドル相当のテスラ株式を売却したとのニュースが流れるとテスラ株価はさらに下がり、いつ果てるともしれない下降スパイラルに入った。

テスラの株価下落は市場全体が軟調であるのも原因だろうが、ツイッターを経営すれば、当然に、目配りしなければならないことが増えるし、おそらくは世間の注目も集めることになるというあたりを株主が心配しているのもまちがいない。マスクは単なる登録ユーザーであった時代にさえ、おかしな投稿をして物議を醸しがちだったわけで、ツイッターCEOとして書いたらどうなるのかわかったものではない。

テスラの関係でネガティブな反応が出たのは、マスクにとっても驚きだったようだ。マスクのおかげでテスラはあわや大惨事という危機をいくつも乗り越えてきたことから、テスラのファンはマスクを救世主かなにかのようにあがめるのが当たり前だったからだ。テスラ関係でマスクの名前が挙げられるときには、天才という言葉が一緒に出てくるのが常だと言えるほどなのだ。

2週間後の5月13日、ツイッターの買収は「保留」にすると突然に発表されたことを見ても、テスラの株価はたまたま下落したのではなく（その分、マスクの資産総額も減った）、買収提案に対する反応だったと考えていいだろう。保留理由は、もちろん、テスラ株と関係がなく、スパムや偽のアカウントは全体の5％以下だとすることでツイッターは登録ユーザー数を過大評価してきたと判断したからだそうだ。5月17日のツイートを見ると、5％以下などありえない、どころか20％でも見積もりが低すぎるかもしれないとマスクは考えているらしい。

表の応酬はマスク側もツイッター側も激化していたが、ツイッター社内では、マスクがなにをツイートしようが買収はなされるとの前提で準備が進められていた。逆に、万が一「保留」が退却につながった場合に備え、法務チームが集められたとの情報も社内チャンネルには流れていた。

それから1カ月がたち、日焼けして机に戻ってきたマークは、買収が訴訟に発展しそうだとは考えていなかった。むしろ逆で、ノートパソコンの中央に浮かぶ四角《スクエア》が突然に光り、壁が濃淡15階調ほどのベージュに彩られた狭苦しいオフィスとパラグが映ったとき、マークは、ツイッターがこれからどうなるのかをかぶりつきで見るのだとわくわくしていた。7500人近いツイープスが参加する全社集会の始まりだ。

パラグが短くもばか丁寧なあいさつを終えると、代わってマスクが登場した。ふたりとも技術者なのに、その見た目も背後の様子も対照的だ。パラグはえりなしのぴっちりした黒シャツ。マスクは真っ白なドレスシャツの襟元をはだけていて、自然で上品なイメージだ。パラグのオフィスは狭苦しいベージュ、対してマスクは、広くて風通しのよさそうな場所にいる。会議室なのか会社のカフェテリアなのか、ともかく天井がばか高く、あっちにもこっちにも金があしらわれているし、木質のところには柔らかな光があたっている。後ろにはガレーキッチンらしきものがあり、光り輝くクロームの大型冷蔵庫も見える。

パラグがさっと引っ込んだあとの仕切りは、ツイッターの最高マーケティング責任者、レスリー・バーランドが引きうけた。適任だとマークは思った。彼女とはさまざまなマーケティングキャンペーンで一緒に仕事をしてきたので、すごく優秀だと知っているのだ。

おそらくはパラグが頼んだのだろう。もともと技術者で人をマネージメントする経験が足りない自分では、イーロン・マスクのような人物の相手などとても務まらないと判断したのかもしれない。マークにしてみれば、パラグはすでにマスクを「マネージメント」し、ツイッター取締役を辞めさせる、株式非公開化の提案をさせる、その提案を保留にさせるといった成果を挙げているように見えるわけだが。

さて、レスリーは、まず、どれほどツイッターを愛しているかを語ってくださいと打ちやすい球を投げた。これにマスクは「ツイートしたとおりで、文字どおり、私はツイッターを愛しています」と回答。なぜですかとレスリーがたたみかけると、マスクは、マスメディアというネガティブなレンズを通すことなく大勢の人々とコミュニケーションを取れるからだと返す。続けて、ツイッターは「デジタルな広場《タウンスクエア》」であることが大事なのだと付け加えた。

「実際の広場《タウンスクエア》に100万人を集めることはできませんが、ツイッターなら100万人を集められますから。これは、民主主義が機能するために必要欠くべからざる大事なことです。民主主義がきちんと機能するには、言論の自由があって自由にやりとりできることが必要だと私は思うのです」

マスクはさらに掘り下げる。

言論の自由《フリーダム・オブ・スピーチ》と喧伝の自由《フリーダム・オブ・リーチ》というものがあり、このふたつは違うと思うのです。誰であれ、タイムズスクエアの真ん中に立ち、好きなことを語れます。それこそ、ホロコーストなどなかったと主張するのも問題はありません。でもだからといって、その主張を何百万人もの人に広げる必要があるという話にはならないわけです。法律が許す範囲であればどれほどひどいことであっても言えますが、それを広げる必要はありません。そして、ツイッターは、その逆をなるべくたくさん、世界をなるべくたくさん、取り込むように努力することが求められていると私は考えています。

ヨエル・ロスのチームがやっているようなモデレーションが必要な場合もある、ただ、「法律に認められた」言論の自由を制限してしまうことなくやらなければならないのだと言っているようにも聞こえる。同時に、ツイッターの登録ユーザー数を増やしたいと考えていることもまちがいない。対話に参加するチャンスを多くの人に与えたいわけだ。

「世界をなるべく多くツイッターに取り込みたい。できるかぎり幅広い属性の人々を取り込みたい。そのためには、ツイッターにいるのが心地よいと感じてもらわなければなりません。逆に、苦しい思いや不快な思いをしたら、ツイッターを使いたいと思うはずがありません」

少なくともここまではもっともな話ばかりで、マークのパソコンでは、いい感じなんじゃないかというスラックチャンネルが会議ウインドウの横に出始めた。

「言いたいことを言える一方で、気持ちよく使えるようにもしなければならず、そのバランスを上手に取ることが大事なのだと思います。そうでなければ、使ってもらえなくなります」

そういう話なら誰も反対しないよなとマークは思った。なんだよ、ヨエルの口から出ていたら、誰もなにも思わない話じゃないか。

モデレーションの件を掘り下げる手もあったが、レスリーはボット問題に舵を切った。買収を保留するほどの大問題であることにはとりあえず触れずに、だ。

「ボットやスパムのアカウントが、いま、難しい問題になっていることはまちがいありません」――そう言いながらマスクは、カメラがついていくのに苦労するほど体を大きくゆらした。

「ツイッターでは詐欺も横行しています……問題児もいます。ボットではなく、ひとりで何百アカウントも動かし、本当はそうでないのに、それぞれ独立しているかのようにみせかけるのです。ツイッターを信頼してもらうには、このあたりをすっきりさせる必要があります」

ボットもトロールも問題だという件も、マスクの意見に反対する人はいないはずだ。ところがマスクが解決案を提示すると、スラックに緊張が走った。

「この件については、私に考えがあります。ツイッターブルーの認証を使えばいいのではないかと思うのです。セレブであることの証しではなく、ツイッターブルーの料金を払っていることの証しとするのです。認証は決済システムでやります……個人につながる認証があれば、おそらくはボットでもスパムでも、また、何百ものアカウントを動かしている人でもないと明らかにできます。月額3ドルくらいでね。この方法はかなり使えるはずです……」

うーむ。マークは椅子の背に身を預けた。いま、セレブやジャーナリスト、政治家などのアカウントにつけているブルーチェックを売るという話に聞こえるが、そういうことなのか？　月3ドルを払う余裕があると示す以外の意味がなくなるのに、その認証にお金を払う人などいるのだろうか。百歩譲って払ってもらえたとして、そのとき、対話や交流にどういう影響が出るのだろうか。どういう人にチェックがつくのかよくわからないなど、ブルーチェックにも問題があるとはいえ、それでも、書かれていることの信頼性を判断する一助にはなっている。すべてのツイートは平等だが、ツイッタラーにはグラデーションがあるのだ。

一方、広告主と仕事をしてきた者として、うなずけるものはある。セレブやジャーナリスト、政治家、会社を代表する人などが問題投稿をした場合、それが誰の投稿であるのかくらいはわかるからだ。そういう投稿であれば、なにがしかの責任や威信が伴うし、なにごとかあった際にはその責めを負うといったことにもなる。書かれていることに反対かもしれない。不満に感じるかもしれない。無視しようと思うかもしれない。賛同するかもしれない。いずれにせよ、理論的には、それがどこの誰から出てきたものなのかわかるわけだ。でもそのブルーチェックを誰でも手に入れられるようにしたら、どこから出てきた投稿なのかわからなくなってしまう。クレジットカードを持っているという以上のチェックをツイッターがしているとは考えられなくなってしまう。

そのほうが公平だとは言えるかもしれないが、実際問題として、そうすれば、なにがどうなっていまより安全で活発なプラットフォームになるのかマークにはわからなかった。マスクはこのあたりを本気で考えているのだろうか、それとも、いま思いついたことを口にしているだけなのだろうか。よく考えた上の言葉であるように聞こえるが、そもそもマスクという人物をよく知らないわけで、単にそういう話し方をする人なのかもしれない。

レスリーもツイッターブルーに懸念を抱いたかもしれないのだが、そのそぶりは見せず、聞いている人々に直接的な影響のあるトピックに話を移す。

「当社では、分散型の働き方を戦略の中心にすえてきました」と切りだした。いかにも企業人らしいもってまわった言い方だ。

「社員の大半は働き方がハイブリッド型です。フルタイムのリモートワークは1500人ほど。リモートワークについてどう考えておられるのか、特にツイッターにおけるリモートワークについてどう考えておられるのか、お聞かせいただけないでしょうか。テスラの上層部に対し、リモートワークに関する通達を出されたりしていますよね」

マスクは、一瞬、気色ばんだように見えたものの、次の瞬間には軽い笑みになっていた。

「そうですね、テスラは車を作っているわけで、車をリモートで作ることはどう考えてもできません……基本的には出社して仕事をすべきというほうに強く傾くことになりますが、ただ、抜きん出た人ならリモートワークでもかまわないでしょう……基本的には、これはもう、出社して仕事になりますね。すごくいい仕事ができるのに、リモートでしか働けないからとクビにするのは、どう考えてもおかしいと思います。おかしいですよ。あ〜、なんというか、変なほうに行きたいとは思っていません。事業が成長し、いいものとなるほうに行きたいと思います。

がらんとしたビルにある自分のオフィスで、マークは、思わずにやりとしてしまった。みんながどうして自宅でリモートワークをしたがるのか、よくわかっているらしい。自宅で仕事をするほうが快適で、生産性が上がる人もいる。通勤しなくていいし、いらん会議に集まる必要もないし、エレベーターやカフェテリア、スムージーバーで時間を無駄にすることもないからだ。しかし、「分散型の働き方」へのシフトをきっかけに働き方がどんどんルーズになり、なにごともなし遂げるのが難しくなってしまった——全体としてはそうなってしまったとマークは感じていた。

リモートワークの次は、聞き手みんなにとって一番の関心事だった。「ツイッターについてどのようなレイオフを考えておられるのか、お考えを聞かせていただけますか」とレスリーが切り込んだのだ。

聞き手が安心するような話が出てくるわけがないと、マークはこのとき思った。

「そうですね、状況による、でしょうか。ツイッターは、まちがいなく、もっと健全にする必要があります。つまり、いま現在は収入よりコストのほうが多くなっていて、つまり、かんばしいとは言いがたい状況です……」

かなり遠回しながら、楽観的な印象を与えようとはしているようだ。

「しっかり貢献していればなにも心配することはありません。会社を不健全にするような措置を講じることはないので、つまり、まあ、そういうことです」

慰めにあまりなりそうにない言葉だが、マークにしてみれば、そう思うのも無理はないというところだ。会社はすっかり慢心してしまった。ただ、社員がこれほど「分散」してしまうと、誰が必要で、誰がシリコンバレーライフを満喫しているだけなのかを日々判断するのは難しい。

このあともレスリーからいろいろなトピックが示された。

まずは多様性をどう考えるのか。

「ユーザーを少なくとも10億人、できればもっと増やしたいですね……これが、もっとも包括的な定義だと言えるでしょう。全員が人間。これは大事です」

政治姿勢も取りあげられた。

「中道も中道だと思います。今週の選挙は例外になりましたけど、いままでは、いつも、民主党に投票してきました……政策は穏健なほうがいいと思いますが、同時に、ある程度は極端な考えも許容すべきだと思います。法律が許す範囲でそういう意見を表明することも……極左の10%と極右の10%が同じくらいツイッターに腹を立てているくらいが、おそらくは、ちょうどいいのではないでしょうか」

認証の件にも少しだけ戻った。

「トロールアーミーの編成にもっとお金がかかるようにしなければなりません」

マスク自身のツイートについても尋ねられた。

「私は怒りっぽくありません。声を荒げるとかまずありませんから。そうですね、実際にここ1年、声を荒げたことはないと思います」

マスクは横を向いたり目が宙をさまようことが増えてきたようだ。話に飽きてきたのかもしれない。マークにはそう感じられたのだが、テスラやスペースXと同じようにツイッターもCEOを務めるつもりかと尋ねられると、マスクは、長広舌と表現すべきものに突入した。その話を聞いていると、さっきのは、飽きてきたのではなく、レイオフや広告、政治、モデレーションなどの俗事はもういいじゃないかとなんとなく言いたくなっていた、いや、もしかすると言いたくてしかたなくなっていたのではないだろうかと思えた。

「すべての源となる哲学が私にはあります。いわゆる意識の広がりや規模、寿命を拡張できる可能性が一番大きくなる方策を取るべきなんです。つまり、文明レベルでものごとを改善できそうな方策はどれなのか、文明の寿命を延ばせそうな方策はどれなのかということです」

詩的な言葉による重い話だ。マークは、思わず姿勢を正していた。会社でこんな話が出てくるとは思わなかった。パラグがこんな話をすることはありえない。ジャックなら似たような考えを持っているかもしれないが、こういう話を全社集会でしたりしない。しかも、大勢クビにするかもと匂わせた直後だぞ。

話が続く。

「我々の文明は、いつか最後の日を迎えるわけですが、これをできるかぎり長続きさせようではありませんか。宇宙の真理を理解できればすばらしい。我々はなぜここにいるのか。命にはどういう意味があるのか。どこでなにが起きているのか。我々はどこから来たのか。

ほかの星系へ行き、我々以外の文明を探すことはできるのか。5億年前とかに存在したけど死に絶えた一惑星文明がたくさんあるのかもしれません。我々の文明は文字の発明からここまで5000年ほどですが、こんなの一瞬です。地球ができてからいままで45億年くらいですからね。文字の発明をスタートとする文明の歴史なんて、火花にすぎないんですよ。ですから我々は、その火花を大事に育て、できれば長く燃える炎にするべく、やれることはなんでもしなければならないのです」

目がくぎづけになった。ウェブ会議だとは思えない。金ぴかの会議室だかカフェテリアだか、いやもしかすると星系間宇宙船のコックピットかもしれないものを背景に、真っ白なシャツのマスクが映っている四角《スクエア》の四辺が、四角《スクエアな》い境界線がぼやけ、あるのかないのかわからなくなってしまった。

なんなんだ、いったい。スラックはどうなっているんだろう。自分と同じようにみんなも、この展開に度肝を抜かれているのだろうか。気になる。でも目が離せない。

レスリーは、マークと同じくらいびっくりしているようだ。それでもなんとか、話をツイッターに戻そうとした。

「こういうことを申し上げなければならなくなるとは思いもしなかったのですが、これを宇宙人からツイッターに、え〜、つまり話を戻していただけますか？」

「いや、別に宇宙人だと言ってるわけではないのですが、でも宇宙人ですね」

マスクがボケをかます。レスリーはどう問いを投げればいいかとまごついているが、マスクは、どう見ても絶好調である。

「宇宙人の件で人に嫌がらせをするのはやめさせなければなりません。念のため申し上げておくと、宇宙人がいる証拠を見たことはありません。これ、よくきかれるんですよね。で、それについては……」

ようやく、話をどう導くべきか、レスリーも心を決めたようだ。

「ツイッターについてなんですが、5年から10年くらいあとにどうなっていたら成功だと判断されますか。あなたにとって……また、我々全員にとって」

話を俗事に戻すわけだ。

「成功とはデイリーアクティブユーザーが大幅に増えることだと私なんかは思うのですが……デイリーアクティブユーザーの10億人突破は可能でしょうか」

だが、俗事などマスクの眼中にないようだ。

「ざっくりした話として、ツイッターはこれからも文明と意識を盛りたてていけるのか、です。長く続く強い文明、現実とはなにかをもっと深く理解できる文明に、我々は――ツイッターは――資することができるのか、です」

マークは、また、椅子の背に身を預けた。こういう言葉を雑誌かなにかで読んだら、かっこつけやがってと思ったかもしれない。ところが、マスクが実際に語っているのを目の当たりにすると、言葉の向こうの熱意を感じると、想いのこもった語り口を耳にすると、マスクが本気であるのがひしひしと伝わってくる。カリスマで理解しがたいが、なぜか親近感を覚えてしまう。ただ、ネジが何本か飛んでいる気もする。

ツイッターはソーシャルメディアの会社だ。人々が好き勝手に自分の考えを投稿する場、日常生活のあれこれを投稿する場、政治哲学や冗談、ミーム、ニュースなど、なんでも好きなことを好きなときに投稿する場だ。会社としてのツイッターは、そのツイートにはさむ広告を売るとともに、暴力や悪意、誤情報がまぎれ込まないよう、できるかぎりの努力をする。

マスクはどういう会社を買ったと思っているのだろう。

「つまりですね」――マスクが話を続ける。自分の世界にますます入り込んでいるようだ。

「私の哲学は、一種の好奇心なんですよ。宇宙の真理をできるかぎりしっかりと理解したいんです。宇宙の真理を理解するには、意識の広がりや規模を拡張し、意識の寿命を延ばす必要があります」

ここで肩をすくめるような動きを見せると、ようやくレスリーの問いに答えた。なにをもってツイッター買収の成否を判断するのか、だ。

「そうですね……ざっくりした話として、文明の力と寿命をはっきり改善できたら、でしょうか」

不自然な間のあとレスリーが感謝の言葉を口にし、ウェブ会議のウインドウが暗くなった。

マークはスクリーンを見つめたままじっとしていた。ポケットのスマホは通知音がかまびすしいし、スラックは沸騰している。だがマークは、まただひたすらに四角《スクエア》となったものをじっと見ていた。

単なる四角《スクエア》だ。

四角《スクエア》のなかの。

たくさんの四角《スクエア》のなかの。

――2022年10月4日

第7章 資金集め

缶詰の楽園

マスクは、ノートパソコンのスクリーンに突然現れた映像をじっと見た。無味乾燥なオフィスに机ではない。ガラスの壁に囲まれた会議室でもない。ホワイトボードでもなければスチールフレームのテーブルでもなく、ウェブ会議機器でもない。椅子でもなく、リラックスしたいときに座るリクライニングラウンジャーのようだ。白く、ちかちかと光っている。ラッカー仕上げの木製か？　いや、籐を編んだもののようだ。ともかく、その向こうには低い柵まで10メートルほどのバルコニーがあり、そのまた向こうには、砂と水に加えてヤシの木が見える。その葉をそよがせているのは南国の風だろう。

ココナツが匂ったように思う。なたで割ったり、日焼け止めに混ぜたり、映えるドリンクに混ぜたりするやつだ。

缶詰の楽園か。

ノートパソコンを閉じてやろうかとマスクは思った。こっちは楽園なしの缶詰だけなんだ。6メートル四方、1ベッドルームの可搬プレハブを車で引いてきて、スペースXの片隅に置いたのだ。[1] 設置に6時間もかかっていない。どこにでも運んでいけるワンルームで、ベッドルーム、キッチン、バストイレ、リビングに仕切ることができる。マスクが座っているのは、リビングに置いたビニールレザーのカウチだ。壁は鋼鉄とコンクリートと発泡材を貼り合わせたものだ。ハリケーンや火事、洪水にも耐える設計で、電力は、ソーラーパネルと、テスラ車に使っているのと同じようなバッテリーだ。ポータブルで持続可能な未来の家で、ボクサブルという会社が作っている。価格は込み込み5万ドル。ただし、イーロン・マスクでもないかぎり、かなり待つのを覚悟しなければならない。

閉じたい衝動を抑え、パソコンは開いたままにした。ほどなく、バルコニーとヤシの木の左側から誰かが姿を現す。動きが急すぎて、反射した光をカメラがとらえてピクセルに変換する追尾・安定・送信の処理がうまくできないようだ。

調子のいいときであれば、マスクは、目を閉じることで、映画『マトリックス』さながらに、ノートパソコンのカメラを動かすコンピューターコードがさ～っと流れていくのが見えるという話もある。だがこの瞬間はスクリーンに注意を奪われていた。画面に入ってきたなにかは人影で、よっこらせとラウンジャーに座ろうとしているようだ。姿勢は寝そべるでもなく腰かけるでもなく、その中間。両手を腰に当てたお太りさまが籐椅子の端にもたれている。

ずんぐりとした若者である。髪はちりちり、なで肩でパンダのような体つきだ。少し下を向いているので、くぼんだ目を見ることはできない。

流れるコンピューターコードなしでも、なぜか現実味が薄い。ヤシの木とビーチ、丸々とした体でアニメのような印象が強く、夢でも見ている気分にさせられる。悪くないな――マスクはそう思った。

マスクは、ずっと前から、シミュレーション仮説なる概念というか世界の見方というかを信奉している。我々がいる現実は、どこぞの高度な文明が創り出したシミュレーションであるとする考え方だ。我々が「リアル世界」だと思っているものが、実際には、現実そっくりな世界を生みだせるように設計されたむちゃくちゃ複雑なコンピューターコードによるシミュレーションだというのである。

意識も経験も、もうすぐ始まるビデオ通話などの出来事も、すべて、現実をシミュレーションする一環にすぎないのかもしれないし、我々が欠くことのできない基礎だと考えている原理や物理法則も、単なるプログラムにすぎないのかもしれない。

そんなSFのような話と思うかもしれないが、実のところ、その基礎は純然たる数学にある。もともとは、科学者・哲学者のニック・ボストロムが論文と2003年の本で提唱した仮説で、文明が発展すれば、いつの日か、現実と区別できないコンピューターシミュレーションを行える技術が開発されるという。そのとき生みだされるシミュレーションはひとつではなく、多数のはずだ。そして、そのシミュレーションに生まれた文明も、いつの日か、同様に、現実と区別できないシミュレーションができるようになる。こうして、ひとつの現実から無数のシミュレーションが生まれる。

であれば、ほぼ無限にあるシミュレーション世界ではなく、元となった現実の世界に生きている可能性は、数学的にほぼゼロということになる。

さらに、特定のキャラクターをベースにシミュレーションを構築したとしても、シミュレーションごとに、ほぼ無限の数のＮＰＣ、すなわち「ノンプレイヤーキャラクター」を用意できる。言い換えれば、いまこの瞬間、自分はシミュレーションに生きていて、かつ、自立したキャラクターでさえない可能性が高いわけだ。数学的には、まずまちがいなくＮＰＣだと言えるのである。

マスクは自分がＮＰＣだと考えてはいないが、美しく論理的なシミュレーション仮説に魅了されていると、取材やツイート、コメントなどでくりかえし述べている。特に彼の人生は偶然でおかしな具合に曲がることが多く、非現実的な雰囲気が漂いがちだ。

彼がいま生きている世界線を生みだしたコンピューターコードも、ツイッターに関するこのビデオ通話で、ここ１週間の同じくらい奇妙な回り道を締めくくる結末に彼を導いた

「ｉｆ－ｔｈｅｎ」アルゴリズムも、マスクはまちがいなく想像し、すばらしいと絶賛していることだろう。

時価数十億ドルのソーシャルメディア企業に公然と敵対的買収をしかけるよりややこしいことは、その企業を買収しないように試みることくらいしかないと、この一夏をかけて学んだのだから。

ツイッターの株式非公開化を保留にすると夏の初めに決めていても、買収をやめるという決断は簡単なものではなかった。ボットアカウントや偽アカウントが発表されていたよりも多いことは最初に指摘したが、その後詳しく調べてみるとツイッターの財務状況が底なしに悪く、世界のタウンホールを蘇らせるにはすさまじい費用がかかることが判明する。人間ユーザーの数をごまかしていただけでなく、バランスシートも虚飾ばかりで実体が伴っていないとしか思えないのだ。マスクは、６月16日に次のようなメッセージを書いている。

「私の理解が正しければ、ネッドもパラグも、今後１年間の現金支出は70億ドルで、同時期の現金収入も70億ドルだと言っている。この現金収入の数字は非現実的だ。第２四半期の現金収入は12億ドルと予想しているわけで、このペースでは年に48億ドルしか入ってこない」

また翌日には、もっと明快に「現実を無視した収入予測をしているようだ」とも書いている。

この取引を完遂すると考えるとめまいがする理由は、財務が泥沼になっているからだけではなかった。テスラの株価が下降スパイラルであることも――つまりマスクの資産も減りつづけているわけだ――マスクには驚きだった。個人資産の目減りが2000億ドルに達して経済的な痛手もすさまじかったし（史上最大の目減りである）、敵からも味方からも激烈な批判が寄せられたのも痛かった。

大半がリベラルのメディアからは、ある程度、たたかれるだろうと予想していた。ツイッターが右派を狙い撃ちにしていると言いたいから、マスクは買収提案にいたる一連のツイートを書いたのだと彼らは解釈しているし、金持ちに大衆の怒りを誘導するのが彼らの常套《じょうとう》手段だからだ。

しかしながら、自分の味方だとずっと思ってきたテスラのファンや株主に、テスラを犠牲にツイッターを買収しようとしているとの反発が生まれるとは予想していなかった。中核企業のテスラやスペースXがそっちのけになるだろうし、440億ドルの買収を完遂するならテスラ株をもっと売らなければならなくなるはずだと投資家の多くが（正しく）推測したらしい。

マスクでさえも味方から急に批判されることがあるわけだ。この10年ほど、マスクは、テスラを倒産の危機からいくども救った天才として、スペースXを身一つで作りあげた天才として、人生を人類救済にささげた天才として、非の打ちどころがないと言える評価を得てきた。だが今回は、ふだんなら自分をあがめ奉ってくれる人々から厳しい批判が寄せられた。しかも、マスクのＣＥＯ退任を求める嘆願があちこちの有力投資家から取締役会に寄せられるほどの批判である。

他人の目に対するマスクの対応は、シミュレーションに登場するコンピューターやアバターのような見方をする人間らしいと言える。彼にとって他人の目や感情は、ギアをいくつか回して分析・消化するものなのだ。

テスラ側のひいき筋からぶつけられた怒りと、ツイッターの財務状況を調べれば調べるほど出てくるあれこれを受けてこのギアが高速回転を始めた結果、マスクは、この時点で合理的と唯一考えられる道、すなわち、ツイッター買収提案の公式撤回を選んだ。

怨敵は撤退した。そして、ツイッターは、すみやかな提訴でこれに応じた。

最初はポイズンピルで対抗しようとした取締役会が、なにをするかわからない金持ちに世界的対話の中心であるソーシャルメディアを支配させるのは問題だと意見記事や特集記事でさんざん訴えてきた取締役会が、怨敵に、戻って門をたたき壊し、宣言どおり、自分たちを無慈悲に侵略・蹂躙《じゅうりん》せよと迫ったわけだ。

なぜそんなことをするのか、マスクにはよくよくわかっていた。買収提案の撤回を受けてツイッターの株価は暴落し、投資家は身ぐるみはがされた状態になっている。マスクが提案した買収価格、54ドル20セントの半分近くまで落ちたのだ。撤回を許せば、株主の矛先はまちがいなく取締役会に向かう。

だから、マスクによる買収を阻止するポイズンピルのときと同じ法律事務所を起用し、買収の完遂を求める訴訟を起こしたわけだ。

2022年4月、イーロン・マスク氏は、法的拘束力のある買収合意をツイッター社と取り交わし、買収完遂にできるかぎりの努力をすると約しました。しかるに、それから3カ月もたたないうちに、マスク氏は、ツイッター社とその株主に対する義務の履行を拒絶しました。署名した契約が自分の利益にならなくなったからです。世間の注目を集めることでツイッターを引き込み、さらに、売り方に有利な買収契約を提案・締結したことを見れば、デラウェア州契約法の適用を受ける他の当事者と異なり、自由に翻意して契約相手に傷を負わせ、その事業を妨害し、株主価値を毀損《きそん》し、かつ、その責めを負わずにすませられると彼が信じていることは明らかだと言わざるをえません。

裏切られたソーシャルメディア企業の恨みは深いということだろう。もちろんマスクも、取締役会の不実表示であると法的反論を返すなどしたが、夏が終わるころには、買収からの撤退は完遂と同じくらいの費用がかかるであろうことが判明する。弁護士を儲けさせるだけになってしまうのだ。

敵対姿勢から泣く泣く妥協へ急転直下だ。買収費用の大半はマスク自身が負担せざるをえないが、株式の非公開化を匂わせた直後から、やはりお金持ちの友だちや仲間から支援の申し出がたくさん届いてもいる。マスクにとって、こういう人たちに頼んで資金を何十億ドルか用意するのは、駐車料金の小銭を借りるくらいのイメージなのだろう。

たとえば4月というかなり早い時期に、マスクは、やはりビリオネアのラリー・エリソンに連絡して、多少出してもらえないかと尋ねている。回答は、「10億……っていうか、きみが言うだけ出すよ」だった。

「いや、きみが出したいと思う額でいいよ」と、マスクはマスクで自然体だ。

「お勧めは20億以上かな。ポテンシャルがすごく大きい話だし、ほかの誰よりもきみに加わってほしいし」

エリソンは動じない。

「20億はときみが言うのなら……わかった、20億だ」

マスクは、モルガン・スタンレーとバンク・オブ・アメリカから有利子のデットファイナンスで合計130億ドルなど、銀行からの融資も取りつけた。サウジアラビアのアル＝ワリード・ビン・タラール王子も、すでに所有するツイッター株19億ドル分のロールオーバーに同意してくれた（買収成立後にはマスクに次ぐ第2位の大株主となる）。カタールの政府系ファンド、カタール・ホールディングも参入してくれることになった（投資額は非公開）。

自己負担は150億ドル以下にしたいとマスクはもともと考えていたのだが、最終的には270億ドル近くをキャッシュで用意せざるをえなくなってしまう。このうち150億ドルはテスラ株の売却だ。テスラファンにとっては、歯ぎしりしたくなる事態である。

何曜日なのかによっても違うし、そのときテスラの株価がいくらなのかによっても違うが、270億ドルというのは、マスク個人が持つ資産の7%から15%に相当する。ツイッター買収は単なる虚栄心の表れにすぎないとする向きもあるが、この数字を知れば、その考えが変わることもあるのではないだろうか。

自己負担を減らしたければ、エリソンやサウジの王子以外にも打つ手はいろいろとある。ただ、マスクはお金が目的ではない。お金を目的にしたことはないのだ。今回も、お金は目標を達成する手段にすぎない。それが彼の哲学であり、だからこそ、この日、この朝、冒頭のビデオ通話をしなければならなくなったわけで、皮肉なことだと言えよう。

サム・バンクマン=フリード

ことの発端は、スコットランドの哲学者でソーシャルアントレプレナー、ウィリアム・マッカスキルだ。「効果的利他主義」なる運動を始めたひとりで、富を寄付して世界をよくしたいと考えるビリオネアに尊師と仰がれている人物である。効果的利他主義では、富を戦略的に使うことを勧めている。プラスの効果を発揮すると確認されている方法に集中投資すべしというのである。

マスクはこの活動に賛同しているわけではないが、従来型の慈善活動は無駄が多くて効果的でないと考えてもいた。また、未来を変えられるやり方をデータと調査研究で明らかにするという考え方は好感が持てる。というわけで、「世界のためによりよい場にする」ことを目的にツイッターを買収しようかと、かなり長く検討してきた「協力者」がいるのだがとマッカスキルからメッセージが届いた際、マスクは乗り気だった。

でも用心深く、「お金はたくさん持っているのでしょうか」と返信した。

「どのくらいを『たくさん』と表現するか次第ですね。資産は240億ドルで、共通の価値観を持つ昔からの部下も含めれば300億に手が届きます。ざっくりとどのくらい出せるのか尋ねたところ、『10億から30億なら楽勝、30億から50億くらいは行ける、80億から150億も可能だが、資金の調達が必要になる』と返ってきました」

マスクは気をつけなければと思いつつ、前向きに検討することにした。マッカスキルの運動にはメリットがあるがマスクはその信奉者ではない。でも同時に、マスクほどの金持ちでも無視できない数字が出てきたからだ。

ビデオ通話に映っているのは、パンダに似た不格好ななにかで、だぼだぼのTシャツを南国の風にゆらしている。ちりちりもじゃもじゃの髪が240億ドルのお宝を抱えているとはとても信じられない。いくらシリコンバレーだと言っても、これはだらしがなさすぎる。そして、パンダが口を開いた。ものすごい早口で、言葉同士がぶつかるのではないかと思うほどだ。これはやばそうだ。

相手の経歴は、マスクも知っている。

サム・バンクマン＝フリードという人物で、テック関連の報道ではSBFと表記されることが多い。この10年でトップクラスの優秀な若手アントレプレナーである。ジェーン・ストリート・キャピタルで頭角を現したあと、30歳のときクオンツ取引の会社、アラメダリサーチを立ち上げたほか、ものすごい勢いで成長しているFTXなる暗号通貨取引所も立ち上げた。

SBFの立志伝は語り草となっている。それも当然だろう。セコイアキャピタルのベンチャーキャピタリストがずらりと並ぶ部屋でFTXの売り込みをした際、暗号通貨から芸術品、産品や製品にいたるまでなんでも買える、「お金を好きに使える場所」に自分の取引所をするとぶち上げたのだが、その間ずっと、顔はノートパソコンに伏せたままで、目をスクリーンから外して聞き手と目を合わせることがなかったのだ。そして、集まったベンチャーキャピタリストの大半が出資を決めたあと、見えるところまで近づくと、SBFのコンピュータースクリーンにはオンラインゲーム、『リーグ・オブ・レジェンド』が映っていたという。ずっとゲームをプレイしながら、セコイアキャピタルから総額1億5000万ドルの投資を引き出したわけだ。

ベンチャーキャピタリスト相手なら、ザッカーバーグ的な分裂気質が多少あってもかまわないとマスクは思うが、米連邦取引委員会との関係やアラメダの職場文化について黒いうわさがいろいろと聞こえてくるのは気になる。暗号通貨取引所というのはだいたいが怪しいものだし、本社を海外に置いているようなところは特にそうだ。FTXは米国にも拠点を持っていて、スーパーボウルに広告を出したり、スタジアムの命名権を買ったり、トム・ブレイディやラリー・デイビッドといったセレブの応援を取りつけたりとふつうのマーケティングもめいっぱい行っているが、経営幹部は全員がバハマ諸島にいる。暗号通貨の神童は、みな、6000万ドルの豪華キャンパスに住んでいるのだ。SBFらは、不動産だけで3億ドル近くも使ったらしい。SBF自身は、アラメダとFTXのトップということに一応はなっているふたりを含む9人のルームメイトと4000万ドルのペントハウスをシェアしていて、その暗号通貨を祀《まつ》る南国のヴァルハラでは、夜中に取引アルゴリズムをいじる以上のあれこれが起きているともっぱらのうわさである。ドラッグが大量に使われたり、ポリアモリーな関係が横行していたりするというのだ。ルームメイト10人は、ほかの全員と、ふたり組とか３人組とかの形で関係を持ったことがあるとも言われている。マスクと同じくＳＢＦもシミュレーション仮説を信じているが、人生というオンラインゲームで彼は18禁のクエストに進んだらしい。

シミュレーション仮説とスティミュレーション《興奮》仮説の融合だ。

ＳＢＦは籐椅子に浅く腰かけ、体を前後にゆらしながらビジョンロックがどうした、ソーシャル・ブロックチェーンの統合がこうしたという話をしている。視線はあちこちに飛ぶが、カメラだけは見ない。その様子を見れば頭の回転がいいことはわかるし、彼がいまいるところやうわさなども考慮に入れると、効果的利他主義を信奉しているというのももっともなことだと思える。できるかぎり儲けることで世界の問題を解決すると考えるのであれば、言い換えれば、腐るほどカネを儲けることでこの世をよくすると考えるのであれば、飢餓を解消するとかマラリアをなくすとかを、４０００万ドルもするペントハウスのバルコニーで籐椅子に座り、南国のビーチを見下ろしながらしてもいいことになるからだ。

ＳＢＦが話す内容はよさげだけれども、マスクの心は動かなかった。この太っちょは天才かもしれないし、ＮＰＣではないかもしれない。でもどう見ても、プレイしているゲームが自分とは違う。

やり方というものはあると思うが、快楽主義自体はかまわない。マスク自身、たくさんのセレブとデートしてきたし、離婚も3回しているし、子どもは10人もいる。手段より結果という効果的利他主義の考え方もちゃんと理解している。

でも、マスクがシミュレーションで出したいと思っている結果は、飢餓を解消するとかマラリアをなくすとかより大きなものだ。人類文明を守りたいと思っていて、この結果を出すには、富をうまく活用する以上のことが必要になる。そして、今回のツイッターはあくまで手段であって結果ではないし、その株式を非公開化する取引の入口まで引き戻され、さあ、これから入口に突入しようという段階になっているわけで、小切手にゼロをいくつ並べてくれるにせよ、楽園にいたる道の計算をしているパートナーなどおといおいでなのだ。

ありていに言えば、この太っちょ天才は信じられないと感じていた。

同じコンピューターコードが目の前を流れているのかもしれなくて、そういう意味では似たもの同士なのかもしれないが、SBFは、セコイアキャピタルの事務所でプレイしていたマルチプレイヤーオンラインバトルアリーナを、いまも、きっとプレイしている。マッカスキルから連絡をもらったときも、言うほどの資金を本当に持っているのかと疑い、「そいつは本当に30億も流動資産を持っているのか?」と返信したが、こうして実際に話を聞いてみると、宣伝と哲学と神話だけの男で中身はなにもないのでないかと思わざるをえない。

マスクは心を決めた。SBFのカネは使わない。自分の資産を山ほどつぎこまなければならなくなっても、だ。

もう、撤回もしなければ資金の心配もしない、おかしな寄り道もしない。ツイッターを手に入れて直す。必要なら、その過程で、いま以上にツイッターを壊すことも辞さない。

真に重要な唯一の結果を出す手段なのだから。

第8章
トロールファーム

カザフスタン共和国の都市・アクトべにて

フィオドール・ドロボースキーが捕らぬたぬきの皮算用をしていると、携帯電話から聞こえていた声が、突然、キーンというハウリング音に変わった。にっと笑って携帯を無骨な机に投げ捨てると、がしゃんと音がして、光るスクリーンにヒビが走る。かまうことはない。がらんとした仕事部屋の壁際に並べた段ボール箱に、似たようなやつが何百台も発泡スチロールにくるまれて入っているのだ。使い捨てても気にならない安物だけれどもこのうえなく役にたつし、足がつくこともない。中国製だ。繁華街の薬局の奥にある闇屋で買った。営んでいるのは名無しのひげ男で、アルバニア人らしい。

もちろん、名前くらいはあるはずだが、尋ねたことはないし、向こうも向こうで名乗ったりしない。どうせ注文書や帳票に名前を書く必要もないし、そいつと友人・知人の類いになりたいわけでもない。ウチに招いて家族を紹介したいと思うタイプではないのだ。相手も同じように感じているはずではあるが。フィオドールも、ウチに招いて家族を紹介したいと思うタイプではまちがいなくない。

昔からそうだったわけではない。実際、立派な人と言われておかしくなかった時期もある。フィオドールは、政治活動に熱心な両親のもと、モスクワ北部のみやびな地域で育ち、いい学校に通わせてもらった。興味を引かれたのは数字と計算。一方、親世代が押しつけられていた規則の類いはだんだんと気にしなくなっていった。大学は、ロシア版MITと言われるモスクワ物理工科大学の数学科に進学。そして、さあ、これから学者として歩んでいこうと思った矢先、1990年代に入ってソビエト連邦が崩壊し、経済は低迷と、彼にとっては宇宙の崩壊に等しい事態となってしまう。

22歳になったばかりのとき、経済というじゅうたんを引き抜かれたわけだ。でも、そのせいで倒れるのはいやだとすばやく転身し、自分の足で立ちつづけることに成功した（能力はあって道徳心はあまりないクラスメートもだいたいはそんな感じだった）。20代は、民営化されたエネルギー業界でライバルをたたきつぶし、めきめき頭角を現した新興財閥オリガルヒのもとで経費節減の手法を考えだしたり、メルセデスやVWビートルを輸入しては安くて質の悪い部品をエンジンに組み込んで闇市場で売りさばく自動車ディーラーグループにソフトウェアを提供したりしていた。30代になると、コンピューター「裁定取引」というハイテクな世界に足を踏み入れる。クライアントは、顧客の口座から少しずつちょろまかしたいと考える銀行業界の連中だ。そして、この仕事でパクられ、雪深いストラフラーガー収容所で2年間の休職を余儀なくされることになった。モスクワから400キロほど、「刑務所の地」とも呼ばれるモルドバにある収容所だ。

収容所では、新興のサイバー犯罪について徹底的に学ぶことができた。そして新世紀最初の10年が終わるころには知識もコネも十分に得たし、前の仕事でそれなりの蓄えはあったしで、フィオドールは、世界を覆うデジタル霊気からルーブルをすくい上げる新手法のパイオニアとして知られるようになった。

仕事部屋のフィオドールが笑みを浮かべたまま椅子を引くと、古びた鉄のホイールが彼の体重に悲鳴を上げた。シノギは絶好調だ――部屋の様子からは、ストラフラーガーから20年でどこまで事業を拡大したのか、まずわからないだろうが。

仕事部屋は飾り気がなく、寒い。壁はコンクリートの打ちっぱなしだ。天井の蛍光灯は生き物かと思うほどうるさく音を立てている。温度が上がりすぎているのかもしれない。無骨な机に椅子、部屋の角にはぼろぼろのカウチがひとつと、家具らしい家具はほとんどない。机の上には開いたノートパソコンが1台と、さっき壊した携帯が転がっているだけ。ノートパソコンのスクリーンにはチラチラと動きが感じられる。よく見ると、ウインドウがたくさん開いていて、いずれもソーシャルメディアのページが表示されている。フェイスブック、ユーチューブ、ティックトック、レディット、ツイッターと世界的な巨人はもちろんそろい踏みだし、タリンガ、シング、フコンタクテ、ドウバンなど、もう少し地域色が強く、世界的にはあまり知られていないところも並んでいる。

フィオドールは立ち上がり、カウチの向こうにある両開きドアに向かった。途中、部屋にひとつだけのガラス窓がある。冬仕様のガラスが2枚。分厚くて不透明に近いが、それでも、場末の様子がぼんやりと見える。暖を求めて身を寄せ合うように低層の建物が並んでいる。煙突からは煙が上がっているし、どこかから車のエンジン音もかすかに聞こえてくる。

にぎやかなモスクワを離れるのは、意外に難しくなかった。さすがにロシア国内にとどまろうとは思ったし、なるべく遠くがいい、取り締まりがゆるやかな地域のほうがいい、それに、自分の母語がいまも広く使われているところなら駆け出しアントレプレナーにとって便利だぞと、収容所で知り合ったやつに言われたしで、ここに来ることにした。旧カザフ・ソビエト社会主義共和国のアクトベ。小さな町で最高だ。

カザフスタンと聞くと一般には退歩がイメージされるが、実はここは、旧社会主義共和国のなかでも特に発展した地域である。原油とウランが豊富で、すさまじい勢いで近代化が進んでいるのだ。アクトベも、ここは村かと思うようなところがいまだにあるが、スーパーマーケットもあちこちにあるし、インターネットカフェもある。マクドナルドのデリバリーも使える。たしかに、いまだ、リヤカーを引いて仕事に行く人がいたりニワトリが放し飼いになっていたりするけれども、フィオドールのようなインターネットアントレプレナーもたくさん活動している。狭くまっとうな道を選んでいたら、シリコンバレーで名をなしていたかもしれない人々だ。

フィオドールは、この窓から見える風景が好きだった。地面がいつも雪に覆われているのがちょっとなんではあるが、もともと工業団地のこのあたりは、再起の力や意思が感じられる。厳しい環境にめげず、みんな、そのなかでどうすれば生きられるのか、いい暮らしができるのかを学んできている場所だからだ。

隣室につながる両開きドアで足を止めた。電話の件が頭のなかを駆け巡っている。ドアのガラス窓は汚れているが1枚で、机にずらりと並んだ若者の姿がゆがんで見える。

実際のところ、ルーブルのことを考えていたわけではない。法定通貨でこの仕事をしているヤツなどいない。さっき請けた仕事も、とある番号の暗号口座にビットコインが入金されるものだ。そのお金は、最終的に、アクトベで人気の地域、マクドナルド配送エリアのど真ん中に持つ自宅アパートに置いたコールドストレージに保管する。モスクワ時代は現ナマをスーツケースに詰めて高級ホテルのクロークに預けるとか、車のトランクにダッフルバッグを入れておくとかしていたわけで、隔世の感がある。

世界はデジタル化した。フィオドールもだ。ロシア時代の上に行くほど偉大な革命である。

SNSの情報操作

ドアを押し開けると、靴音が倉庫の広い空間に響く。若者がずらりと何列も並んでいる。それぞれの前にはスマホが10台ずつ、きれいに並べられている。スクリーンをタップする音とかすかな光の輝きから、どこか狂った世界という感じだ。

デジタル革命に突きすすむ社員を見るフィオドールは満面の笑みだ。ここまで事業が拡大するとは。なんど見ても驚く。最初は、自分と、近くの大学でスカウトした鋭才数人だけだったのに、いまは、１００人以上が６時間交代のシフト制で働いている。ほとんどはコンピューターのプログラミングを学んでいる学生だ。といっても、別にコーディングができなくても仕事に支障はない。台本に従って指がささっと動かせればそれでいい。

シベリアの製油所から毎日小銭をかすめ取るアルゴリズムを書くことに比べれば、いまの仕事はすごく簡単である。技術的なトリックなどほぼ不要なのだ。

フィオドールがソーシャルメディアに触れたのは、ストラフラーガー時代である。最初はマイスペースやフレンドスターが大人気となり、それをフェイスブックやツイッターが追う。その様子を刑務所のレクエリアに置かれた共用コンピューターで見たのだ。受刑者は1日15分しかコンピューターを使わせてもらえなかったので、フィオドールは、タバコやトイレットペーパーなどを刑務所の売店から手に入れ、それとコンピューターの利用時間を交換してもらって、この新天地をえんえん見て歩いた。そのうち、何十億人もの人々がつながっているネットワークに好き勝手にアクセスすることをフィオドールのような連中に許すのは危ないと看守の側も気づいたが、そのころには、もう、光ファイバーのケーブルが血管のように張り巡らされていて、疑うことを知らない脳天気な人々の個人情報や財布、さらには、意見や感情、信念などにさえアクセスできるのだとフィオドールは気づいてしまっていた。

ソーシャルメディアとは単なる交流の場ではない。いまは、数え切れないほど多くの人が、地域のニュースも国際的なニュースも、各種のソーシャルメディアから得るようになっている。どう考えるのかや、場合によってはなにがしたいのかも、あるいは、それこそなにが必要なのかまで、知り合いから得た情報や、どこの誰ともわからない人から得た情報をもとに決めたりするのだ。

これを、フィオドールは渡世のネタにした。アクトベの街外れでしているデジタルな「インフルエンス請負」事業について語るとき、トロールファームという言い方をしたことはないが、言い得て妙だとは思っている。オリガルヒのエフゲニー・プリゴジンがサンクトペテルブルクに持つインターネット・リサーチ・エージェンシーでは１０００人を超える「インフルエンサー」が働いていて、２０１６年の米国大統領選挙に影響を与えたとされている。それに比べれば自分の「意見工場」など小さなものだ。それでも、売上は年々伸びていて、最近は四半期に7桁近い数字になっている。

倉庫の反対側、一段高くなっていて椅子と場内放送のマイクが置かれているところに向けて歩きつつ、フィオドールは、この2年で携わったさまざまなプロパガンダキャンペーンを思い返してみた。依頼は世界中から舞い込む。分野は政治にメディア、商品のマーケティング、さらにはヘルスケアとなんでもござれだ。ソーシャルメディアの存在感が大きいブラジルや韓国などからおいしい案件が飛び込むこともあるけれど、なんといっても儲かるのは米国である。

米国二大政党からは、プロパガンダや狙いすました誤情報をインターネットに大量投入し、世論を動かしたいと依頼が飛んでくる。ソーシャルメディアで商品をバズらせ、売上を増やす仕事は、依頼してこない業界のほうが珍しいくらいだ。集中砲火で反対の声をかき消し、特定の意見を広める仕事もある。ターゲットは誰であっても気にしない。機会均等のトロールだからだ。汚職をしたとウソの情報で民主党上院議員をたたきまくった翌日、共和党の大統領候補を政策関連の偽情報で狙い撃ちにするなど、珍しくもなんともない。混乱を広げれば広げるほど、ビットコインがコールドストレージにたまっていくのだ。

リスクはある。ソーシャルメディアに偽アカウントを作り、お金をもらってコメントをつける、特定の見解を広げる、誤情報を流すなどは、商業、広告、名誉棄損などの法律に抵触する。完全な詐欺となる仕事さえある。だからこそ、ロシア人がカザフスタンのような場所で展開することに意味があるのだ。法的にやばいことはまず起きない。適切な人物に多額のビットコインをばらまき、警察や裁判所などを押さえてあるのだからなおさらだ。

成果はかなり挙げられていると自負している。正確にはわかるはずがないのだが、接戦の選挙結果に影響を与えたり、企業がしかけたいちかばちかの勝負で結果を左右したり、世論をまとめたりできたと思うのだ。トロールファームが大量の投稿やミーム、コメントを上手に流せば、少なくとも一時的には経済を動かせるし、政治に影響を与えることもできる。それは、まちがいのない事実である。

そういう仕事は倫理的にどうよと思う人もいるだろう。だがフィオドールが育ってきた社会において、倫理などというものは特権階級の人々が議論するものにすぎず、その間、下々の者は、金持ちの庭を耕したりゴミをかたづけたり、戦争に行って死んだりするのがオチだった。そもそも、ソーシャルメディアを開発したのも、人間の感情や論争、非難の応酬などから利益を得るそのシステムを開発したのも自分ではない。だいたい、何百万人もいる合法「インフルエンサー」となにが違うのだ？　Ｂ級のセレブや有識者は、毎日、お金をもらって商品を売り、意見を広めているし、それを言うなら、広告代理店などはまさしくそういうことをするのが仕事のはずだ。本当は不要なのに、しかも、懐具合からは高すぎたりするのに、それを買おうという気にさせるのが広告というものだろう。資本主義は、影響力というエンジンで動いている。売るモノが香りのついた水だろうが電気自動車だろうが、政治家だろうが同じことだ。正しいボタンを押せば、その瞬間、何百万人もの人を望む方向に動かすことができる。

一段高いステージに着いたフィオドールは、スタンドのマイクを手に取り、放送システムが稼働していることを確かめた。ずらりと並んだ長机から１００人ほどの若者がこちらを見上げる。期待に満ちた彼らの顔は、たくさんの携帯が発する光で輝いていた。

ついさきほど電話で請けた仕事は、香りのついた水とも電気自動車とも政治とも関係のないものだ。そもそも、製品、政治姿勢、見解、信念など、なにかを売ろうという話でさえない。ある意味、最高にトロールらしい仕事である。混乱を生むのだ。目的は、フィオドールのような現場の人間になどわからないなにかがあるのだろう。

誰が金を出しているのかもわからない。つなぎ役があいだに入っていて、狙うプラットフォームと、実働部隊に配るごく簡単な台本くらいしか教えてもらえないのだ。

正直なところ、仕掛け人が誰なのかも、なにが目的なのかも、フィオドールにとってはどうでもよかった。数分後には偽アカウントを作りはじめ、３時間にも満たないくらいの短時間で5万件ものコメントを攻撃目標のプラットフォームに投下すればいいのだ。

今回は、どうしたわけか、クライアントは混乱をお望みだ。そして、そのクライアントがビットコインを払ってくれるというのであれば……

喜んで、混乱を作りだしてみせよう。

第2部

大量解雇

「（ツイッターへの投稿で）感情を逆なでしてしまった方々に、
一言、申し上げたい。私は電気自動車を一新した。
宇宙船で人を火星に送ろうとしている。
そんなことをする人間がごくふつうでもあるなどと、
本気で思われているのですか、と」
―― イーロン・マスク

「多くの大企業で考えるかわりに
手続きに従うようになったことが問題だ。
複雑な機械の一歯車になれと言われるのだ。
ぶっちゃけた話、そうすれば、
それほど優秀でない人も会社に残れるし、
それほどクリエイティブでない人も会社に残ることができる」
―― イーロン・マスク

「マニュアルが必要な製品など、壊れているに等しい」
―― イーロン・マスク

―――2022年10月26日

第9章 運をつかんだ者

「イーロンが本社に来てる」

水曜日の正午を10分ほどすぎたとき、エスター・クロフォードは、ツイッターのグローバル本社9階にある社員用コーヒーショップ、ザ・パーチ奥の隅にいた。本社はテンダーロイン地区の外れにそそり立つアールデコの建物で広いのに人影まばらだ。そのなかで、ザ・パーチはにぎやかで、活気に満ちている。そこで2杯目のカプチーノを飲みながら、目の前に座るエンジニア、ラミ・アンスワーの話に集中しているふりをする。身なりはだらしがないが、トップクラスに優秀な部下であり、ツイッターに入って1年半でできた数少ない友だちと言える存在でもある。

ややこしい製品について語っているようだが、ところどころで単語を聞き取るのがやっとで、なにを言っているのかさっぱりである。コードの話が多すぎるし、情緒や郷愁、エンゲージメントといったあやふやなキーワードが多いしなのだ。そもそも、彼の話より、周りのことが気になってしかたがない。なにかが起きるという予感で全身の神経がぴりぴりしている。ザ・パーチは配管がむきだしのモダンな内装で、挽きたてコーヒーのいい香りが漂っている。そして、期待に膨らむ彼女の内面を反映するかのように、店内はにぎわいを見せていた。

そのあたりはラミも同じらしい。黙って待つよりはと口を開いているが、心ここにあらずという雰囲気であちこちに視線を走らせていて、心配でしかたないのが丸わかりである。木製のローテーブルに置かれたコーヒーは、手つかずのまま、コーヒーオイルがきらめき、湯気がたちのぼるばかりだ。

そんなラミも、話が終わってしまうと、気まずそうに黙って彼女のほうを見る以外にない。周囲のテーブルでは、みな、声を抑えて話をしているので、シューというエスプレッソマシンの音がことさら気になる。

ラミが笑みを浮かべて沈黙を破った。

「ぼくの話、ちゃんと聞いてませんでしたよね？」

身を乗りだしてテーブルにひじをつくと、縮れた黒髪が目にかかった。ささやくような小声で言う。

「今日じゃないかもしれませんよ。今週でさえないかもしれません」

これだけで、なんの話なのか十分すぎるほどにわかる。店内にいる全員が同じことを考えているのだ。ここ何週間も会社全体がぴりぴりしていて、廊下で、ズームのチャットで、メールでもスラックでも、さらには、ツイッター上でさえ、ああなのだろうかこうなのだろうかと推測のささやきが飛びかっている。スタートがおかしくなった余波で、状況がローラーコースターのように変化しているからだ。

ラミはようやくコーヒーに手を伸ばした。

「やってられません。話自体がなくなってたりしませんかね」

その瞬間、エスターの足元、ノートパソコンのバッグから音が聞こえた。ｉＰｈｏｎｅの音だ。そう思ったときには、ラミのポケットでも携帯が音をたてた。続けて、店のあっちからもこっちからも。

エスターはカプチーノのマグにかけた指を動かすこともできずにラミを見た。彼は携帯を取りだそうとしている。ふと気づけば、店中の人がポケットやハンドバッグやバックパックに手を伸ばしている。

バッグの底からｉＰｈｏｎｅを探し出すのに数秒かかった。急いでメールを確認する。レスリー・バーランドからだ。マーケティングのトップで、エスターからは２階層か３階層も上の経営幹部である。いまはパラグ直属でその前はジャック直属だった守旧派のひとりだ。

エスターは声に出してメールを読んだ。ラミも自分のメールを読んでいたのだが。

「イーロンが本社に来てる。会ったらあいさつしてね」

笑顔の絵文字が続きそうなほど明るくはずんだ文面だ。レスリーは優秀だしいい人だと思うが、この深刻な状況に対してあまりに極楽とんぼなのではないだろうか。イーロンが本社に来てる？　もうすぐこのビルの持ち主になる人だぞ？

「なんだよそれ」──ラミがつぶやく。

「だね」

エスターは、なんとか気を静めようとした。ザ・パーチを見回し、ほかの人の反応をチェックする。顔を輝かせて熱くなっている者もいる。顔色のよくない者もいる。マスクがツイッターをどうするつもりなのかはうわさがたくさんあって、どれが事実でどれがCNBCやブルームバーグに登場した識者の臆測なのかわからないが、でも、大きな変化があるのはまちがいない。経営陣が代わると、たいがい、レイオフがある。マスクがツイッターの旧経営陣に対しても彼らが表に出したバランスシートに対しても強い不満を抱いていることも、さらには、世界のタウンホールを足かせのない状態に維持できなかったと見ていて、その点にも強い不満を抱いていることも報道から明らかだ。であれば、ちょっと整える程度のはずがない。

25％の人員カットといううわさが本当でも驚くにはあたらないとエスターは考えていた。

自身ももともとアントレプレナーだし、自分が創業したスタートアップの買収でツイッターに入ったくらいで、バランスシートを手っ取り早く改善したければ多少の血を流すのがふつうであることも知っていたからだ。そもそも、買収話が持ち上がる前からツイッターで大規模なレイオフが検討されていたことも知っている。パラグの手元には対象者のリストがあったのに、大金持ちのマスクが経営に参加するならと実行が先送りにされたのだと、たしかな筋から聞いたのだ。

マスクが「本社に来てる」のなら、パラグもクビとなる可能性が高いし、であれば、ほかは推して知るべしである。自分も含めて安泰な人などいないはずだ。仕事は好きだし、子どもは3人もいるし、家のローンはあるしでクビになるなどたまったものではない。でも同時に、なぜだか胸が躍ってしまう。経営者の交代は新しいチャンスを生む。自分はずっと闘ってきたし、機を見るに敏だし、必要なときには主張もできる。革新の精神を殺していると官僚的な階層をなくすつもりでいるのなら、エスターとしては、自分の価値を証明できる方法を用意し、タイミングを見計らえばいいのだ。いままでなんどもしてきたことである。

最初の一手まで、あまり長く待つ必要はなかった。レスリーのメールが届いたわずかに3分後、ザ・パーチ店内がさぁ〜っと静かになったのだ。なにがあったのだろうと、首を伸ばして入口を見る。

イーロン・マスクがいた。オープンなスペースを早足で歩いてくる。テレビで見るより大きく感じられる。体重はだいぶ減っているはずなのに。実は少し前の7月、上半身はだかでヨットに乗り、ホースで水をかけられている写真がツイッターで拡散されてあれこれ言われたので、食事と運動でかなりいい感じにやせたのだ。姿勢は猫背ぎみ、服は黒いTシャツに黒いパンツ、黒光りのする靴と真っ黒である。後ろには、不自然なほど離れて、ツイープスが20人から30人もぞろぞろと続いている。マスクが大股なもので、小走りになっている人もいる。

マスクがザ・パーチに入り、店を区切るように広がる細長いカウンターに向かうと、そのあたりの人が道を開けた。ほかの人々は遠巻きだ。みんな、さっき以上にぴりぴりしている。ただ、マスクに近づく人はいない。

ラミもマスクを凝視しているが、ほかの人々と同じく身じろぎもしない。そんなラミにエスターがささやく。

「あいさつに行きましょう」

ラミがエスターとマスクを交互に見る。

「マジで？　ぼくはこのままでいいんだけど」

「運はつかみに行くものよ」

ラミの眉は上がったが、腰は上がらない。エスターは肩をすくめ、歯を食いしばる。

「行ってくる」

そう言うと、エスターは立ち上がり、歩きはじめた。マスクは腰高のカウンターに背を預け、バリスタがなにか用意してくれるのを待っている。そこまでの10メートルはエスターにとって人生最長の10メートルだった。急ぎ足なのに時間のかかること。でもそのおかげで、しっかりと覚悟を決めることができた。

自分は内気だと、彼女は昔から思っていた。ただ、ほかの人から見ると、特に、経歴をよく知る人には、逆に思えるであろうこともわかっている。ツイッターに来るまでの人生でいろいろと苦労をしてきたこと、なかでも子ども時代は逃げなければならないような生い立ちであったことも驚きなら、その後、インターネット上でも特に重要と言われるソーシャルメディアのサイトで複数チームを管理する立場になったことなどは、驚くしかないだろう。

エスター・クロフォード

エスターは、小学校の4年生まで顔も知らなかった父親と体に障害のある母のあいだに「秘密の」子どもとして生まれた。そんなわけで、家庭は、壊れていたとまでは言わないがちゃんとしていたとも言いがたいものだった。さらに、9歳から19歳まではオクラホマの田舎で、カルトの厳密な掟《おきて》に従う暮らしを強いられている。

カルトはプロテスタント系のメノー派と終末論的なペンテコステ派がまじったもので、すべて聖職者の言うとおりにしなければならなかった。ごく基本的なことまで、である。だから、教育は自宅でだったし、保守的な装いしかさせてもらえなかったし、テレビを観たりラジオを聞いたりは禁止だった。この世は６０００年前に生まれ、昔、人は恐竜と並んで歩いていたと教えられたそうだ。

不幸中の幸いだったのは、カルトのリーダー層が技術にうとく、コンピューターもインターネットも監視の対象外だったことだ。そんなことから、高校に入るころには、カルトの誰かに見られていないかぎりオンラインで過ごすようになっていたし、最終的には、ウェブデザインからソーシャルメディアの活用まで独学で身につけることができた。そんなこともあって、19歳でブロガーとして人気を博すことができたし、オレゴン州立大学に入学してカルトから逃れたあと、20代前半には人気ユーチューバーの第一世代として６桁を稼ぐようにもなれたわけだ。

自分の過去から逃れるには、種々雑多なものが入り交じるとともにつながる場、インターネットがいいと考えた彼女はアントレプレナーの道に進み、そのうちサンフランシスコに移ってサークルやリフトなど、ソーシャルメディア関連の企業で働くようになる。自分の会社としては、まず、短い動画が投稿できるサービス、グリンプサーを立ち上げたが、これは、ヴァインがツイッターに買収されたことから倒産。次のスクワッドは、生成ＡＩが話題になる前に立ち上げた生成ＡＩの会社である。こちらは共同創業者が手を引いたことをきっかけに、スクリーン共有のソーシャルアプリへと方向を転じた。その着想は、ロブロックスをプレイしながら友だちとチャットしたいと、当時７歳だった娘が強く望んだことから得たという。

そんな彼女のところに、ディスコードから会社を買いたいという話が舞い込んだのは２０２０年の末だ。もともとこの会社は自分で育てるつもりでいたのだけれども、パンデミックで世の中がこれからどうなるかわからないし、また、技術の世界は競争が激しいしで、彼女は堅実な道を選ぶことにする。子ども時代が生活保護だったこと、いま、自分には子どもがいることを考えると、たしかな未来が約束されるオファーを断るのは危険すぎる賭けに思えたのだ。

ディスコードのオファーをきっかけに、２週間、テック業界やソーシャルメディア業界の巨大企業と次々に話をした結果、エスターはツイッターを選んだ。実入りが一番よかったからではない。無限に近いポテンシャルを持つ会社で働けたらいいなと思ったのだ。彼女はビルダーでありファイターである。そして、ツイッターは、なにかを作ったり闘ったりできる人間がなにごとかをなせるところだと思えたのだ。

ツイッターに買収されてから1年半くらいで、数回、ビルダー冥利《みょうり》につきると感じることがあった。スタンドアローンの音声SNSアプリ、クラブハウスに対抗するスペース機能の開発はおもしろかった。オプションのサブスクリプションサービスにも対応できる決済手法を探すチームでも仕事をしたし、暗号関連のアイデアやツイッターにはびこっているアダルトコンテンツから収益を上げる可能性を訴えるなどもした。だが組織が官僚体質でもどかしい思いをするばかりだったし、CEOがパラグに替わると、状況がさらに悪くなった。この夏、パラグは彼女の直属上司である製品開発のトップ、ケイボン・ベイクポールをクビにして、後任にジェイ・サリバンを充てたのだ。サリバンも悪い人ではないが、平凡で感じるものがない。要するに、典型的なお偉いさんである。結局、スペース機能の開発にかかわった以外、これと言えるものはなにもできていないし、今後はなにか思いつき、上に話を通そうとしてもジェイにふたをされるわけで、状況がよくなる見込みはない。そう、思っていた。

――マスクが洗面台を持って現れるまでは。

マスクのいるカウンターが近づくと、手足の神経に電流が奔《はし》った。あいさつに来たことはすぐに気づいてもらえたようだ。それにしても、今日は一番高いヒールを履いてきてよかった、わずかながら身長差が減るから――そう思ってしまった。きかん気なので大きく見えがちだけど、エスターは150センチしかない。カウンターにひじを引っかけるようにして背をもたせかけているマスクと目の高さが同じくらいなのだ。

エスターが自己紹介をしながら手を差し出すと、笑顔が返ってきた。

「で、なにをしているのかな」

エスターはぴりぴりする不安を息と一緒に吐きだし、運を試すことにした。クリエイターの収益化や決済など、新製品の開発をしているんだと語る。するとマスクが食いついてきた。どちらもいろいろと考えている領域だ、ビジョンの中核になる部分なんだという。大きな声だ。

「話をしよう。メールをくれ。明日、会う時間を決めよう」

息つく間もなくメールアドレスを教えてくれたので、急いでスマホに入力する。言葉を返そうとしたとき、人の気配を感じて横を見ると、レスリー・バーランドがどこからともなく滑り込んできた。

「もちろんです、イーロン」

エスターの肩越しにそう言うと、続けてエスターにも、木で鼻をくくったような一言を投げる。

「あなたも参加していいからね」

そういうことか。守旧派らしく、古い職階を守ろうとしているわけだ。でもね、あんたらみんな、もうすぐいなくなるよと心のなかでつぶやきつつ、エスターは笑みを返した。ツイッターはこれからものすごい勢いで変わっていく。はっきりと空気が変わった。マスクはまだツイッターを買収していないし、買収契約さえもまだ結ばれていない。それでも、社員がみんな、自分の仕事を守ろうとあれこれ画策するほど、誰の目にも明らかなのだ。

マスクがカウンターから店の出口へ向かい、お付きのツイープスはそのあとを追う。エスターはその場にとどまった。左手にはスマホを握りしめたままだ。そうだ、メアドを保存したか確認すべきだなと思ったとき、お供のひとりがこちらに向かってくるのが見えた。誰なのかすぐにはわからなかったが、ジャーナリストのウォルター・アイザックソンである。うわさによると、公認伝記を書くため、もう何カ月もマスクに密着しているらしい。

「決済関連のお仕事をされているのですか？」

アイザックソンが小声で尋ねてくる。

エスターはうなずきを返した。会社の指揮命令系統を説明する必要もなければ、ツイッターという会社はそのあたりの流動性が高く、みんな、いろいろな仕事をしていて肩書きもころころ変わるため、連絡してきたのがどういう人なのか、ググって調べることも多いというあたりも指摘する必要はないだろう。

「今後、あなたはとても重要な人になると思いますよ」

アイザックソンは相好を崩してそう付け加えると、マスクのあとを追った。

その後ろ姿を見送るエスターも笑顔だった。第一印象的には、これ以上望めないくらいうまく行ったと思う。店内を見渡すと、テーブルの上にそびえるようにラミが椅子の上に立つところだった。こちらを見ると、喜色満面で両手の親指を突き上げる。エスターは声をあげて笑い、そして、肩をすくめた。イーロン・マスクの頭のなかでなにがどうなっているのかは知るよしもないが、とにかく、運は試したわけだ。

真夜中の返信

メールは夜9時を待って送った。書き始めたのは退勤の7時。夫に子どもふたりの家族と住む自宅は高級住宅街ノブ・ヒルにほど近いタウンハウスで、会社からも遠くない。そこまで坂の多い道を運転しつつ、いくとおりもの文案をスマホに吹き込んでいく。最初は、過去の実績をどう書けば月並みな履歴書ではなく、かといって背伸びをしていると思われずにすむだろうかと心を砕いたのだけれども、家に着くころには考えが変わっていた。マスクのことは少ししか知らないが、でも、多少の背伸びなら気にしない人だろう。それでも、やはり、さもしいやつだと思われたくもないしと迷い、送信ボタンを押したのは、結局、夕食後だった。そしてその後ベッドに入ったがどうにも眠れず、夜中の1時ごろ、ふと、スマホをチェックした。

なんと、真夜中にマスクから返信が届いていた。アシスタントからじゃない。側近からでもない。レスリー・バーランドからでもない。イーロン・マスク自身からだ。これからよろしくな、とのこと。明日朝、オレのところに来てくれ、とも。ふと気づくと、背筋がピンと伸びていた。隣の夫はよく寝ている。なにが起きている？　わけがわからない。たしかにマスクは、まだ、ツイッターＣＥＯになっていない。でもそういう問題じゃない。あんな立場の人から直接連絡をもらうなんて、想像もしていなかった。いまのツイッター経営陣はこんなにすぐ反応しないし、まして真夜中になどありえない。パラグなど、最後まで反応しない可能性さえある。なにか返ってくるなら、山のようなアシスタントを経由して、２週間以上もあとのミーティング予定を伝えてくるのが関の山だろう。また、ジャック・ドーシーだったら……彼は彼で、まあ、いろいろとアレだったりするのよね。

ＣＥＯ時代のジャックに会ったときのことが思いだされる。クリエイターアカウントの収益化について10分ほど説明すると、彼は、両手を組み、こちらの目を見てこう言ったのだ。

「エスター。きみみたいなのを特権意識寄りって言うんだよ。つまり、意図はいいときみは信じているけど、でも、会社は個人より強いものなんだ」

そのあと、ツイッターをカジノにはしたくない、だから、会社の儲けを増やす方法を探すのはまちがいだと話が続いた。わけがわからない。会社の目的は収益ではないと考えているので、利益を増やす仕事をするなとＣＥＯに言われるとは……。

だが、マスクは考え方が違うようだ。だから、うまく立ち回れば、ほどなく、ツイッター1・0で足かせになっていた階層構造など気にしなくてよくなるのではないか。エスターには、そう思えてならなかった。

マスク側近からのメッセージ

そのメッセージが届いたのは、エスターが翌朝、出社してすぐのことだった。つまり10月27日の木曜日、マスクによる買収が完了する予定の日である。そういう連絡が来るはずだとわかっていても、やはり驚かざるをえない。エスターは、9階のオープンな執務スペースをぐるりと取り囲む打ち合わせスペースのひとつにいた。今回のメッセージはマスクの「側近」、ジェーン・バラジャディアという女性からだった。やはりマスクが持つザ・ボーリング・カンパニーのCOOである。これは地下に坑道を掘る会社で、もともとは輸送の未来を拓くというのがうたい文句だった。ロサンゼルス、シカゴ、ボルチモアなど、渋滞がひどい地域の地下にハイパーループトンネルなるものを縦横に走らせれば、最高時速240キロの電気自動車で地上の渋滞を回避できるというのだ。ただ、いまのところ、ラスベガスのコンベンションセンターを起点に2・7キロのループを作り、テスラモデル3を時速50キロと盛り上がりに欠ける速度で走らせるくらいのことしかできていない。あとは、ごく小さな火炎放射器の通販か。「焦げ髪」なる香水もあった。ディナーのテーブルでキャンドルの上に身を乗りだしたような香り体験がいろいろと面倒なことなしにできるのだそうだ。ともかく、ツイッターに流れているうわさによると、そのCOOであるジェーンは、今回、マスクのお供でこれからしばらくツイッターで仕事をする、なにをするのかははっきりしていないが、ほどなく部下になる人々との連絡調整を担うのはまちがいないらしい。

メールはごく簡単なもので、「1時間か2時間のうちに」打ち合わせをマスクが望んでいるとだけ書かれていた。

気持ちの高ぶったエスターが、とりあえずザ・パーチでカフェインを決めてこようと思ったそのとき、ガラス壁の打ち合わせ用キュービクルのなかに、ドアをかかかっとノックする音が響いた。そして、返事をする間もなくドアが開く。ジェイ・サリバンがものすごい勢いで入ってきた。靴がフローリングから何センチか浮いているんじゃないかと思うほどの勢いだ。ふだんは青白い顔に、まるで、つるに残ったトマトのように赤く染まった部分がある。

エスターが座っている机のところまで無言で進むと、両方の拳を机につき、雷を落とした。

「エスター、会社には手続きっていうものがあるんだよ。その手続きをきみは無視しようとしているらしいね。イーロンと一対一で会うって？　そんなの、許されるはずがないだろう。立場をわきまえたまえ」

そのあともひどいものだった。ジェイは腸《はらわた》が煮えくりかえるレベルで怒っていて、歯ぎしりしりしながらというマンガの世界かと思うしゃべり方で、「我々」は「イーロンにストーリーを語ろうとしている」とか「彼と話をするのは難しい」とか「彼は集中力がない」とか「彼は話についてこれない」とか「彼はビジネスというものがわかっていない」とかまくしたてていく。ジェイら経営幹部は、ツイッターをきっちり経営していくのに必要なこと、すべてをマスクに伝えようとしていて、だから、エスターら現場の人間が口をはさむのは許せないと、そういうことらしい。

「きみがイーロンとサシで話すのはありえないんだよ」――ジェイの声は裏返りかけていた。

エスターは驚きに固まったまま、ジェイがまくしたてる講義を拝聴した。これから24時間のうちにこの会社の買収を完了する人物と接点を持つとはなにごとかと責めたてられることにはものすごく腹が立つが、やり合うのは時間とエネルギーの無駄にしかならない。目の前のお偉いさんは一応上司ということになるが、もうすでに自分とは関係のない存在になったのだろう。マスクとはわずかな言葉を交わしただけだが、ジェイが言うような形で「経営」する人だとは思えない。ジェイだろうがレスリー・バーランドだろうが、誰だろうが、自分と新たなボスのあいだに誰かを入らせるつもりもない。

ジェイの話が終わるまで待つと、エスターは、黙ってノートパソコンをしまい、ドアに向かった。穴が開きそうなほど激しい視線が首に突き刺さっているのは感じるが、まるで気にならない。ジェイなど、もう、気にする必要がないのだ。

10番通りのビル（ツイッターでは10番《テンス》と呼ばれている）までは、歩いてすぐだ。昔は来客との打ち合わせに使っていたもので、いまは、マスクの本部として徴用されているらしい。ジェイが弾劾演説をしているあいだに届いたジェーンのフォローアップメールにはそう書いてあった。エレベーターで2階に上がる。ドアが開くと異空間だった。人が多すぎて神経にさわる。なにせ、パンデミックが始まってからというもの、ツイッター本社のビルはどちらも定員の10％にも満たない人しか出社しない状況が続いていたからだ。エスターは週に何回か出社するようにしていたが、ツイッターで何年も働いているのに本社ビルに足を踏み入れたことのない人も少なくない。

エレベーター前の開けたあたりを見渡すと、顔見知りのツイープスが目に入った。もちろん守旧派も、レスリー・バーランドと営業・マーケティングの人間が何人か一緒に歩いている。技術部門のトップもいて、なにやらクロワッサンをつつきまくっている。製品の責任者も、あちこちの部門が少なくとも3人はいる。男がふたりに女がひとり。仕事を一緒にしたことはないが、廊下ですれ違ったことはなんどかある。当然ながら、誰だかわからない人もいた。なにせ大きな会社だし、エスターは入社してまだ1年半なのだ。ただ、最高マーケティング責任者が追い払おうとしないので、レスリーと同レベルの役職なのだろう。

レスリーには気づかれていないようだ。でも、かなり注目を集めているのはまちがいない。10番《テンス》には数回しか来たことがなくてよくわからないし、特に2階は初めてだった。

ここは、広告に金を惜しまないクライアントや、政治家、セレブなど、懐が温かい訪問者をワインと食事でもてなすのに使われていたはずで、記念碑的なものがたくさんある。奥の壁では、大きなプロジェクションでツイッターロゴの変遷が紹介されている。その近くには、ジャックが投稿した最初のツイート「自分のｔｗｔｔｒ、設定完了」から２０１２年にバラク・オバマが投稿し、歴代1位のリツイート数を達成した勝利宣言まで、ツイッターの節目を紹介するジオラマが並んでいる。スペース機能の誕生を取りあげた展示もあった。自分も歴史に貢献した証しであり、エスターにとって誇らしい展示である。

だがそこで、２階の大部分を占める大会議室の入口あたりにたむろしている人々が気になってしまった。

どう見てもツイープスではない。最初に目を引かれたのは、でかくてごつい人だ。ふたりともひげ面で、淡青のぴっちりした制服は筋肉ではち切れそうだ。ボディガードだろう。技術者にはとても見えないし、大会議室に入るドアの両側に陣取っているのだから。

ボディガードの前には、社外の人間が何人かいる。顔がわかる人もいた。セレブ級のベンチャーキャピタリストで公式ＦＯＥ《イーロンの友だち》でもあるデイビッド・サックスはわかって当然だ。いわゆる「ペイパルマフィア」のひとりで、ペイパルＣＯＯからベンチャーキャピタルの会社、クラフト・ベンチャーズを立ち上げ、シリコンバレーでもトップクラスに多産な投資家となった人物である。オールインというポッドキャストのホストもしているし、この春からツイッター買収の背中を押してきたことでも知られている。サックスと一緒にオールインのホストをしているジェイソン・カラカニスの姿は見えないが、どこか近くにいるのだろう。カラカニスもＦＯＥとして知られていて、ツイッターの買収についてマスクを支持する旨のツイートをずっと投稿してきている。シリコンバレーの投資家でありテック系ジャーナリストでもあるカラカニスは、実践的なアドバイザーとしてマスクのツイッターにかかわるらしい。

サックスの隣にいるのはアレックス・スパイロだ。マスクの顧問弁護士であり腹心の友でもある。怖い人物だともっぱらのうわさなのだが、見た目も相当なものだ。締まった体をブルーのスーツに包み、勝負ネクタイにドレススニーカーと完璧な出で立ちなのだ。マンハッタンのきらめきにスパイスとしてマイアミを加えた感じと言えばいいだろうか。スパイロは一流の法廷弁護士で、ジェイ・Ｚやミック・ジャガー、ロバート・クラフト、アーロン・ヘルナンデスといったセレブのクライアントが枚挙にいとまがないほどいる。[2]有力法律事務所クイン・エマニュエルのパートナーでもあるスパイロは武闘派として知られていて、その名前も実はハリウッドのキャスティングから持ってきたのではないかとまで言われている。

怖いスパイロの足元には、かわいらしい旋風が吹いていた。2歳になるマスクの息子、XÆA-12《エックス・アッシュ・エー・トゥエルブ》が林立する大人の足をすり抜けるように走り回っているのだ。積み木を両手に握って。この年ごろの子どもらしくただにこにこと走っていて、大事なビジネスの話が周りでされていることにはまるでとんちゃくしていない。Xにしてみれば、いつもどおりのおかしな光景にすぎないのだろう。

ちなみに、この名前について、カナダのポップシンガーである母親、グライムスは、次のようにツイートしている。

・X：未知の変量
・Æ：愛や人工知能を表すAIをエルフ流につづったもの
・A-12＝SR-17（我々が大好きな航空機）の先駆け。武装なし、防御なしのスピードのみ。戦闘力は高いが非暴力

＋

（A＝アークエンジェル、私が大好きな歌）

（メタルラット）

ツイッターの経営幹部が塹壕《ざんごう》を伝ってロビー階へと進むかたわらで、Xが積み木を手に楽しく遊んでいる様子は、大会議室の前に集まる人々のほうへ近づいていくエスターにとって、なぜか、少しばかりなごむものだった。

目的地につく直前、ポケットのスマホが振動。一応、立ち止まって確認することにした。

メッセージが目に飛び込んでくる。ラミからだ。

「2階でなにをしてるんだい？」

驚いた。エレベーターを降りたばかりなのに、もう、知れ渡っているとは。グループチャットを設定し、誰が来て誰が帰ったのかを監視している人がいるのだろう。エスターの知らないところで髪をふりみだして警戒にあたる連中がここにもいたということだ。

見張られている——そう思ったが、足はすくまず、むしろ、じゃあやってやろうじゃないかと気合いが入った。そして、大会議室に向けてもう一歩踏み出したところで、ドアの近く、サックスの後ろにジェーン・バラジャディアがいることに気づく（彼女のことは、10番《テンス》に来る途中、ググって調べた）。向こうもこちらに気づき、中に入れと合図してくる。ボディガードもこちらを見たが押しとどめようとしない。というわけで、エスターは大会議室に入った。

初めて入った大会議室は、とにかく広かった。そこに、15メートル近くあるんじゃないかと思うほど長大な机がどんと置かれている。周りには、ウェブ会議のスクリーンやフラットモニターにつながるアクセスポイントがずらりと並んでいる。椅子は机の両側にも机の両端にも置かれていて、マスクは三つ奥の椅子に座っている。会議室にはマスクがいるだけだった。マスク以外の人もいないし、ノートパソコンもなければコンピューターモニターもキーボードもない。メモ帳さえない。手に持ったスマホの光に小さな目を照らされているマスクだけなのだ。

世界一の大金持ちが机にひとり座ってスマホを確認しているのか……。

向かいに座ろうと机の向こう側にまわろうとすると、マスクが顔を上げた。柔らかな笑顔だ。

「別に反対側まで行かなくていいよ?」

母音は下がり調子、子音は強めの南アフリカなまりが少し感じられる。目は、隣に座れと語っている。

そんな……どきどきしながらも、エスターは隣の席に向かう。椅子はマスクが足で押し出してくれた。それにしても、体格があまりに違うとあらためて思ってしまう。座っていてものしかかられているように感じる。攻めのコーディネートにしておいてよかった。ピンクのAラインスカートに黒を多用した服なのだ。足元は、もちろん、ヒールである。大きさに気おされてなるものか。ステータスにもだ。

マスクは温かく迎えてくれたし、すごく気さくだった。冗談も大好きらしい。そして、説明に使うノートパソコンを取りだそうとバッグに手を伸ばしたとき、マスクは、もう、ツイッター1・0に対する文句を言い立てていた。パラグも経営幹部も半人前だ、そのせいで会社はぼろぼろだ、その修復をするためにやらなければならない仕事が山ほどあるとぼろくそな言いようである。具体的にどうするという話は出てこないが、昨日の直感は正しかったらしい。パラグは遠くない将来、いなくなる。エレベーターのあたりにたむろしていた連中も同じだろう。彗星《すいせい》が衝突する日までしか生きられない恐竜なのだ。

エスターはノートパソコンを起動すると、クリエイティブなアカウントの収益化と決済についてなにをしているのか、説明を始めた。

すぐに気づいたことがある。

マスクは細かな話を聞きたがらないのだ。クリエイティブな人気アカウントの価値を収穫したいとか、サブスクリプションを増やしたいなど、大きな話をするとうなずいてくれるのに、具体的な製品の話に踏み込むと話が右から左に抜けていく。理解できないのではなく、そんなのはどうでもいいと聞き流す感じだ。細かな話になればなるほどしらけていく。

でも、それならそれでやりようはある。ノートパソコンなど閉じて、大きなテーマやざっくりとしたコンセプトに集中すればいい。

うん、このほうがマスクには喜んでもらえるようだ。この人となら通じあえる。マスクにも、きみはわかっているね、きみとならうまくやれそうだ、などと言ってもらえた。

そして、爆弾が降ってきた。

いますぐ始めたい重大プロジェクトがある。最優先事項だ、メディアにも大きく取りあげられるはずだし、ツイッター2・0とはどういうものかを世界に示すことができる——そして、この仕事はきみに任せたい、と。人材は技術者でもマーケティング担当者でも、好きなだけ他部署から引き抜いてくればいい。報告はオレに直接だ。

ひとつだけ問題があった。月曜日には完成させろというのである。

月曜日——わずか四日後だ。正気の沙汰ではない。ふつうなら何カ月もかけて作る話なのだ。

でも、わくわくするのも事実だ。会ったばかりに等しいのに、しかも、買収手続きが終わってもいないのに、全権を委任するからチームを作り、そのニュースで持ち切りになるであろう製品を開発しろと言われているのだ。だいたい、こういうことがしたいとツイッターに来たのではなかったのか。であれば、どうすべきかなど、考えるまでもない。

エスターは血がたぎるのを感じながら、ノートパソコンをバッグに戻して立ち上がった。

その瞬間、会議室のドアが開くと、にんまりとしたデイビッド・サックスがマスクだけを見て入ってきた。エスターがいることに気づいていないのかと思うほどだ。だからエスターは、あいさつもせずにサックスとすれ違い、出口に向かった。

大会議室を出てボディガードの間をすり抜け、マスクの取り巻きとツイッター1・0守旧派のあいだに広がる中間地帯に入るまで、エスターは息を詰めたままだった。血はどくどくと脈打ち、ロケットのように速く流れている。

なにこれ、なにこれ。ありえないことが起きた。自分の売り込みに成功しただけでも上出来なのに、マスクのツイッター再構築計画で要となるプロジェクトのリーダーに大抜擢《だいばってき》されるとは。ジェイは、きっと地団駄《じだんだ》を踏むだろう。食物連鎖で自分より上にいる人々、それこそ、いま、エレベーターのあたりをうろうろしている連中も、だ。みな、エスターと視線を合わせないようにしている。かまうことではない。まちがったことはなにもしていないし、なにかを隠しているわけでもない。みんなの前で、堂々と、運をつかみに行っただけだ。

まだエレベーターへと歩いているあいだに、エスターは、スマホを取りだし、マスクへのメールを書き始めた。最初にすべきと思うことをメモしたフォローアップのメールだ。ついでなので、マスクの役にたつかもしれないプラスアルファも追記した。

「え〜、もしかすると必要かなと思うのですが、優秀な技術者やイノベーターなど、会社に残ってほしいとまちがいなく思う人々のリストなら、私が作ったものがあります」

前の晩、どうにも眠れず、展開をゲーム理論で予想してみたときに作ったのだ。

これからなにがあるのか、みんな、とうにわかっているはずだ。もしまだでも、ツイッター1・0と2・0、両陣営が分かれていることを見ればわかるはずだ。デイビッド・サックスのにんまりした顔を見てもわかるはずだ。もうすぐ、ナイフの時間になる。

自分は、幸運なことに、いろいろと見えやすいところにいるのかもしれない――エスターにはそう思えた。ツイッターに入ってまだ1年半にしかならないが、勤続10年以上の古株が必ずしも残ってほしい人ではないと思うのだ。ツイッターを変えたいとマスクが本気で考えているのなら、ちゃんとした会社にしたいと考えているのなら、特に革新的なツイープスを集めなければならない。進取の気性に富み、リスクを取る気概のある人々だ。だから、エスターはリストを作った。マスクへのメールに添付するこのPDFのキモは、どの技術者やイノベーターの名前があるかではなく、どの名前がないかであることだとよくよくわかった上で。

メールを送った直後、エスターは、恐竜がうろつくあたりを抜け、ひとり、ひとつ下の地上へと降りるエレベーターに乗った。

この6時間ほどあと、手続きが正式に完了したとき、エスターは大会議室にいなかった。

だが現場にいた人から話は聞いたし、それだけで、どんな具合だったのかは手に取るようにわかった。マスクは長大な机の端に近い椅子に座っていて、その周りに側近が集まっている。ジェーン、サックス、カラカニス、さらにはマイアミドレススニーカーのスパイロもいたはずだ。積み木を持ったXも机の下にいたかもしれない。

マスクがわざと仰々しく書類にサインしていく。サインが終わると立ち上がり、両手を突き上げた。

「くたばれ、ザック！」

ザックとはフェイスブックの創業CEO、マーク・ザッカーバーグのことだ。マスクと同じくビリオネアで文化に大きな影響を与える位置にいる。そのザックと直接対決ができるところまで来たわけだ。

「くたばれ！」

「ザック！」

そして、マスクが椅子に戻ったとき、スパイロだったのか、ジェーンだったのか、はたまたサックスかカラカニスか、それとももしかするとXだったのか。

彼に

鍵を

渡したのは。

——2022年10月27日

第10章 占領

ハロウィーンパーティ

ジェイソン・カラカニス「大づかみな話をしましょう……
社員ひとりあたりの売上です。[1]
ツイッター：50億／０・８万人＝62・５万／人
２０２１年のグーグルは２７５０億／13・５万人＝１９０万／人
２０２１年のアップルは３６５０億／15・４万人＝２３７万／人……
ツイッターの社員が０・８万人ではなく０・３万人なら、
50億／０・３万人＝１６６万／人になります……」
イーロン・マスク「改善の余地がすさまじくあるということだな」
ジェイソン・カラカニス「みんな、刃をしっかり研いでおけよ？」

　時計は午後4時をまわったばかりなのに、パーティは、すでに盛り上がりまくっていた。
　ジェシカは、片方の足をもう片方の前に置くことに集中し、不思議と口数が少ない人混みをすり抜けていく。ここコモンズは、サンフランシスコ本社9階の大半を占めるカフェテリア／ワークスペースで、全社員に呼びかけてハロウィーンパーティが開かれていた。カボチャのランタンに記念撮影用のブース、干し草の俵のほか、子ども用のゲームもいろいろと並んでいるし、明るい色のテーブルには、さまざまなキャンディが山のように入ったボウルがいくつも載せられている。また、旧トランスベイターミナルの廃材を活用した床では、館内放送で流れるキッチュな音楽のビートに合わせてさまざまな色の光が躍っている。[2]
　ジェシカの手にはフルーツを使った泡々の飲み物が握られていた。注いでくれた若者はたくさんあるＩＴ部門のどれかで働く三軍技術者だったと思うのだが、よくわからない。一応、名前は尋ねたけれども、聞きとれなかった。話がしにくいようにということなのか、話がよくわからないようにしたいということなのか、音楽のボリュームを上げすぎた人がいたらしい。まあ、名前がわかったところで、どうせ、どこの誰なのかはわからなかったりする。なにせ社員は７５００人もいるし、ジェシカの職場はここから遠いニューヨークなのだから。その上、若者は牙にケープというバンパイアの仮装をしていたのだから、わかるはずがない。

ジェシカ自身も、ネコミミとシッポをつけていた。ただし、全体としてはネコの仮装というよりスーパーヒーローの仮装である。とはいえ、キャットウーマンというわけでもない。ワンダーウーマンの衣装を昔使っていたのだが、ふたりめの子どもが生まれると体に合わなくなってしまったし、4歳でネコが大好きな一番上の子どもを喜ばせたかったしで、ミミとシッポをつけたのだ。夫も気に入ってくれたけど、彼は子どもとニューヨークで留守番をしている。招待状にはご家族でどうぞとあったのだけれど。

パーティに長居をするつもりはない。衣装があちこちきついし、見た目で選んだブーツのせいで足も痛い。まあでも、このくらいは、ガラスの入口からビルに入った瞬間に襲ってきた動揺に比べればたいしたことはない。

知り合いになるべく笑顔であいさつをしながらパーティ会場の奥に進んでいるのに、どうにも現実味が薄い。ダリの絵かなにかのように感じるのだ。何百人もの社員とその家族が仮装の衣装に身を包んでいる。準備は何週間も前に整えていたはずだ。ここ24時間の狂乱が起きるとは想像もしていなかったころに。

「津波は想像しただけで怖い。そして、事前にどれほど考えておいても、津波がドアを破ってなだれ込んでくる瞬間に心の準備が整っているなんてことはないのよね」

そんなことをぼんやり考えていたジェシカは、マーケットストリートを見下ろす窓に人が集まっているのに気づき、そちらへ行ってみることにした。

このコモンズは、サンフランシスコ本社でお気に入りの場所だ。本社は、ガラス製ながら地震に耐えられる未来的なスカイブリッジでビルふたつを結んだ構造になっている。カフェテリアは三つ。ひとつはこのコモンズで、もうひとつはザ・パーチ、そして最後のひとつが有名なザ・ロッジである。ツイッターが本社をここに移した２０１２年、モンタナ州にあった築１００年からのログキャビン２軒をクレイグスリストで購入し、ここまで運んで社員用ラウンジにしたものだ。

この10年、ジェシカにとってサンフランシスコ本社はいつ来ても特別な場所だった。その理由は、内装でもなければ、ゲーム室やマイクロキッチン、壁に必ずと言えるほど飾られているネオンアートといった各種特典でもない。社員が共有しているコミュニティの感覚や目的意識といったもの、信念のスタートアップとして始まったこの場の文化とでも言うべきものだ。勝ち目のない戦いに挑んでいると自覚しているこの場の文化とでも言うべきものだ。記憶にあるかぎり、ツイッター社は、いつも、メディアに吹き荒れる嵐の中心にいた。だから、彼女も仕事仲間も、みな、おごることがなかった。スタート当初の理念をみなが共有し、誰しも、その理念に恥ずかしくない仕事をしようとがんばっていた。

しかし、今日は違う。こんなことは初めてなのだけれども、コミュニティの感覚にヒビが入った気がする。いや、ヒビを入れられたと言うべきか。掃いて捨てられたと言ってもいいのかもしれない。その力はあまりに強く、あまりに有名な人物、ひとりによるものだとは信じられないほどだ。

窓に集まる人々に向かう途中、ふと立ち止まり、あたりを見回してみた。彼はまだこのビルにいるのだろうか。それとも、10番ビル《テンス》2階の仮設「作戦本部」に戻ったのだろうか。[3] あそこは自分もよく使ったところだ。ペプシコ、ウェンディーズ、NFLなどの顧客をお迎えし、ブランドマネージャーと広告の効果をリアルタイムに確認してもらうなどしたのだ。だが昨日からは例のビリオネアと彼のアドバイザーに接収されてしまった。ちなみにアドバイザーは実力者ぞろいなのに、陰では、みんな、「彼の舎弟」と呼んでいる。

マスクがこれほどツイッターに入れ込むとは、ニューヨークでヨエルと会ったときには想像もできなかった。

「占領」は一瞬かつ劇的になされた。その様子は、ネットのいたるところに上げられた写真を見ればわかる。昨日の午後、マスクが真っ白な陶器の洗面台《sink》を持って現れ、「洗いざらいわかりあおう《let that sink in》」と気勢を上げたのが皮切りだ。そのあとは、最高マーケティング責任者レスリー・バーランドの案内で本社をひととおり見て歩き、すれ違った社員にあいさつするなどしている。コーヒーショップに立ち寄ってコーヒーを飲んだり、コモンズをぶらついたりもした。その時点でコモンズはハロウィーンパーティ（#TrickOrTweet）の飾り付けがされていたし、スパゲッティを吐き出すカボチャや血のように真っ赤なパンチのボールなど、フェアの準備が急ピッチで進められていた。なにせ、子どものいる社員を中心にみんなが毎年楽しみにしている行事なのだ。

このところ、職場は、不安と期待がないまぜとなった雰囲気が流れている。恐れている人も多少はいるが、一抹の不安を抱えつつも楽観的に構えている人のほうがずっと多い。このビリオネアにはまちがいなくカリスマ性があり、誰しもがそこに惹かれるのは当然のことだろう。うわさではとやかく言われているし、買収にいたる道で報道された彼の言葉も心配になってしまうものが少なくないが、みな、彼に惹かれるし、彼の近くに行こうとするし、彼の言葉を聞きたいと思ってしまうわけだ。

想定外だったのは、案内が終わると、マスクが、そのまま全力で仕事を始めたことだ。10《テンス》番の2階にこもって、チームリーダーや製品関連の人間をひとりずつ呼びつける。特に技術者は大変で、コードをじゃんじゃん印刷して、レビューと評価の準備を進めなければならなかった。すぐに、うわさが飛びかい始めた。

それから1日たった今日、うわさは過熱の一途である。たとえば、トラに死神、ジャック・スパロウの仮装をした仕事仲間がカボチャランタンの吐きだしたスパゲッティを食べていたお昼ごろ、数字がささやかれるようになった。25%だ、50の可能性もある、聖域なしらしいという具合だ。[4] チーム丸々もありうる。悲惨な話もあった。リストラはすぐに行われる、来週11月1日のボーナス支給日より前らしいというのだ。

そこまでのことにはならないとジェシカは思っていた。そういう混乱から社員を守る法律がカリフォルニア州にはあるからだ。それでも、近いうちにクビ切りがあるのはまちがいない。

そのとき、自分は、どの部下のクビを切るのか決めろと言われるのだろうか。そんなの、選べるはずがない。現実の人が現実の家族と現実の暮らしを営んでいるのだ。ニューヨークの事務所で隣に座る若い女性をクビにできるのか？　妊娠6カ月でもうすぐ産休に入る人間を？　じゃあ、その向こうに座る男性か？　2カ月前にがんと診断され、医療保険でなんとか来年を乗り切ろうとしているところなのに？

ふと気づけば頭をふりつつ歩くともなく歩いて、窓のところまで来ていた。体を割り込ませて窓際に進み、みんなと同じく下を見る。9階下は道だ。ビル入口前の歩道に人だかりができている。窓際の倍くらいもいるだろうか。こんな遠くからでもテレビカメラやマイクが見えるし、カーブした道沿いには、衛星通信のパラボラアンテナや触角のようなアンテナを何本も立てたテレビ局のバンが何台も停まっている。

買収の手続きが正式に完了したことが伝わったのだろう。そう思った瞬間、館内放送の曲がハロウィーンの定番、「モンスター・マッシュ」から「スリラー」に変わった。

ビリオネアの怨敵が正面から城門を突破し、切りこんできたわけだ。

流血の惨事の始まり

それから2時間もたたないうちに、ジェシカは、それがなにを意味するのか、自分の目で確かめることになった。現実とはとても思えない光景だ。お腹に一発食らったかのようなショックで、ドアに寄りかからなければへたり込んでいただろう。いままでは、すべて、うわさやまた聞きだった。おびえた社員の間にうわさが広まり、ダーツのように数字が飛びかっていただけだ。本当のところどうなるのか、誰も知らなかったのだから。

だがいま、彼女の目の前では、今後をはっきりと示す事態が展開している。

廊下の数メートル先で、法務のトップで経営幹部の一員でもあるショーン・エッジットが、警備員に付き添われて執務室を出ようとしていた。[5] 近くの社員ににこにこと手をふってはいるものの、目はあまりのショックにうつろだ。すぐ後ろのアシスタントが私物の箱を抱えている。でも、そこにコンピューターは入っていないし、ツイッター1・0に関するファイルも入っていなければ、会社の財産だとマスクが思うかもしれないものも入っていないはずだ。

パラグにブレット・テイラー、最高財務責任者のネッド・シーガルはうまく立ち回り、警備員に本社から追い出されるという屈辱は避けたらしい。ハロウィーンパーティが盛り上がっているあいだに姿を消したのだ。うわさによると、この3人も、経営幹部のかなりの人数も、買収書類にマスクがサインするのと同時にメールでクビを宣告されたらしい。パラグら旧経営幹部は「理由ある解雇」にするという話もあるらしい。退職金がもらえない可能性もあるわけだ。さらに、大量解雇が予定されているとのうわさもあった。しかも、ほんの数日後の11月1日、つまりボーナス支給日よりも前に、らしい。

一方、正式な通達はなにもない。ツイッターアカウントのプロフィールが「チーフ・ツイット」に変わった以外、マスクからはなにもなくて、残ることになった何人かの経営幹部から、とにかく落ちついていつもどおりにするようにとか、マスクとともに10番《テンス》ビル2階に詰めている「アドバイザー」軍団からこういう要請があったとか言われるばかりだ。

ジェシカが知っているのは、マスクの「舎弟」についてグーグルとインターネットで調べられたことだけだ。[6]デイビッド・サックスにアレックス・スパイロにジェイソン・カラカニス。シュリラーム・クリシュナンというのは、ツイッター経営幹部だったこともあるソフトウェア技術者で、いまはベンチャーキャピタルのアンドリーセン・ホロウィッツに参画しているらしい。ジャレッド・バーチャルはマスクの財務関連を取り仕切っている人で、脳インプラントの会社、ニューラリンクのCEOを務めている。アントニオ・グラシアスもベンチャーキャピタリストで、先日、テスラの取締役に就任したらしい。

舎弟に加えて、いとこのアンドリューとジェームズ、弟のキンバルも連れてこられているし、テスラとスペースXから技術者やプロダクト関連の人々も大勢連れてこられている。

駐車場にモデル3、モデルS、モデルXがあふれているのはそのせいだ。いったい何人のアドバイザーや舎弟がマスクと「作戦本部」に詰めているのかはわからないが、なにをしにきているのかはよくわかる。パラグ、ブレット、ネッド・シーガル、ショーン・エッジットは手始めにすぎない。ネコミミにシッポ、黒タイツというハロウィーンパーティの衣装をまだ脱いでもいないのに、流血の惨事が始まろうとしているのだ。

来た、見た、勝った、か。いや、今回のは、トロールした、ツイートした、ひそかに大量の株式を買い集めた、だな。取締役会に加わってみようかなと思った、CEOとぶつかった、取締役就任を拒絶した、と言ってもいいだろう。却下するのはもったいない提案をした、気が変わった、訴えられて買収せざるをえなくなった、もある。

今回の買収はあきれるほど時間がかかったというのに、ツイッター1・0から2・0へとどう移行するのか、計画は特に用意されていないらしい。決まっているのは人員削減のみ。ジェシカから広告営業やマーケティングの人間がどうなるのかはまだなにもわからないが、技術者については、彼らに転送されたスラックメッセージを見せてもらった。書いたのは舎弟連中らしい。のちにザ・バージが報じるように、最初は、数千人のツイッター技術者、全員に対し「直近30日に作成したコードを50ページ」印刷し、それを持って、マスクおよびテスラやスペースXの技術者に会うようにと指示されていた。[7]

社内は上を下への大騒ぎとなった。マスクとたくさんのロケット科学者にテレビ番組「アメリカン・アイドル」ばりの審査をされるのか――そう思いつつ、技術者は、みな、プリンターを探してかけずりまわった（いまどき、プリンターなんぞめったなことでは使わない）。メモリーカードを握りしめて近くのベスト・バイやウォルマートに走った人間もいる。ところが、ほどなく、この指令は撤回され、すでに印刷した分はすぐシュレッダーにかけろ、ノートパソコンでコードを（やはり対面で）見せられるようにしておけと内容が変わり、さらに、この指令も撤回される。ジェシカが知るかぎり、マスクの「オーディション」を受けた技術者はいない。ただ、ツイッターサイトを動かすのにどうしても必要な部下をリストアップしろという仰せ付けがマネージャークラスには降りてきている。

このあたりで、マスクからも、ツイートという形や舎弟を通じる形で、なにをしようと考えているのか、方向性が打ちだされた。長めの動画を投稿できるようにする、ユーチューブに対抗するためコンテンツのクリエイターに報酬を払う、新たな決済方法を導入するなどで、優秀な技術者がいなければ実現できないものばかりだ。

技術陣の混乱も心配ではあるが、ジェシカとしては、移行の戦略らしい戦略がないことが広告のクライアントにどう影響するのか、また、命の源である広告収益にどう影響するのかのほうが気になる。だから、広告営業を束ねるロビン・ウィーラーがフロリダ州オーランドから急いで戻ってきたときには、グローバルセールス担当バイスプレジデントのJ

Pマヒュー、最高顧客責任者のサラ・パーソネットとともに、混乱を生まないように最大限の努力をするからと、窓口として出稿企業にかかわる担当者をなだめてまわるなどした。

ロビンは、マネージャー会議でマスクは「謙虚」に質問をしていた、学びたいと言っていた、「プロダクトの優先順位をまずは決める」と語っていたなど、この1日を総括するメッセージもスラックに流してくれた。翌日にはアントニオ・グラシアスに会い、広告事業の概要をレクチャーする予定だという話もあった。ロビンとしては、ツイッターを健全な状態に保つには広告産業の街マディソン・アベニューとの関係が大事であることを、マスクなら理解してくれるはずだと考えているらしい。

マスクがヨエルを高く評価し、安全性やモデレーションについて彼らがしている仕事はツイッターというプラットフォームに不可欠なものだと考えているらしいのも、その証拠となりうるだろう。「さまざまな観点からモデレーションやアカウント復活を検討するコンテンツモデレーション委員会」なるものを立ち上げるつもりだとツイートしたほどなのだ。

ハロウィーンパーティを失礼して執務室に戻るとき、ヨエルと少しだけメッセージをやりとりしたところ、彼は、マスクがどうするのか、しばらく様子を見るつもりのようだ。今回の移行でツイッターがおかしくならないように守るのが自分の仕事だと思っているのかもしれない。あるいは、マスクは実業家として成功しているわけで、であれば、ヘイトスピーチやアダルトコンテンツの掃きだめに出稿したい大手広告主などいないことも理解してくれるはずだと考えているのかもしれない。

そう言われても、法務のトップだった人物が、たいしたことではないかのようにとり繕いながら、警備員に付き添われて本社ビルから追い出されるのを見てしまうと、マスクがなにをするのか、なにを考えているのか、正しく予想できる人などいないのではないかとも思ってしまう。なにをするかわからない証拠ならある。いや、もしかすると精神的におかしいのかもしれないと思うほどの証拠がある。いったんは技術者にコードの印刷を命じたのに、すぐ撤回した件だ――コードは社外秘だから、シュレッダーにかけさせたのは、むしろまっとうだと言えるわけだが。ボディガードをいつも従えているのもどうなのかと思わないではない。こちらも、世界一の金持ちともなれば、そんなものなのかもしれないが。

ただ、舎弟クラスから、技術者向けのおかしなメール以外に、今後は経営陣の許可なく社員が集まることを禁じるとの布告もなされている。2~3人を超える人数が集まるのはまかりならんというのだ。

暴動かなにかが起きるかもしれないとでも思っているのだろうか。

そのあたり、ジェシカにはなにもわからなかった。さらに言えば、新製品の導入や大規模な改修は報告する義務があると米連邦通信委員会に言われた際、マスクの顧問弁護士、スパイロが「マスクはロケットを宇宙に打ち上げている男だ。通信委員会など恐れていない」と返したこと[8]は知っていた。

通信委員会を恐れてはいないのかもしれない。しかし、警備員が護送する形で古参の人間を本社から追い出したり、文書をシュレッダーにかけろと技術者に命じたり、ボディガードを雇ったり、まだクビにしていないツイープスが勝手に集まることを禁じたりするのは、なにかを恐れている証拠に思えてならない。

第11章 レイオフ

うわさ

ふつうの木曜の夜であれば、この列はさぞ不気味なものに見えるだろう。シャーロット郊外にあるとても古い墓地の鉄扉が開き、そこから数十台の車がゆっくりとなかに入っていくのだ。車列をちらちらと照らすのは、たいまつのオレンジ色だ。あたりにはたいまつの燃える匂いが漂い、聞こえるのは、砂利を踏みしめるタイヤの音だけ。マークも妻のジーナも全身黒装束である。マークは首にケープをきつめに巻いている。妻はかすかに光るベルベットとシルクのローブからストッキングの足をのぞかせている。

車のルームミラーで自分たちの姿を確認すると、不気味というよりこっけいな雰囲気になってしまう。自分がつけているプラスチックの牙は下唇の下まで届くほど長いし、ジーナの黒いとんがり帽は人工皮革でできたビュイックの天井を突き破りそうだ。

マークが笑みを浮かべて見守るなか、ジーナは、ほほに緑色を足していく。そして、ぎざぎざにした眉を上げてみせた。

「さあ、今日は楽しみましょう？　明日は明日の風が吹く、よ」

マークは思わず声をあげて笑ってしまった。イマイチ笑えない状況だが、いまはその軽さがありがたい。シャーロットの慈善団体が主催するハロウィーンパーティに参加するため、車の列に並んですでに20分もたつのに、まだ、いかにもな墓地の門扉から10メートルほど先の受付にも到達できていない。それでも、本日最高の時を過ごしていると言える。ドラキュラの仮装はとにかくうっとうしい。牙もうっとうしければ、前髪をV字型にしているポマードのべたべたもうっとうしい。今日は10月の夜とは思えないほど暖かい上、ポリエステルのケープがサウナを着ているようで、暑くてたまらない。それでも、こうしてジーナと車で2時間待つほうが、今日1日していたように、執務室に閉じこもり、サンフランシスコからの連絡をじっと待つのに比べたらずっとマシである。

マスクが書類にサインしてツイッターを正式に買収し、いざ、節目を越えたと思ったのに、そのあとは、なしのつぶてである。さあ、がんばっていくぞと新しいボスから檄《げき》が飛んでくるわけでもなく、ここから数日とか数週間とか、こんなふうに進めるぞという話もなく、さまざまなうわさがメッセージやツイートやスラックで飛びかうばかりで、心の慰めになることがなにもない。ただただ、なしのつぶてである。

午後は、ずっと、ズームなどで部下と連絡を取っていた。また、パラグやブレットなど上層部がクビになったと一般にも報じられたあとは、自分もみんなと運命共同体だ、同じうわさは自分も耳にしているが、優秀な人材をつなぎとめるのは大事なことだと新しい経営陣も考えるはずだと必死になって部下をなだめてまわった。最終的な目標はツイッターをよくすることであり、ぶち壊すことではないのだから。ただ、そのあと、何千人もの技術者におかしなメッセージが送られたときには、肩をすくめ、ツイッター2・0が始まったばかりだからいろいろとあるだろう、マスクの足場が固まれば事態も落ちつくだろうと言うくらいしかできなかった。

マークの上司は、ロビン・ウィーラー直属のマーケティング担当シニアバイスプレジデント、ジョン・ケイヒルなのだが、そのジョンと連絡が取れ、マスクは話を聞いてくれるし学ぶ姿勢があるというロビンの投稿をどう解釈すべきか、ふたりで検討するころには、新しいチーフ・ツイット本人から言葉はもらえないとあきらめの境地になっていた。気分を切り替えると洗面所へ行き、ポマードを塗りたくったり、ジーナから借りたアイライナーで目の周りを黒くしたりする。パーティなんぞしている場合かと思わないでもないが、ハロウィーンのばか騒ぎは何カ月も前からカレンダーに印をつけていた行事だし、墓地を辞したあとは義弟も一緒の夕食会が予定されている。それに、墓地のパーティには、ホームレスシェルター大手のチャリティイベントという側面もある。去年は新型コロナで開催できなかったので、今年こそはと主催者も力が入っているはずだ。エンボス加工が施された小さなプラスチック製棺おけで届いた招待状には、あちこちにバーが用意されるほか、お化け屋敷やダンスフロアもあれば、歴史あるこの墓地に住まう著名人の扮装《ふんそう》をした俳優が出迎えてくれたりもするらしい。

そもそも、ジーナとのお出かけをキャンセルするなどありえない。中途半端もきらいだ。それがドラキュラの仮装であっても、だ。それに、いま、こうしてつくづくジーナを見るとあらためて思う。緑色の顔に点々眉毛でも、ジーナが今日の墓場で最高にいかした魔女であることはまちがいない、と。

「残したい社員を20分でリストアップしろ」

車内に電子音が響き、現実に引き戻された。ダッシュボードのスクリーンによるとケイヒルかららしい。マークは、努めて平静を装った。ハンズフリーはやめて電話本体で受けようとポケットに手を伸ばす。ベルがまた音を立てた。

ケイヒルはあわてているようだ。スピーカーから流してかまわない話ということではないのだろう。やはり、本体で取ることにしてよかった。

ケイヒルはあいさつも世間話もなく、いきなり本題に入った。

「説明している時間はない。20分で切らなきゃいけない」

耳を疑った。電話が重い。

「なにを言ってるんだ？」

「そんなのわかるだろう。残したい社員をリストアップしなければならないんだ。どう優秀なのか、そいつがしている仕事がどうして重要なのかなど、説明もつけなければならない」

「スプレッドシートかなにかにか？」

部下は１００人近くもいるんだぞ？　なのに、残す人間を20分で選べというのか。部下の大半は5年とか、場合によっては10年もこの仕事をしているというのに。どうにも不出来なやつも何人かはいるし、いなければならないとまでは言えないやつもひとりふたりいることはいる。でも、それ以上は……。

「どのくらい減らさなければならないんだ？」

ケイヒルが口ごもる。ようやく出てきた言葉も、ほとんど意味のないものだった。具体的な数字は知らされていないのだろう。ただ、残したい部下、一人ひとりについて闘わなければならないという。爆弾も落ちてきた。

「サラ・パーソネットがいなくなった」

最高顧客責任者が辞めたというのか。広告や営業にとっては大打撃だ。サラは、会社の窓口として最大手の広告主とつきあってきて、顧客の受けも評価もすごくよかったのだ。悪いニュースが続く。ロビンと詳しい話をしたとき、最大手広告主の4分の1ほどが出稿をすべて保留にする模様だと言われたらしい。部門を統括する経営幹部が切られ、さらに、おそらくは大幅な人員整理をこれからしなければならない。これでは、奇跡でもなければ、収益ががっくり落ち込むことは避けられないだろう。

ふと気づくと、ジーナがこちらを見ていた。会話の半分しか聞こえていなくても、この夜が悲惨なことになろうとしているのはわかったはずだ。ノートパソコンが車のトランクに入っているので、ケイヒルの言うスプレッドシートを作ることはできる。ただ、ダンスフロアは当面お預けとせざるをえない。

「マネージャークラスに話を伝えて……」

言いかけると、ケイヒルにさえぎられた。

「なにも話しちゃいけない。誰に対しても、だ。私からの連絡も、この件が終わるまではないと思ってくれ」

そんなばかな。ケイヒルとは10年の長いつきあいだし、これほどの大騒動なのに話をしないというのはありえない。

ケイヒルの説明は、なぞめいていた。パラグらは理由ある解雇となるわけで、管理職なら同じ憂き目にあう可能性がある、だから、マスクチームにはっきり求められた以外の会話はしないように注意したいというのだ。

マークは体が震えるのを感じた。ケープのせいですごく暑いというのに。

「もうひとつ、言っておかなきゃいけないことがある。人員の整理をするにあたり、社員がリアルな人間である証拠を出せとイーロンは求めているらしい。そうでなければボーナスは出さない、と」

「なんだって？」

聞きまちがいではなかったらしい。クビになったのが本物の人間である証拠を出せとマスクがはっきり言っているというのだ。

「血液サンプルでも出せばいいのか？」

ケイヒルは笑ってくれなかった。マスクは大マジらしい。

マスクは、実はすでに、社員が人間であることを確認しろ、住所と電話番号のクロスチェックで「社員名簿の監査」をしろと最高会計責任者のロバート・カイデンに命じていた。[1]人間ＣＡＰＴＣＨＡになれというわけだ。数日後にはカイデンも警備員に本社ビルから追い出されるのだが、それまでは、解雇された社員が本当に脈のある人間であったことを確認するのが彼の仕事だったわけだ。

「正気の沙汰じゃない。20分でやれって？　それはまたどうして？」

尋ねはしたが、答えはだいたいわかっていた。昼間に流れてきたうわさによると、福利厚生の基準日となる11月1日より前に解雇をすませたいとマスクは考えているという。3日後だ。それは労働法を何重にも破ることになる、罰金や訴訟に発展するぞとたしなめられたらしいが、訴訟ならいつものことだし、罰金も慣れていると返したらしい。

ケイヒルによると、罰金額は100万ドル単位に達する、下手すれば10億ドル単位になるとの見積もりを示され、さすがのマスクも引き下がったとのこと。だがそれでもナイフは用意し、すぐに使うつもりのようで、月曜までに残す人と切る人のリストを用意しろと言われたわけだ。マスクはこの週末、ニューヨークへ行くので、月曜日にはサンフランシスコにいないのに、という言葉もあった。

「広告主に会うためかな?」と、マークは尋ねた。

命の源を守ろうと、NFLのロジャー・グッデルや英国の巨大代理店WPPのマーク・リードなど、大手顧客との顔合わせをロビンらが準備するのだろう。大手顧客の前にマスクを引っ張り出せば、これからまちがいなく行われるコンテンツモデレーションポリシーや担当者の変更に関する懸念や、ツイッターの未来をマスクがどう考えているのかといった懸念に対し、彼自身に答えてもらえるはずだ。

「ああ、そういうことらしい。でも、たぶん、目的はほかにもあると思うよ」

そうか、そうだよな。月曜はハロウィーン当日だもんな。つまり、マークやマーククラスの社員が、世界中で、どの、リアルな人間の社員は救おうとするのか、どの、リアルな人間の社員は犠牲にするのかを決め、スプレッドシートにまとめているあいだに……。

マスクはニューヨークへ行くわけだ。目的はいろいろとあるらしいが、おそらく、一番はパーティに参加するためだ。

―――2022年10月28日

第12章 真夜中の侵入者

午前2時10分

サンフランシスコの高級住宅街、パシフィックハイツ地区。その2600番台ブロックの角地に、赤れんがが3階建ての邸宅が建っている。そしてその3階、エレベーターを出て短い廊下を何歩か進んだところに趣味のよい寝室がある。大きな曲線の出窓がある広々とした寝室だ。隣にはバスルームも用意されている。この時間、寝室は暗く、静かである。

階下でガラスの割れる音がした。

82歳のポール・ペロシは、分厚い羽根布団の下で身じろぎをした。不動産とベンチャーキャピタルで成功し、子どもが5人いる。また、世界でもトップクラスの力を持つ女性の夫でもある。その目はまだ閉じたままだ。意識は睡眠と覚醒のはざまでぼんやりしている。それでも、なにかがおかしいことはわかる。ただ、彼の年齢では、また、このような時刻では、昔のように反応することはできない。

体の筋肉を動かし、横を向くだけで、かなりの時間を要した。頭はまだ枕の上だ。そこからゆっくりと目を開くのに、また、けっこうな時間がかかった。寝室の闇を見る。どうして目が覚めたのだろう。そして、影に気づいた。

大きく、おそろしげななにかが、すぐそこにいる。

体が凍った。パチパチと瞬きをくりかえす。なんだ、なにがいるんだ？　まとわりつく眠気がようやく薄れて意識がはっきりすると、わかった。人影だ。ひげ面の大柄な男が寝室にいる。男は、前のめりにもう一歩、ベッドに近づいてくる。

なんだなんだなんだなんだ。ポールは秒で起きあがっていた。でも、どうすればいいんだ？いま、この家には自分しかいない。ボクサーショーツにパジャマの年寄りがひとりだ。落ちつけ。とにかく落ちつけ。侵入者の手を確認する。片方の手には、結束バンドらしき白いものが一束握られている。反対の手には――大きくて重そうなハンマーだ。悪夢が現実になったのか。映画に出てくるような悪夢、新聞で読むような悪夢、実際には起こるはずのない悪夢が。知らない男が寝室にいる。真夜中に男が家に押し入ってきたのだ。

ポールは生まれも育ちもサンフランシスコだ。だんだんと物騒になってきていると感じてはいた。パシフィックハイツほどの地域でも、車の盗難や強盗がここ10年だけでもずいぶんと増えている。そうだ、この男も、もしかすると、金目のものが欲しい単なる泥棒なのかもしれない。なにかないかと、れんがで窓を割って入ってきたのかもしれない。

言葉を探すが、なにも出てこない。と、男がさきに口を開いた。

「ポール・ペロシか？」

胃のあたりが重くなり、恐怖で、かすかに残っていた眠気が吹っ飛んだ。そうか、適当に押し入ったわけではないんだ。男をじっと見る。ひげの上にある顔は闇に沈んでいるが、広いひたいと、粗野な感じの細い目、赤みがかったぐしゃぐしゃの髪くらいは見てとることができた。見覚えはない。ただ、なぜウチなのかは思い当たる節がある。

「ナンシーはどこだ！」——男は大声を出すと、ハンマーをふりあげた。

「ナンシーはどこにいる！」

後半はほとんど金切り声だ。

ポールはのどがからからになったが、全身の勇気を総動員して、動揺を抑え込んだ。そうか、単なる悪夢が現実になったのではないわけだ。最悪の悪夢が現実になったのか。いまどきの政治家の家族にとって最悪の悪夢が。ここ8年間、絶え間なくうなりをあげ、米国をわしづかみにしてきた政党のイデオロギー、敵意、陰謀論的な狂気によって現実になったと、そういうことなのか。ナンシーはどこだ？と問うということは、この男はポールのことを知らないし、ナンシーのことも知らない。彼の頭にあるのは、TVで語られたこと、ユーチューブチャンネルで語られたこと、レディットやフェイスブックで語られたこと、グーグルの検索で出てくること、ツイッタースレッドに書かれたことだけなのだろう。

男がベッドに迫る。手にハンマーを持ったままだ。ポールは表情や声をなるべく平静に保ちつつ、降参だと両手をあげた。

「ここにはいない。ナンシーはここにいないいんだ」

本当のことを答える。ただ、彼女がいまワシントンにいることは言わなかったし、彼女がサンフランシスコにいたらこの家は24時間体制で議会警察に守られていたはずであることも言わなかった。実際、いまも監視カメラは動いているのだが、ナンシーの特務部隊は彼女のそばで下院議長を守る任にあたっていて、残念ながら、82歳の夫を守ってはくれない。

思惑が外れた男は、どうしたらいいか、迷っているようだ。そういえば、ハンマーのほかに結束バンドも持っていたな。あらためて、背筋を冷たいものが奔《はし》った。

「ベッドから出ろ」

うなるような声だ。混乱しているのがわかる。

「しばってやる」

ああ、やっぱりそうなるか。そのあとどうするつもりなのかはわからないが、とにかく、妻が家にいなくてよかった。それにしても、なにか手はないのか。急いで考えないと。いまは混乱しているだけだが、これが、いますぐにでも、フラストレーションや怒りに変わるかもしれない。寝室の暗闇で、ハンマーはとても大きく、巨人の握りこぶしのように見えた。

両手をあげたまま、ポールは両足をベッドの外に出し、床に降り立った。男が結束バンドをいじり始めたのを見てポールは瞬間的に心を決め、ドアに向けて走りだした。その先の廊下には下に降りるエレベーターがある。しかしこれはやぶ蛇だったようで、混乱から覚めた男にすばやい動きで立ちふさがられてしまった。

「どうして妻に会いたいんだ？」――荒い息でポールが問う。

「大統領候補の2番手なんだよな？」――大柄な男がどなるように言う。

うなずくと、男はすごんだ。

「全員殺《や》ってやる」

ぞっとして、わけもわからず、たまたま浮かんだ言葉を口にする。

「トイレ、使わせてくれ」

男が道を譲ってくれたのに驚きつつ、ポールは、反対側のドアに向かう。男も、すぐ、これは失敗だと気づいたのか、あとを追ってきた。

「ちょっと待て」――うなるような声でそう言われたとき、ポールは洗面所のドアに行き着いていた。明かりもつけず、左側の長い洗面台に手を伸ばす。充電中の携帯があるのだ。

首の後ろに男の生温かい息を感じつつ、それを握る。

「待てと言っただろうが……」

そう言われたときには、携帯の緊急ボタンをたたいていた。立ち止まると男のほうを向く。ハンマーも結束バンドも持ったままだが、とりあえず、それを使おうという動きはないようだ。策略の類いはあったのかもしれないが、まっとうな精神状態ではないこともまちがいない。

携帯がカチっと鳴り、女性の声がした。

男の顔を見ながら、電話を耳に当てる。男はにらみ返してくるだけだ。どうしたものか、決めかねているのかもしれない。ここは慎重に事を運ばなければならない。男を刺激するのは避けなければならないが、助けを呼ぶチャンスはこれっきりかもしれないのだ。

「どちら様ですか」――しらじらしく問う。うなるような声になった。

女性の声が答える。暗い洗面所の大理石に反射して響くには十分な大きさだ。

「サンフランシスコ警察です。助けが必要ですか？」

男から見えるように、目を大きく見開く。

「あ～、その～、まちがえたのかもしれません。どちら様と言われました？」

「サンフランシスコ警察です」と女性がくりかえす。

「助けが必要ですか？」

慎重に。慎重に。

「え〜、あのですね、いま、ここに、男性の方がおられまして、え〜、妻の帰りを待つと言われているんです」

緊張で、つばを飲み込んでから、

「ナンシー・ペロシを待つと」

とつけくわえた。自分の電話番号をチェックし、夜中にいたずら電話をかける変人ではないと確認してくれと願いつつ。

男はいらつき始めたようだ。体を左右にゆらしている。もう少し、もう少しだけ時間をくれ。危ない橋だ。ハンマーをふるおうと男に思わせることなく、自分が命の危険にさらされていることを電話の女性に伝えなければならない。努めて冷静な声で、いや、むしろ愛想がいいというくらいの声で続ける。

「妻が戻るのを待たれているだけなんですが、でも、彼女は何日か戻らない予定なんです。ですから、だいぶ待たなければならないはずでして」

このくらいの物言いなら大丈夫なようだ。ハンマーはふりあげられたままながら、それをふりおろそうという気配はない。

「そうですか。警察か消防か救急車か、あるいはほかのなにかが必要ですか？」

「あ〜、たぶん、大丈夫なんじゃないかと思います。ええ、たぶん」

このままではだめだ。急いでなんとかしないと、すぐに電話は終わり、この洗面所にハンマーと取り残されることになる。

「議会警察の方はおられますか？」

「いいえ、こちらはサンフランシスコ警察です」

「ふつうなら、我が家にいて妻を守ってくれているはずなんですが」

返事まで、すこし間があった。

「いいえ、こちらはサンフランシスコ警察です」

ちくしょう、この女性は電話番号のチェックができないのかもしれない。なにが起きているのかわかってくれないのかもしれない。

「そうですよね。ええ、わかります」

とりあえず、時間を稼ごう。

いや、ここはやはり賭けに出るべきだろう。というわけで、携帯を耳から少し遠ざけると、男に尋ねた。

「まあ、なんというか……どうしましょう。あなたはどう思われますか？」

会話に突然引き込まれて男は驚いたようだ。軽い笑みを浮かべさえした。

「なにも問題ないね」が男の答えだった。

「え～」とポールは携帯に向けて話を続けた。

「なにも問題ないと彼は思っているそうです。私は問題があると思うのですが、彼は、なにも問題ないと思っているそうです」

・これでも不十分だったらしい。女性の声が少し冷たくなり、ポールの背筋にも冷たいものが奔《はし》る。

「わかりました。では、気が変わったらまたお電話ください」

「いやいやいや」――ポールはあせった。

「この方は、ついさきほど我が家に来られて、え〜、そのまま妻が帰ってくるまで待つと言われているんです。ですから、つまり、そのですね……」

「相手はお知り合いですか?」

ようやく話が通じたらしい。男の顔はずっと見ているが、落ちついているようだ。

「いえ、存じあげておりません」

次の瞬間、男が一歩近づいた。目を細めている。混乱していたのが収まってしまったらしい。頭を激しくふりながら、ぶつぶつとなにやらつぶやいている。怒りの言葉のようだ。

「なにもするなと、え〜、なにもするなと彼は言っていまして」

「ご住所を教えていただけますか?」

危ないかもしれないとは思いつつ、思いきって住所を告げ、名前ももう一度伝えることにした。これが気にさわったのか、男がポールの腕をつかんだ。

「ともかくですね」――必死で携帯を耳から離さないようにしつつ、ポールは続けた。

「この方はですね、え〜、私がすべきなのは、つまり、え〜、電話を下ろせと言われているんですよ。そして、言われたとおりにしろ、と」

「そうですか。その方のお名前は？」

この問いが洗面所に響くと、男の動きが止まった。男は肩をすくめると「デイブ・デパぺだ」と答えた。

「なんて言われました？」――女性が再度問う。

「私の名前はデイビッドだ」――こんどは、電話越しでも十分に聞き取れる大きな声だ。

「名前はデイビッドだそうです」とポールもくりかえした。これで名前くらいはわかったわけか。

「わかりました。で、デイビッドとはどういう方なのでしょうか」

「わかりません」とポールは答える。思わず歯を食いしばっていた。ようやく話がわかってきたのか？　それとも、助けが来るまで電話をつないだままにしようと芝居を打っているのか？

「おれは友だちだよ」とデパぺが割って入ってきた。

「そうですね」――ポールは急いでつけくわえた。

「私は、え～、あの～、友だちだと彼は言うのですが、私は、さきほども申し上げたとおり、まったく……」

「でも、あなたにはわからない。その方がどういう人なのか、あなたにはわからない。そうなんですね？」――やった！　ようやく話が通じたらしい。

「そうなんですよ」

「わかりました」と彼女がまたなにか言ってくれそうになるが、デパペが怖い顔で迫ってきた。

「話がうますぎるから、もうしゃべるなと彼に言われてまして。それでよろしいでしょうか」

「わかりました。でも、それで本当にいいのですか？　いろいろ大丈夫なように、このままお電話を続けていただいてもかまいませんけど」

「いえ、それにはおよびません」――デパペがまた腕をつかんでいる。太い指が食い込むほど強く。

「もう電話は切れということのようです。よろしいでしょうか」

「わかりました」

「ありがとうございます」

次の瞬間、デパペがポールの手から携帯をもぎ取り、カウンターに戻す。汗のにおいがわかるほどの至近距離で顔をつきあわせ、動きが止まった。デパペよりも自分のほうが頭ひとつほど背は高く、もっと若いころならなにがしかできたかもしれない。だがいま、男のほうが10キロから20キロも体重が重そうだし、年齢は半分くらいと若いし、ハンマーを持っている。82歳の自分にどうこうできるはずがない。ペロシ家で大変なことが起きているとさっきの相手が理解し、まにあうタイミングで助けを送ってくれなければどうにもならないのは明らかだ。

そのまま腕を引っぱられ、洗面所から寝室の反対側まで連れていかれる。デパペがなにかつぶやいているが、言葉は聞き取れない。結束バンドとハンマーでやろうと思っていた当初計画をあらためて確認しているのかもしれない。この男が階下の窓を破り、3階に上がってきたとき、ナンシーが家にいたら起きていたはずのことだ。結束バンドでナンシーをどう縛り、さまざまな「陰謀」をどう白状させるつもりだったのか。狂ったスポンジのような彼の脳にインターネットやケーブルニュース、ソーシャルメディアから流れ込んだ怒りの声が語るたわごとの数々を、どう白状させるつもりだったのか。そして、求められたとおり白状しなければ、ハンマーで妻のひざ頭をどうたたき割るつもりだったのか。83歳の妻のひざ頭を。

寝室を出ると、ほかの部屋につながる廊下だ。デパペは、どこへ連れていこうか迷っている様子だったので、自分が先行する形で、1階へ降りる階段に向かう。ハンマーと結束バンドを持ったデパペがすぐ後ろをついてくる。下まで降りると、デパペが耳元でささやいた。

「お前なんかいつでも殺《や》れるからな」

かすれ声だ。続けてなにか言おうとしていたようだが、そのとき、別の音が割って入ってきた。外からだ。玄関の向こう、車のドアが閉まる音だ。続けて足音が近づいてくる。

緊急電話の彼女だ。わかってくれたんだ。

デパペは玄関を見つめている。なにを考えているのかわからないが、ともかく、乱暴に押されたので前に進む。そして、玄関に、ほぼ並ぶ形で立った。その瞬間、拳でドアをたたく音が響いた。どんどんどんどんとものすごい勢いだ。いかにも警官らしいノックだと言える。デパペにまたなにか警告めいたことを言われた気がするが、かまわずドアノブに手を伸ばす。ハンマーがふりあげられた。ドアを開けながら、片手でハンマーをつかむ。ハンマーの柄は重く、温かかった。

玄関前には警官がふたり立っていた。サンフランシスコ警察だ。大きいほうがこちらをのぞき込む。

「なにをしてるんだ?」

デパペを見ると、おかしな愛想笑いを警官に向けている。どうしたらいいのかわからず、ポールも笑顔を作った。手はふたりともハンマーを握ったままだ。

「なにも問題はありません」とデパペが言う。

ポールは目の前が真っ白になった。警官のフラッシュライトだ。この光で、警官もハンマーが見えたらしい。声の調子が変わった。

「ハンマーを捨てろ！」

「あ〜、いやだね」

うなるように言い、デパペがハンマーをもぎ取ろうとしてきたので、渾身《こんしん》の力であらがう。重いハンマーを取り合ってもみ合う形になった。

「なにがどうなってるんだ！」と警官が叫んだ。

ハンマーが手からすり抜けていくのを感じた。それがふりかざされ、頭に向けてふりおろされる。警官がひとり、叫びながら飛び込んできてくれたがまにあわない。なにかが割れる音が響く。膝が砕けて倒れていくのが感じられる。

ポールは硬木のフローリングに体を投げ出すような形で横様《よこざま》に倒れた。ほほになにか温かいものを感じる。目は開いているが、どんどん焦点が合わなくなっていく。横で大騒ぎが起きているのはわかる。警官がデパペと取っ組み合って叫んでいるのや手錠をかける音が聞こえる。目の前の床になにやら黒っぽいものが広がり始めた。液体でちらちらと光っている。それが自分の血なんだと気づくには少し時間がかかった。そして、次の瞬間、すべてが

第12章
真夜中の侵入者

暗転した。

——2022年10月31日

第13章 イーロン・マスク狂騒曲

マンハッタン

「イーロン！」

「こっちこっち！」

「イーロン！」

「こっちよ、こっち！」


カメラのフラッシュが光りまくるなか、こうして？　ああして？　お願いだからこっちを向いて？　あっちを向いて？　なにかちょうだい？　なにか言って？　なにかして？と ほとんど叫んでるほど大きく黄色い声があがるんだけど気にせず前に進む、なにせ、分厚く、青く滑らかなカーペットを時速100万キロで進んでるんだから、なにせ雨のなか、マンハッタンはロウアーイーストサイドのうるさい歩道にいて、車はクラクションを鳴らしまくりだし、カメラマンが押し合いへし合いしてるし、誰しもなにかをつかもうとしてるし、なんだが、ともかく、ようやくの思いで、1区画の角全部を占めるほど大きなモニュメント、シンダーブロックの扉に到着し、その上に紫のネオンで、モクシーとホテルの名前が掲げられてるのを見上げたところ、なにせまだオープン前だったりするくらいで当然なのだが、これがなんとも気の利いた今風の真新しいホテルで、入口には大きな体をダークスーツに包んだ警備員がずらりと並んでるし、加えて、あごひげ、クルーカットのさらに大きな男がクリップボードを手に立ってるしなんだけど、悲鳴のような声がさらに大きくなったので、それに応えるように立ち止まる、そう、なんと立ち止まると、ずらりと並んだカメラとフラッシュとパパラッチのほうを向いてポーズを取る、それも、両手のこぶしを空に突き上げて叫び声まで上げたんだ、だって、それは、そうするだろう。

服はリストガードやショルダーパッドまで全部が赤と黒という造りであり、どこぞの誰かがアブラカダブラニューヨークなるコスプレショップから受けとってきてくれた「デビルズチャンピオンのレザーアーマーセット」なるもので7500ドルだったらしいんだけど[1]、なにせオレ様は世界で一番の大金持ちなのだからそんなの屁でもないわけで、とにかく、また前に進み、警備員の横を通り、クリップボードのあごひげの横を通り、そこでちょっとふりかえったのは、別にパパラッチがどうこうではなく、すぐ後ろの人が気になったからなんだけど、それもそのはずで、荒い息と笑い声を雨に吐き出しながら、マニキュアの爪をオレの腕に食い込ませている人は母親のメイ、つまり、昔、南アフリカのスーパーモデルで、いま、すてきなクルエラ・ド・ビルの仮装をしている72歳であり、そんな彼女が毎朝なにを日課にしているのか、パパラッチならぜひとも知りたいだろうと思うけど、すでに建物のなかに入ってしまったので、いまさら足を止めて連中に語ってやるって話はない。

ここからは、下へ、下へ、下へとホテル地下まで降りると、パーティはすでにたけなわで、節操なくあちこちに広がる地下空間は赤紙のランタンで照らされるなど完璧な飾り付けになっていて、天井からは骸骨がいくつもつり下げられてるし、壁にはチェーンがかかってるし、フロアライトからは炎に見える光がたちのぼってるし、半裸のダンサーは血にしか見えないなにかを塗りたくり、真っ白な陶器のバスタブで、もだえるように体をくねらせてるしなんだが、とにかく人が多くて薄暗く、母親はオレの腕につかまってるんだけど、彼女はそのあたり気にしてないし、オレはオレで彼女が気にしてるかどうかなんて気にしてないんだけど、それもそのはずで、なにせ彼女は元スーパーモデルだし、オレ様は世界で一番の金持ちなんだから、と思ってると、あちこちに知ってる顔があることに気づくんだよっていっても、個人的な知り合いというわけじゃなくて、有名人がそろい踏みになっているから[2]、とにかく、知ってる顔ばかりなんだ。

昔カニエと寝ていたジュリア・フォックスは絵本『かいじゅうたちのいるところ』に出

てくる毛がふさふさの動物になってるし、アイス−Tはドラキュラ、ヘザー・グレアムはクレオパトラ、デビン・ウェイはアラジンのジニー、ジョナサン・ヴァン・ネスとマーク・ロンドンは女装して人気テレビ番組『アブソリュートリー・ファビュラス』のスターになってるし、ニキータ・ドラゴンはティーン・タイタンだし、ザ・ブロンズがプリシラとエルヴィスに扮《ふん》してるかと思えばファッションデザイナーのジェレミー・スコットはファッションコンサルタントのティム・ガン、デイビット・キルシュが映画『アバター』のナヴィならジュノ・バーチはエイリアンだし、ジェシー・ジェームズ・カイテルはダルメシアン、作曲家のクロエ・フラワーはピアニストのリベラーチェ、ニキータ・トンプソンは自由の女神像だし、映画『ブレイド』のブレイドに扮したモデルのアノック・ヤイ、セクシーな道化師の姿をした同じくモデルのレオミー・アンダーソン、バンパイアのアリサ・アイラバニ、ウサギのトニ・ドレアディヌーガ、ハーレイ・クインのオリビア・ポントンとモデルというモデルが集まってるんじゃないかと思うほど多くのモデルが笑い、踊り、ベイリーズのカクテルやスパークリングワインのプロセッコ、ウオッカなどを飲んでるし、その飲み物も、包帯を巻いただけみたいな半裸のウエイトレスが運んでるという具合で、とにかく、誰もがハッピーな時間を過ごしてるんだけれど、リアルなキャラクターはひとりもいない状態で、いや、本当にただのひとりもリアルなキャラはいなくて、まるで不気味の谷がこの世に出現したとしか思えないくらいだし、外で腹を空かせてるパパラッチ連中がこの世に召喚したアニマトロニクスの世界というべきか、肉と骨を袋に詰め、シミュレーションのマトリックスのアルゴリズムでニューロンを動かしてる感じで、かしいだりどきどきしたり、脈うったりしていて、そういう動きの元になってるビートが流れ出す大本のＤＪブースでは、ドラマーのクエストラブが宇宙飛行士の格好で、そらそうだよなと思ってしまう宇宙飛行士の格好で、ベルベットのロープで仕切られたＶＩＰブースの上に浮かんでるし、その後ろでかしいだりどきどきしたり、脈うったりしてるのがこのパーティの主催者、舞踏会の女王、ハロウィーンのクイーン、ハイディ・クルムその人なんだが、これが巨大なミミズの姿をしていて、色は肉のようだし目は黄色いし、唇はべたつく感じで全体的に男根のような雰囲気もあるしでなんとも気色が悪いし、しかも、このミミズは釣り糸にぶらさがってて、それを夫が持ってるし、いやそれも、本当の夫であるシールではなくなんか別の男だし、まあ、いずれにせよ、彼女が踊ることはまずないのだろう、なにせミミズなんだから踊れるはずがないし、彼女はパーティの主催者なんだし、とにかく、リアルなものはなにひとつない。

ここでＵターンし、降りたときより速く階段をあがったんだけど、後ろには母親がついてきてて、たぶん、わけがわからなくて混乱してるし、もしかすると、彼女はここに残ってアニマトロンやミミズやナヴィやダルメシアンやモデル連中と一緒にどきどきしたりしてたいのかもしれないが、でもまあ、彼女なら理解してくれるとも思うんだよな、なにせスーパーモデルだとはいぇオレの母親なんだし、だからわかってる、わかってるわけで、そんなこんなを思ってるうちに階段をのぼりきり、扉から外に出ると、パパラッチ連中から悲鳴のような声が飛んでくる。

「イーロン！」

「こっちこっち！」

「ポーズお願い！」

「こっち見て！」

カメラがいっぱいでフラッシュをたかれまくるし、みんなさわろうと手を伸ばしてくるし、そのなかを押されてもまれながら車に向かう、つまりドライバーとボディガードがいるところに向かったんだけど、なにがどうなってるのかはあんまよくわかってなくて、なにせ、携帯をレザーパンツのポケットから取りだし、7500ドルもするアブラカダブラデビルのデビルズチャンピオン・レザーアーマーパンツのポケットから取りだしてスクリーンを見てたから、そこに並ぶメッセージやメール、ツイート、そう、ツイートを見てたから、しかも、みんなが怒ってたから、多くの人が、いや、ほとんどの人がオレに対して怒ってるみたいだったから。

原因は、オレがしたこと、言ったこと、ツイートしたことだ。ツイートは削除したけど、そんなことをしても手遅れなのはわかってる。インターネットは鉛筆の世界ではなく、ボールペンの世界だから。そしてツイッターはボールペンの世界ではなく、いまいましくもネオンの世界だから。そこに、今日、書いちまったんだよな……

82歳の男が頭を割られた話を読んだあとに……

ハンマーにたたき割られて流れ出たもの……

それは……

「この件には、もしかすると、ぱっと見以上の意味があるのかもしれない」

怪しげなニュースソースのきわどい陰謀論へのリンクも張った。

くっそいまいましいネオンで。

世界に向けて。

わかってる、わかってるよ、こうして車に向かって進んでるいま、これが問題であることは、すさまじい大問題であることは、なにせ、リアルなものはなにひとつないんだとしても、オレは単に世界一の金持ちであるだけでなく、世界一クラスの天才でもあるはずなんだから。

——2022年11月3日

第14章 終わりの始まり

「こんなの狂ってる」

この部屋で重要度が一番低い人間だというのは、多少なりとも気楽だなとジェシカは感じていた。いつもはもっと明るく活発なのだが、今日だけは、できの悪い換気ダクトからふわふわと入ってくる小さなほこりであるかのように、10番《テンス》ビル2階の大会議室にそっと入ると、ジャレッド・バーチャル、デイビッド・サックス、ジェイソン・カラカニスなど、どういう人なのかをグーグルで調べた舎弟の横をすり抜ける。

ツイッター側は誰なのかわからない。なにせ、1日前なら、2階級は足りなくてこういう場には出られなかったであろう人たちなのだ。彼らは、大会議室を貫く長大な机に並ぶ主役級からなるべく離れたところに身を寄せ合っている。ジェシカも、プロとして許されるかぎり遠くのパイプ椅子を選んだ。ミネラルウォーターのボトルが入っている箱とノートパソコンのコードが作る山の陰だ。

経営幹部クラスに粛清の嵐が吹き荒れたことを考えると、集まったツイープスが誰なのかわからないのも無理はない。

パラグ、ブレット、ネッド、ビジャヤ、ショーンに加え、ジェシカが属するマーケティングや営業の部署も屍累々《しかばねるいるい》になりつつあった。特にサラ・パーソネットがいなくなったのが痛い。報道されているとおりで辞任したのか、それとも、社内でささやかれているようにクビになったのかはわからないが、マスクがトップになった翌日にすべてのアクセスを禁じられたのはまちがいなく、広告業界に激震が走った。サラが「失踪」した直後にレスリー・バーランドも消えた。マスクがサンフランシスコ本社を初めて見て歩いたとき笑顔で案内していた彼女も、11月1日火曜日の午後5時1分には、変わらぬ愛を誓うツイートを残していなくなってしまったのだ（この本人のツイート以外に、彼女がいなくなるというアナウンスはなかった）。

サラとレスリーを失って広告部門に開いた巨大な穴は、すぐ、広告営業のグローバルバイスプレジデント、JPマヒューが埋めることになった。

JPは、12時間にわたる過酷なニューヨークツアーもガイド役としてマスクに同行した。JPとロビン・ウィーラーが知恵を絞って計画したツアーだ。ロビンは広告クライアントの手綱をさばくことにかけては名人級の人物で、ニューヨークツアーについても楽観的な言い方をしていた。それでもジェシカは、それが広告事業の全壊を食い止める最後の希望であったことを知っている。

ニューヨークを駆け足で巡るツアーは、驚くほど上首尾に終わった。ＪＰマヒューにとっては違ったが。昨日、マスクが意気揚々とプライベートジェットでサンフランシスコ本社に戻った直後に、ＪＰマヒューはニューヨーク事務所から追い出されてしまったのだ。グローバルバイスプレジデントが警備員に付き添われて廊下を歩きつつ送ってくれたメッセージ「みんな、さようなら」の一言をジェシカからチームメンバーが受けとったのは、ロビンがある打ち合わせを終えて出てきたときだった。

ショックとしか言いようのない事態である。ジェシカから上級マネージャーが数人、ロビンの執務室に集まった。

「いったいぜんたい、なにが起きたの⁉」――ロビンが口火を切る。

「落ちついてください。深呼吸でもして」

「深呼吸とか言わないで。マディソン・アベニューに対する最有力の窓口がふたつともなくなったんだよ？　どうでもいいみたいに、ぽいっと捨てられて」

彼女は「私も続けられる気がしない。こんなの狂ってる。理由もなくクビにするなんて信じられない」ともつけくわえた。

ロビンの目には涙が浮かんでいたし、ジェシカも、感情を抑えるのが大変だった。みんな、ハグを交わす。ツイッターが失ってはいけない人物をふたり挙げろと言われたら、サラとJPだったのに。なにせ、広告営業の人々に愛されていることにかけてサラの右に出る者はいなかったし、顔の広さにかけてJPの右に出る者はいなかったのだから。

この上、ロビンまでいなくなったら、ツイッターの広告営業が成り立たなくなるのはまちがいない。

今週いっぱいくらいは様子を見たほうがいい、そのころにはボーナスがどうなるのかなど、もう少しはっきりするかもしれないからと、比較的冷静なメンバーがロビンをなだめていると、執務室の電話が鳴りだした。アントニオ・グラシアスからだった。マスクにごく近い舎弟のひとりである。ロビンは電話を取ろうとしなかったが、その電話には出たほうがいい、JPもサラもいなくなったので、これからの切り回しはあなたにお願いするという話だろうからとの声が上がった。

そのとおりだった。

「もしもし、ロビン？　JPがいなくなったので、営業とマーケティングをきみに任せたいと思っている」

続けて、最初の仕事が降ってきた。

「というわけで、切る人間のリストを作ってくれ。明日の朝までに、だ」

電話を握るロビンの指が白くなる。

「ちょっと待ってください」――ロビンが返す。冷たい声だ。

「マディソン・アベニューに一番近い人間ふたりがお払い箱になったんです。私にあとを任せるというのなら……」

ふたりって？　とアントニオが割って入る。サラを辞めさせたりしてないよ？　彼女が辞めたんだ。

「私が言いたいのはですね」とロビンは無視して話を続ける。

「ウチの仕事に絶対必要な人間ふたりがいなくなってしまったわけです。その状態で生き残るには、大手顧客巡りをする必要があります――イーロンと、です。しかも――いますぐに」

そして、この話からわずか二日後、10番《テン》ビル《ス》の大会議室で今回の会合が持たれることになったわけだ。

長机の一端で身を小さくしているジェシカから6メートルほど離れたところに、テレビ会議用カメラに向かってロビンとマスクが並んで座っている。マスクは黒の半袖Tシャツにチェーンのネックレスという姿で、ヒップホップのミュージックビデオでも撮ってきたところかという感じだ。ロビンも服は黒だ。くっきりとしたほお骨の両側にブロンドの長い髪が流れている。表情は真剣そのもの。当然だろう。広告部門の責任者として、元上司の血だまりに立っているのだから。

ロビンもジェシカも、マスクと会うのは今回が初めてだ。マスクが入ってきて隣に座ったとき、ロビンは笑顔であいさつをした。

「おはようございます、ボス」

マスクは虚を突かれた感じだったが、にっこりと笑みを返す。

「ボスか。それいいね」

少しは緊張がほぐれた気がするが、自分と同じくらい、ほかのツイープスがびくびくしているのもわかる。自分の仕事もさることながら、ツイッターそのものが心配なのだ。単なるリストラではなく、ツイッターの未来を支えてくれていると思っていた人々が失われた。自傷行為と言えそうなことも、このところ続いている。人種差別やユダヤ人排斥、ヘイトスピーチなどを投稿して凍結されたアカウントにマスクが恩赦を与えるといううわさが、ツイッター上でしきりにささやかれていた。ツイッターにフェイスブック、インスタグラム（さらに、おそらくはマイスペースとフレンドスターも）と、いまだに全ソーシャルメディアプラットフォームで出禁となっているトランプ前大統領に再開を許すのではないかと思える節さえマスクにはある。加えて、ハロウィーン直前、下院議長の夫に対するひどい暴力について、マスクが「この件には、もしかすると、ぱっと見以上の意味があるのかもしれない」とツイートするという、自滅も自滅と言わざるをえない事件もあった。

イーロン・マスクは、インターネットの暗い片隅にこごる陰謀論者ではない。ツイッターの新CEOなのだ。それでも、そういうツイートはいかがなものかとたしなめられると、マスクは、自分はツイッターのトップであるが、CEOではなくイーロン・マスク個人としてツイートすることをやめたりしないと返した。ジェシカにしてみれば、それは無理筋だとしか思えない。世間的に、いまの彼はツイッターの顔である。広告主にとっては、ああ、やはりなと思う事態でしかない。

JPとロビンがニューヨークの顧客巡りを必死に用意したのもそのためだった。ツイッターの新しい顔はポール・ペロシの件で陰謀論をツイートするような人物ではなく、スペースXとテスラをそれぞれ10億ドル企業、1兆ドル企業に育てた人物だと示し、広告主に安心してもらいたかったのだ。そして、ジェシカが知るかぎり、このときマスクは言うべきことを言って役割を完璧に演じ、CEOや広告担当者を魅了しまくったらしい。

今日のバーチャルミーティングは、リアルで会ったときのマスクが本当の姿なのだと訴えるのが目的だ。四半期に一度開くこのインフルエンサーズカウンシルは、マディソン・アベニューとつながる最大の手段だと言われている。なにせ、広告業界のトップ100社がずらりと並ぶのだ。トップに就任してからの数日、つまずきが多いと思われているかもしれないがそんなことはない、マスクはツイッターを正しい方向に動かしているのだと業界に納得してもらうチャンスである。

司会進行は、マスクの隣に座るロビンが務める。トラスト&セーフティのトップ、ヨエルも部屋を出たり入ったりしている。買収後、マスクは私的にも公的にもヨエルを引き立てているが、それは当然の措置だろう。

リストラとマスク自身のおかしなツイートに加え、買収後にヘイトスピーチが急増し、あふれていることも、主流メディアでしきりに取りあげられている。急増の理由も、「言論の自由」を強化する方向にモデレーションアルゴリズムを改修したとマスクがツイートしたのを受け、人種差別やユダヤ人排斥、個人攻撃が増えたのではないかとか、悪意のある人々がトップ交代の混乱に乗じてプラットフォームを試しているのではないかなどいろいろなことが取り沙汰されているが、その実態ははるかに物騒な話である。

マスクが買収書類にサインした直後から、ツイッターはトロールの連携攻撃にさらされているのだ。トラスト&セーフティの調査によると、300個以上の偽アカウントから、人種差別的ツイートやユダヤ人排斥のツイート、暴力的ツイートなどがほんの1~2時間で5万件以上もツイッターにまき散らされたらしい[1]。これほど多くのヘイトスピーチが投稿されたのはツイッター史上なかったことである。

本社に戻ってきたマスクにヨエルが説明したところによると、このときは、モデレーターが総員フルバトルモードに入り、1日もかからずに事態を収めている。この攻撃は、おそらく、海外のトロールファームが金をもらってしかけたものだと正しく認識し、偽アカウントの凍結とヘイトツイートの削除をすみやかに完了したのだ。不適切なメッセージの割合が買収前よりむしろ低くなるほど完璧な対応だった。

ところが、この報告を聞くマスクは、なぜか困惑している様子だった。そういうことが起きてほしいと願っていたようにさえ見えて、これも、マスクが強い猜疑心《さいぎしん》を持つと示す証拠なのかなとジェシカは思ってしまった。仮に被害妄想の気があるとしても、彼を攻撃してくる人がいないことにはならない。むしろ、マスクに敵がいるのはまちがいないと言える。なにせ、ツイッターの旧経営幹部をほぼ全員、お払い箱にしたし、取締役も入れ替えてしまったのだ。フェイスブックを狙っていることも公言しているし、ザッカーバーグが競合他社に優しいという話はついぞ聞いたことがない。さらに、ヘッジファンドに突っかかられるなどもおなじみの話だし、車のライバル会社もある。テスラのファンでさえ、マスクがよそ見をしていると腹を立て、テスラトップの座から降りろと求めている人もいる。もしかすると、宿敵だと名前があがることのあるビル・ゲイツが、夜な夜な、バーチャルなハンマーを手にあたりをうろついているとマスクは信じているかもしれない。怖くなると自分の影にさえおびえるというやつだ。

いずれにせよ、ツイッターの取り締まり戦略が有効で、ヘイトスピーチの急増を抑え込み、トロールの攻撃をしのげたのは、いいニュースだと言える。

そんな状況のなか、インフルエンサーズカウンシルが始まった。

いい雰囲気だ。まず、開会を宣言したロビンが、ツイッターもマスクもツイッターサイトの安全に心を砕いていると広告各社の幹部を安心させた。マスクも、スーツ組にどう対応すべきなのか、きちんと心得ているようだ。とにかく愛想がいい。そして、広告各社の懸念に寄り添い、ブランドの安全が第一だと語る。言論の自由は外せない基本だが、それは喧伝の自由を意味しないし、だから、ヘイトツイートをなくすヨエルらの仕事にもっと資源を投入するつもりだ、とも。すでに削除したペロシ関連のツイートや、必要なコスト削減だと説明した人員整理について飛び出してきた厳しい質問は、ロビンの助けも借りてなんとかしのいだ。

この翌日にマスクが投稿したツイートによると、このころのツイッターは、収益が大きく落ち込んでいて、1日400万ドルを失っていたらしいし、大手広告主の50％もが広告出稿を中止しているか、中止するぞと脅してきたりする状況であり、損失は膨らむ一方と思われる状況だったらしい。それでも、マスクは、インフルエンサーズカウンシルで敵対的な姿勢を見せはしなかった。もっとも、このあとすぐ、出稿をやめるよう広告主に働きかける非アメリカ的な活動を活動家がしているとツイートしてしまうのだが。ちなみに、このボイコットは全米黒人地位向上協会やLGBT系のGLAADなど40を超える団体がオープンレターで呼びかけたもので、まるでこの呼びかけに呼応するかのように、マスクがトップに就任した最初の24時間、トロールの攻撃が行われ、ツイッターの広告は大打撃をこうむったわけだ。それでも、インフルエンサーズカウンシル中のマスクは、技術スタッフがリングライトを消すまで、楽観的な姿勢を崩さなかった。案ずるより産むが易しだったかな――ジェシカはそう思った。

マスクは怪物でもなかったし、わからずやでもなかった。ロビンの隣に座るマスクはCEOに見えたし、CEOらしい語り口だった。この部屋にいる大人が彼や彼の妄想、舎弟の手綱をうまくさばければ、心配したほど悪い事態にはならずにすむのかもしれない。

社員が半分に

そのメールをジェシカが見たのは真夜中を少しすぎたころ、木曜日が金曜日に変わったあたりだった。目の前の机はノートパソコンがやっと載るくらいの大きさしかない。部屋はクイーンサイズのベッドひとつでほぼ満杯で、余裕がないのだ。ツイッター本社ビルの正面玄関からマスクが入ってきて以来、彼女が帰るといえば、ここ、すなわち、サンフランシスコにあるホテルの一室である。

夜はズームで家族と話をするつもりだったのに、気づいたときには遅くなりすぎていた。マスクは、ビデオ通話が終わるとすぐ、大会議室を飛び出して舎弟軍団に合流していたが、ジェシカは、そのあと夜遅くまで、ロビンらマーケティングと営業のチームと部屋にとどまったからだ。ジェシカはフォローの電話を顧客にかける担当だった。でも、大丈夫ですよ、なにも心配することはありませんと明るく話ができる雰囲気ではとてもなかった。部屋の向こうでは、社員の名前と成果が並ぶスプレッドシートを前にロビンらがああでもないこうでもないと、背筋が寒くなる目的に使うリストを作っているのだから。

そんな長い1日を終え、ジェシカは、ホテルの部屋に戻り、小さな机に身を落ちつけたわけだ。ミニバーからなにか赤いもののデミボトルを取りだす。ワイングラスはなし。部屋に用意されていないし、ルームサービスを呼ぶのはちょっと遅すぎて気が引ける。それに、デミボトルと言われると、カッコよさげであるとともに、ちょっとだけワルの雰囲気もある。そんなことを思いながらメールをチェックする。お腹に一発食らったような気がした。マスクが舎弟とともにいなくなる前、大会議室で少しだけながら将来を楽観した自分を殴ってやりたい気分だ。

各位

ツイッターを健全な道に導くため、この金曜日、我々は、世界全体で社員を削減するという困難を乗り越えなければなりません。ツイッターに価値ある貢献をしてくれた人もかなりの数が影響を受けることになりますが、残念ながら、これは、今後、会社が成功するためにどうしても必要なことなのです……

買収から1週間近くで初めて、全社に流される公式文書がこれか。うわさは本当だよとツイープスに知らせるメールだとは。大量解雇が行われる。しかも、対面でもなければ就業時間中でもない。ソーシャルメディアの10億ドル企業ならこういうふうにするだろうと思うようなやり方でもない。そういうことらしい。

分散型の働き方であること、また、影響を受ける社員には少しでも早くお知らせしたほうがいいであろうことを鑑み、この措置に関する通知はメールで行うこととしました。11月4日金曜日の朝9時（太平洋標準時）、「ツイッターにおける貴君の役割」という題名の個別メールが届きます……

人事の人間が会いにくるわけでもない。経営陣から直接告げられるわけでもない。直属の上司から電話がくるわけでもない。ツイープスは勤続10年以上の古参が多く、みな、よちよち歩きのスタートアップから世界のタウンホールまでツイッターを育ててきたというのに、明日朝、目が覚めたら職を失っていたなんて憂き目にあわされるのか。しかも、失職と同時に、会社のアカウントにもメールにもスラックにもアクセスできなくなるらしい。

社員個々人の安全を守るため、また、ツイッターのシステムと顧客のデータを守るため、事務所は一時的に閉鎖します。バッジによる入室も一時的にできなくなります。いま、会社にいる人や会社に向かっている人がいたら、家にお帰りください。

ジェシカは、このメールをしばらくにらんだあと、ワインボトルに手を伸ばした。指が震えている。クビになった経験はないのでよくわからないが、これがふつうだとは思えない。ふと気づいたのだが、人事から連絡がないのは、もう人事に人が残っていないからなのかもしれない。

実際のところ、混乱は人事にとどまるものではなかった。朝にはあまりに多くのツイープスが解雇され、会社のシステムがあっちもこっちも機能を停止する。IT担当者が自分のアカウントにアクセスできなくなり、Wi-Fiが止まる事務所が続出。あちこちでチームが丸々消え、社員名簿もオフラインになってしまったので（さらに、社員名簿のパスワードを知っているITエンジニアも彼の仲間も全員が切られたらしく）、どのコアプロダクトに影響が出るのかもわからなければ、いなくなった人のあとを引き継げる人がいるのかもわからない。

その夜、ジェシカは、この大混乱をスラックとツイッターでリアルタイムに見ていた。

運命は翌朝9時に連絡されると書かれていたにもかかわらず、そのメールが送られてきた直後に惨殺が始まった。スラックに、ひとつ、またひとつと、ブルーのハートや敬礼の絵文字が投稿されては、次の瞬間、そのアカウント自体が消える。死する魂の静かなる行進だ。何年も一緒に仕事をしてきた仲間が、ひとり、またひとりと、メールにアクセスできなくなったりノートパソコンを起動できなくなったりしていく。誰かが指を動かすたび、運命がひとつ、明らかになるのだ。

部屋の反対側にある窓のカーテンの隙間から朝の光が漏れ入ってくるころ、ジェシカはノートパソコンを閉じ、その冷たいアルミに頭をもたせかけた。空になったデミボトルが目の前にぼんやりと見える。彼女は、いまのところ、まだ、メールにもスラックにもアクセスできるし、マーケティングの仲間もほとんどが残っているようだ。ロビンも、大丈夫だからと安心させるメールをマーケティングのメンバーに送っているし、ヨエルもまだ仕事をしていて、ヘイトをまき散らすトロールアカウントをできうるかぎりのスピードで撃退している。

うとうとしながら、ジェシカは、ブルーのハートに小さな敬礼の絵文字がいつ果てるともなく続く様子がいまだに見える気がしていた。ツイッター1・0、#lovewhereyouworkは息を引き取ってしまった。彼女が愛してきた会社、きらきら輝くツイープスの会社、彼女が知るそういう会社は、もうない。

この朝、7500人ほどいたツイッター社員の半分が消えた。そして、ジェシカもまもなく知ることになるのだが、これは始まりにすぎなかった。

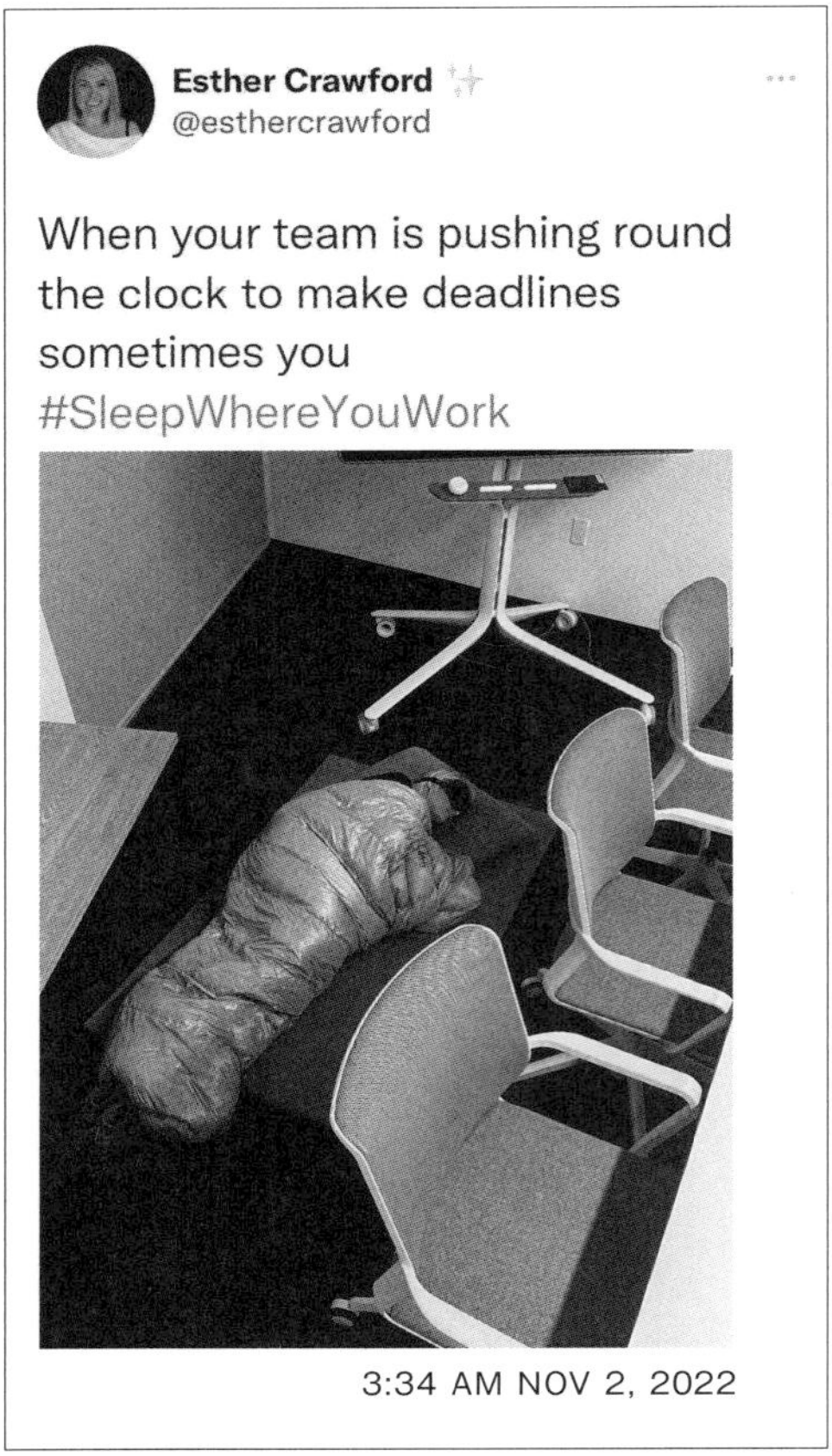
Esther Crawford
@esthercrawford
When your team is pushing round the clock to make deadlines sometimes you
#SleepWhereYouWork
3:34 AM NOV 2, 2022

エスター・クロフォード:
締め切りにまにあわせようとみんなで必死にがんばるときには、
#仕事場で寝る こともある

第15章 炎上

――2022年11月9日

メガトン級の騒ぎ

時間を巻き戻してやり直せるなら、「ポストする」をクリックせずに思いとどまるかもしれない。エスターはそう思った。でもまあ、誰しも、やっちまったと思うツイートくらいあるものだし、自分がミームになるなどそうそうあることでもない。

言い訳をしておくと、水曜日の午前3時34分だったし、しかも土曜朝から4日も仕事のしづめで、食事を含めて事務所から出ていなかったしではあった。写真を撮ったのも自分じゃない。プロダクトセッションの合間に少しだけ寝ておこうと寝袋に入ったところを、部下が撮ったのだ。彼としてはおもしろい光景だと思ったのだろうし、それどころか、新しい上司に敬意を表してのことだったのかもしれない。彼自身、よくテスラの現場で寝ていたことで知られているし、この少し前にも図書室のカウチで寝たりしているのだ。

そんなわけで、写真もエスターが撮ったわけではないし、もとのツイートをしたわけでもないが、それをリツイートはしたわけだ。そのとき、かなり拡散されるだろうなとは予想していたものの、これほどに痛罵されるとは想像していなかった。空気を読み損ねた。彼女自身もそう思っただろうし、タイミングも不運だった。マスクのペロシツイート、経営幹部のレイオフ、広告主の急な大流出の直後だったのだ。というわけで、この投稿はすぐにバズり、翌木曜日の夜、大量解雇が進行しているときにはメガトン級の大騒ぎになっていた。

後先考えずにツイッターを切り刻むビリオネアにエスターが「魂を抜かれた」と、メディアもふたつのテーマをつないで報じた。10年も会社に尽くしてきたツイープスをよく考えもせずに切りまくり、会社のシステムが崩れかねないほどの人員削減をマスクが強行するなか、その「無理を無理と言わせず押し通す文化」を称賛するエスターという描き方をしたわけだ。

一方、エスターにとって、会議室の床で寝ているこの写真は勲章の一種だった。20代の前半、カルトから逃げ出し、社会福祉でどうにか生きていた時代にスタートアップを初めて立ち上げたわけだが、そのとき彼女は24時間ぶっ通しで仕事をした。文字どおり、寝食を忘れて何日も働きつづけたのだ。

これは後期資本主義の欠点がもろに出ているという話でもなければ、マスクが自分の銀行口座を太らせるために社員を奴隷のように働かせているという話でもない。大義のためになにごとかなせるように、一緒にがんばろうと新たな部下の先頭に立っただけの話である。

レイオフに怒るツイープスは無理押し文化だと批判するが、エスターにしてみれば、その中でみずから運を切りひらいただけ、自分は余人をもって代えがたいと示したからレイオフの第1ラウンドを生きのび、マスクと顔をつきあわせてツイッター2・0を作る数少ないツイープスのひとりになっただけのことである。

ツイッターブルー

悪戦苦闘は土曜日の早朝、マスクがニューヨークにまだ発っていない時間に始まった。マスク直々の抜擢《ばってき》でエスターが担当になった最優先プロジェクトを始めるぞと、シュリラーム・クリシュナンが開始の号砲を鳴らしたのだ。ツイッターの技術者からベンチャーキャピタリストに転じ、ポッドキャスターなどもしている人物で、エスターとしては、だいぶましなほうだと感じているマスクの舎弟である。そのシュリラームから朝9時30分に電話が入る。シュリラームとは、彼がパラグに追い出される前のツイープ時代に、それなりにやりとりをするくらいになっていたが、まさか土曜日に連絡してくるとは思っていなかった。というか、ツイッターで仕事をするようになって以来、土曜日に会社の仲間から連絡が入ったことはないし、まして、仕事に関して連絡が入るなどありえない話だった。

「いま、なにをしている？」

唐突なことをシュリラームが聞いてきた。

「シリアルを食べていますが？」

「どのくらいでここに来れるか、イーロンが知りたいそうだ」

この一言で、エスターの人生はロケットのように進み始めた。

30分後、本社に到着して10番《テンス》ビルの大会議室に入ると、今回も、長机にマスクが座っている。ただ、ひとりではなかった。隣にシュリラームがいるし、技術者もふたり同席している。ひとりは、たぶん、ブリジャイという優秀なツイープだ。もうひとりは知らない。ジェーンもいて、ノートパソコンで議事録を作っている。ジェイソン・カラカニスとデイビッド・サックスをはじめとするマスクの側近も出たり入ったりしている。エスターが来るしばらく前から打ち合わせが行われていたのはまちがいないが、自分がなぜ呼ばれたのかはさっぱりわからない。

おお、来たなと目線でマスクに歓迎され、エスターは、マスクの反対側に座った。マスクはお金の話をしているようだ。財務状況がとにかく悲惨だ、すぐにでも倒産するぞという。たしかに、数字はすさまじく悪い。買収前は収入も支出もだいたい同じ45億ドルで、非営利組織のように収支がほぼとんとんだった。マスクの買収後は、有利子のデットファイナンスが15億ドル増え、収入は激減。年間30億ドル以上の赤字になる計算で、このままでは、余命4カ月というところである。基本的に自業自得とはいえ、厳しい現実であることはまちがいなく、マスクは、黒字化とは言わないがせめてツイッターが死なずにすむ道はないかと必死だった。

そのためにはサブスクリプションだ、有料ユーザーを増やさなければならない、最終的には、サブスクの会費で収益の半分をまかなえるようにしたいという。

サブスクもすでに一応は存在する。２０２１年の夏に立ち上げたツイッターブルーというもので、月2ドル99セントでスタートし、のちに4ドル99セントに値上げした。エスターもかかわったプログラムだがあまり人気にならず、収益も年1億ドルがいいところで、ツイッター全体では、ないよりはましという程度にとどまっている。

理由は大きくふたつ。

まず、ソーシャルメディアは無料で当たり前だとみんなが思っていること。フェイスブックもインスタグラムもツイッターも（その前のマイスペースも）ずっと無料できているし、さらに言えば、インターネットならなんでも無料で手に入るイメージになってしまっている。

もうひとつ、個別具体的な問題として、ソーシャルメディアに金を払えというなら、それだけの理由がなければならない、お金を払っても使いたいと思うほどの機能や特徴がなければならないことが挙げられる。

ツイッターブルーにもいろいろな機能が用意されている。投稿から30秒はツイートを「取り消す」ことができるほか、テーマカラーやアイコン、ブックマークフォルダーなどをカスタマイズもできる。しかし、ほとんどのユーザーは、その程度の機能ならなくてもいい、無料版でいいと思うのだ。

この魅力を高めることをマスクは考えているらしい。アプリのカスタマイズやツイートの取り消しくらいではそうそうユーザーに注目してもらえないが、ツイッターには、すでに、羨望のまなざしを向けられているものがある。「ブルーチェック」だ。セレブやジャーナリスト、政治家などの著名人にのみ与えてきたマークである。このマークは目立つだけでなく、「信頼性が高い」ことの証しでもあり、「特別な」人だと思われたりもする。

このブルーチェックは、もともと意図したわけではないのだろうが、「階級制度」を生んでしまっていて、それをマスクが問題だと考えているのは有名な話だ。どういう手続きでブルーチェックが付与されているのかが不透明なため、不公平感が強くなってしまったという問題もある。著名人の仲間入りをしたいと願う人に3万ドルでブルーチェックを売ったことがあるとのうわさもささやかれているし（証拠はない）、気持ちの上で、また、実質的にもメリットがありそうだと、このマークを得ようと何年もがんばるセレブやジャーナナリストなども少なくない。ブルーチェックに価値があるのは得がたいからだけではない。どういう経緯であれブルーチェックがついているということは、そのユーザーはリアルな人であり、また、少なくともそれなりに重要な人物だと確認されていることの証明なのである。

いろいろと問題はあれど、ブルーチェックに大きな価値があると多くの人は考えている。すべてのツイートは平等なのだが、一部のツイートはほかよりもっと平等であるのも否定できない事実なのだ。たとえばウクライナの戦況について、匿名ユーザーが報じるものと、ブルーチェックがついたロイターの記者で、略歴からいまキエフにいるとわかる人が報じるものとは、読み方が変わるのが当然だろう。医療や政治、あるいはエンターテイメントについてなにか知りたいときには、資格を持ち、その分野の人間だと認められている人のツイートを読みたいと思うはずだ。

マスクの見方は違う。平等主義的な考え方からか、利益を求めるイデオロギーからか、あるいはまた、ブルーチェックのついたジャーナリストや専門家にテスラや自分が攻撃されてきたと呪い、彼らに復讐したいと願っているからかはわからないが。ともかく、この重要人物である証しのマークとツイッターブルーをひとつにまとめようと考えていた。書き損じのツイートを取り消す機能でお金は取れないが、ブルーチェックなら取れるというのだ。

悪くないアイデアだとエスターは思った。アカウントの検証は大事だし、それを大規模にできれば有償でも成立するかもしれないと昔から思っていたからだ。でも、お金をもらってブルーチェックをつけることと、お金をもらって検証することは違う。そのアカウントを動かしている人を検証するには、決済システム以上のことが必要だ。自分はこういう人間だとお金を払ってくる人が本当にそういう人であると、どこぞの業者に確認してもらう必要があるだろう。このあたりは気になる。

マスクがこれをビジネスチャンスであり、「公益性」もあると見ているのは明らかだ。だからか、心のなかでは反対していようと、誰も反論しない。たとえばカラカニスはよいしょのしまくりで大興奮のティーンエージャーかと突っ込みたくなるほどだし、サックスもさらに突飛なアイデアを次々に出していて、大金持ちのお追従かと言いたくなるほどだ。ブリジャイら技術陣はほとんど口を開かないが、サックスやカラカニスの言葉にうなずいている。ジェーンは、ひたすらノートパソコンに記録を打ち込むばかりだ。

自分も同じようにすべきなのだろうか、でもそんなのは自分のキャラじゃないんだよな――エスターはそう思った。直接会ったあと、マスクについていろいろと調べてみた結果、わかったことがある。忠誠心を求める一方、正しく専門家である人物には敬意を払う人でもある。テスラの工場でも、このツールはなんだとそのへんの工員に尋ねたりしているらしい――ただし、ちゃんと答えられないとクビにするのだが。

この部屋にいるということは、自分もなにがしかの貢献を求められているはずだ。肯定から入ることにした。うまくやる方法はある、検証は大事だ、いままでのツイッターブルーは安すぎる、その倍の価値を持たせられるアプリケーションがある、と。同時に――慎重に、しかし、はっきりと主張する――ブルーチェックにはしっかりとした検証が必要だ、それなしには悲惨なことになる、と。

押し返されたことにマスクが腹を立てた様子はなかった。むしろ逆で、微笑《ほほえ》むと、言われたことについて考えている風だった。ところが、そのあと30分、ユーザーがブルーチェックにお金を払えばビジネスが変わる、そしておそらくはソーシャルメディアというものも変わるという話をとうとうと語りつづけた。ツイッターはまったく新しいやり方で収益を上げられるようになり、広告という足かせから解き放たれる。実はこれは言論の自由という問題なんだ――そう、言論の自由という問題であり――言論の自由を現実のものとするには、足かせなくあらゆる人のものとするには、ツイッターの収益構造を変えなければならない、と。

話し終えると、マスクはエスターのほうを向き、このプロジェクトはきみに率いてもらいたいとくりかえした。そして、プロジェクトは月曜に始めろ、新しいツイッターブルーを作るチームとのキックオフミーティングをしたい、1時間後に、と続けた。

1時間？

耳を疑った。1時間後にキックオフをしたいって言った？　開発チームなんて影も形もないのに？　現状は、ジェーンの議事録、カラカニスとサックスの激賞に優秀な技術者ふたりだけだ。

それでも、ここは、もう一度押し返していい場面じゃない。それも明らかだった。

会議が終わると、エスターは、技術者ふたりと廊下を小走りに急いで小さな会議室に入り、ドアを閉めた。技術者はふたりとも狐につままれたような面持ちだが、エスターは、全身に力が満ちるのを感じていた。正気の沙汰ではない。同時に、これはチャンスである。いまがんばらずにいつがんばるというのだ。

「というわけで、時間は1時間しかありません。このあたりが得意なはずの人、2〜3人なら私にも心当たりがあります。おふたりはおふたりで、目星があるでしょう。必要なのは、技術者、デザイナー、プロダクトの人に営業。そんなところでしょうか」

ふたりとも、彼女を見るだけで動かない。まるで車の前に飛び出してすくんだ鹿のようだ。でもこの鹿は、MITかスタンフォードの学科を首席クラスで卒業した連中で、ボーリング・カンパニーのトンネルを疾走するテスラの後席でプログラミングをしても、シリコンバレー技術者の平均を超える成果を出せるはずだ。

「さあ、やるわよ」

3人とも電話に飛びついた。

イーロンプロジェクト

1時間後、3人は大会議室に戻り、また、長机に座った。違うのは、長机にノートパソコンがずらりと並び、そこにオンライン会議に参加するメンバーの市松模様が映っていることだ。エスターはマスクの隣に座った。心臓がどきどきしているのがわかる。こんなこと、ツイッター1・0ではなかったし、今日の今日まで、自分にこんなことができるなんて思ってもいなかった。熱いまなざしを向けられるブルーチェックをどこの誰であっても買うことができる、まったく新しいツイッターブルー——そんな究極の最強プロダクトを開発する最強チームを、彼女は、ふたりの技術者と組み上げたのだ。

ツイッターの社内（残っている範囲内で、ではあるが）、どこからでも引き抜いていいとのことだったので、さまざまな部門から専門家を集めた混成チームとなった。技術者が20人のほか、マーケティングや営業、デザインの人もいる。技術者は、一緒に仕事をしたことのあるなかから、この仕事に耐えるハングリー精神を持つと思える人にのみ声をかけた。技術者のひとりは、どうせ自分もすぐクビになるだろうとニューヨークに戻るつもりで空港に向かっているところだった。デザイナーも、ウーバーで家に帰る途中だったので、インターネットの接続がしっかりしていてオンライン会議ができる場所で降ろしてもらえと指示した。

「これはイーロンプロジェクトです」――魔法の言葉を告げると、みな、なにもかもを放りだした。予定を変更し、勝負に身を投じる。イーロンプロジェクト。ツイッターがマスク流になったことをどう感じていようとも、チーフ・ツイットをどれほど恐れていようとも、マスクのトローリングや方針にどれほど眉をひそめていようとも、これはイーロンプロジェクトですの一言で、みな、下を向いてコーディングを始めるのだ。マスクは、こうして、テスラもスペースXも自分の評価も作ってきたのだろう。みな、イーロンプロジェクトに加わりたいと心の奥では思っているのだ。

エスターには、2階の会議スペースを自由に使う許可が与えられた。彼女自身の作戦本部だ。そしてこの作戦本部で、エスターらは、外界の雑音をシャットアウトして仕事に打ち込んだ。胸がむかつくマスクのツイート、広告主の大量退避、大量解雇などでツイッターは大ゆれにゆれているが、そんなことを気にしている余裕などない。この瞬間から、エスターらは仕事のことだけを考え、「#仕事場で寝る」をくりかえしたのだ。

家族や友人、辞めていった同僚などのメッセージやツイートを確認するなど、たまには水面に顔を出して空気を吸うこともあるが、エスターは、そういうときも客観的な姿勢を基本的に保った。解雇は必ずしもマスクのせいではない。パラグもリストラの準備を進めていて、マスクが経営に参加するという話の浮上で大量解雇を先送りしたという状況だったのだから。もちろん社員が悪かったとも言わない。財務的に厳しい状況になっていたわけで、優れた人も含めてかなりの社員が職を失うのは必然だった。ただ、クビの切り方というものがあるだろうとは思う。心が感じられないメール、アクセスの即時停止、古参社員に対する残酷すぎると思える仕打ちなどは、さすがに眉をひそめざるをえない。

同時に、直感的な行動で自分は身を守れたとも感じていた。何千人も解雇されるなか、自分は、クールでリアルな仕事を任されているし、組織の階層をいくつも飛び越え、マスクと直接仕事をする数少ないひとりとなっているのだから。

例のやっちまったツイートを投稿する水曜日の1日前、11月1日のこちらも午前3時、リモートワークはやむをえない場合を除いて廃止とする、翌木曜日から出社せよとのメールが中枢部から届いたときは、さすがの彼女も、急すぎると口をとがらせた。みな、リモートワークは続くと約束されて入社しているわけで、ツイープスの多くは事務所の近くに住んでいないからだ。それでも、文句を言う気にまではならなかった。このときにはもう、自身がそろそろミームになるほどツイッターブルーの作業にどっぷりと浸かっていたからだ。

言わずもがなだが、ツイッターブルーを月曜(まだハロウィーンだ)までに作れという当初の指示は実現不可能であり、翌月曜の11月7日まで延期された。これなら技術的にはなんとかなるが、エスターにはもうひとつ、深刻な懸念があった。

「イーロン、中間選挙の前日にツイッターのアルゴリズムをいじり、地球最大の民主主義選挙の結果に影響を与えたと個人的に責められてもかまわない――そう本当に考えておられるのですか?」

マスクの眉が上がる。

「中間選挙はいつだっけ?」

11月8日ですと答えるエスターの声にはいらだちが混じっている。

「そうか。それは一理あるな」と返ってきたのに少し安心する。

「じゃあ、そのあとに導入でいいよ」

この点については、のちに、エスターチームとの密談で導入が延期されたとメディアが書きたて、これにエスターが「なにそれ。私は民主主義を救おうとしているのに、その顔に泥を塗るとは」と憤慨する一幕があったりする。

時間には余裕が生まれたものの、それとは別に、最初の会議でエスターが指摘した問題がある。ブルーチェックが意味を持つにはきちんとした確認・検証が必要というやつだ。その後も何回か相談を試みたが、マスクは、支払いが確認・検証になると取り合ってくれない。マントラかなにかのように同じ返事しか返ってこないのだ。くりかえせば本当になるわけでもないのに。

ずっと決済の仕事をしてきたエスターは、支払いでは確認・検証にならないと痛感している。プリペイドのデビットカードなら誰でも買えるし、別人としてオンラインの支払いをする方法も、合法的なものから違法なものまでいくらでもある。

ローンチの日に向け、エスターはこの問題をくりかえし取りあげた。自分のためというわけでは必ずしもない。このころエスターは、マスクを押し返しても大惨事にならない人物だとみなされるようになっていて、仲間内の話し合いが、エスターに話してもらおうとか、エスターなら指摘できるんじゃないかとか、これはエスターの仕事だろうとか、そんな言葉で終わることが多かったのだ。

それならそれでいいとエスターは思っていた。マスクに重用されるのはいいことだし、彼に直接もの申せる力があるのはテンションが上がる話でもある。大人の役割も果たすべきだと、考えるようになってもいた。マスクに初めて会う前、ジェーンからこそっと言われたように、マスクは変わっている。天才だというだけでなく、扱いが難しく、冗談が大好きで、さらに、そう、大人になりきれていないところがあるのだ。だから大人がついていなければならない。そういう意味で、舎弟は役にたたない。よくてイエスマンだし、下手すると彼をいらつかせ、彼ひとりなら行かなかったかもしれないところまで危険な道を進ませたりしかねない。

というわけで、マスクを押し戻すことにかけてはかなりの力があると自負しているのに、支払いをもって確認・検証とする問題については、なんどぶつかってもはね返されるばかりだった。誰でもブルーチェックを買い、認証されたフリができるのはプロダクトとしてお粗末だし、危険である可能性さえあると証拠を並べて力説し、あやうくキレられるかと思ったこともある。どなられはしなかったが（マスクは絶対にどならない）、こう、はっきりと言われたのだ。

「プロダクトのマネージャーはひとりだけ。オレだ」

ここまで言われたら、わかりましたと引き下がらざるをえない。できが悪いであろうプロダクトであっても、出すしかない。ただ、大問題であるはずと心配がくすぶるのを鎮めることはできなかった。

このプロジェクトを始めたころ、舎弟のなかではあまり表に出てこないふたりと夜の作戦本部で一緒になったことがある。ひとりはスティーブ・デイビス。ザ・ボーリング・カンパニーの社長で、航空宇宙工学、粒子物理学、経済学の学位を有している。ヨーグルトショップのオーナーをしていたことがあり、テニスの名選手ビヨン・ボルグに似た服装の人や人気ドラマ『となりのサインフェルド』のトリビアに答えられた人には割り引きで売るなどしていたという。もうひとりはジャレッド・バーチャル。マスクの金庫番兼フィクサーで、ニューラリンクのＣＥＯでもある。バーチャルはいつも地味な服装の敬虔なモルモン教徒で、賢く、かつ、人当たりが柔らかくて愛想がいい。ふたりとも、自分とは比べものにならないほどよくマスクを知っている。

チャンスだと思い「こういうプロジェクトを進めているのですが、どうすれば、ぶち壊さずにすむでしょうか」と尋ねてみた。

その結果、賢いが常に張り詰めていて、動かず立っていても体の細胞一つひとつが動いているのがわかる感じのデイビスが、ほかの会社ではローンチ日までのカウントダウンも記した日報をマスクに上げていると教えてくれた。

だからまねをすることにした。「ローンチまで120時間。ローンチまで108時間。ローンチまで96時間」とカウントダウンを片隅に記入して12時間ごとに報告を上げるのだ。これをほかのメンバーもまねる。

「ローンチまで60時間。ローンチまで48時間」

――これをローンチの朝まで続けた。

@elonmusk

これからしばらく、ツイッターはばかげたことをいろいろとやらかします。

そして、効果的なものは残し、そうでないものは改修します。

――2022年11月9日午前11時44分

10番《テンス》ビルの作戦本部でマスクに初めて会って以来めざしてきた日の夜、エスターがツイッター本社に足を踏み入れたのは、ツイッター2・0にとって最初の米国選挙がありがたいことにほぼ平穏無事に終わり、そのほこりがただよっていると感じられるころだった。入ってすぐのロビーで出迎えてくれたのは、なんと、高さ60センチほどしかないエネルギーの塊、Xである。ロケットの形をした木のおもちゃを手に、人影まばらなロビーでくるくる踊りまくっていた。ボディガードひとりに付き添われている。こちらに気づいて動きを止め、笑みを浮かべたので、笑顔を返した。

「こんにちは」

Xはこちらをじっと見てからおもちゃを見せびらかすように差し出し、甲高い声をあげた。

「ふぁっきんないん！　ふぁっきんないん！」

あまりに大きな声で耳が痛い。それにしても、どう反応すればいいのだろう。思わず、あたりを見回してしまった。

そのとき、横からボディガードが大きな声で訂正してくれた――

「ファルコン9《ナイン》だよ、ファルコン9」

Xは満面の笑みでまたくるくると回り、廊下に消えていった。

その姿をエスターは笑いながら見送った。いや、なにごとかと思ったわとつぶやいて。

そして、エレベーターに向かう。

10階に着くと、いつもの会議室に入る。チームメンバーが全員入れるほど大きいし、その窓からはサンフランシスコ市庁舎など市街地が見えて景色がいいので、カラカラと呼んでいる会議室である。カラカラとは南アメリカから中央アメリカのあたりに生息し、縄張り意識がとても強い猛禽《もうきん》だ。

ツイッターブルーのローンチに向けた1週間で、マスクのことはかなりわかった気がする。気性が激しく、頭はいい。また、思いつきで行動しがちで、なにをするか予想がつかない。技術的な面にはほとんど口を出さず好きにやらせてくれるが、大きな話には真剣にかかわってくる。特に価格設定。高く評価されてきた「ブルーチェック」をいくらにするのか、だ。

当初、マスクは、月20ドルにすると言っていた。9ドル99セントとか19ドル99セントのように99で終わる価格はきらいだ、20ドルのように切りのいい数字がいいというのだ。

ツイッターブルーはいままで安すぎたとエスターも思っていたが、さすがに20ドルは高すぎるだろう。ユーザーの大半はアップル経由でサブスク料金を払うことになるわけで、アップルの価格は99セントがつく設定なのも問題だ（マスクに説明はした）。

前払いの年契約のみにしろとも言われたので、大反対した。いま無料で使っているプラットフォームに240ドルを払えというのは、いくらなんでも無体だ。でもマスクには笑われてしまった。iPhoneを持っている人なら、ツイッターに年240ドルを払うくらいどうということはない、と。iPhoneを持っていれば、当然に可処分所得もかなりあるはずだと思っているらしい。

エスターは貧しい家庭に育ったし、大人になってからも経済的に苦しい思いをなんどもしている。だから、電話を持っている人がみんな裕福だとはかぎらないのだと説明しようとした。ふつうの人は銀行口座にお金がうなっているとかなにか追加収入の道があるとかで、サブスク料金が簡単に払えるわけではないのだと。であるのに、いくら説明しても、マスクには実感がわかないらしい。マスクが方針を変えたのは、結局、この価格でどうだとツイッターで尋ね、すぐ、有名なホラー作家からツイートの形で反論が来たからだった。

@StephenKing
いままでどおりブルーチェックをつけたければ月20ドルを払えって？　おととい来やがれ。逆にこっちが払ってもらってしかるべきなんだ。こんなことになるなら、オレはエンロンみたいに消えるぞ。

この一言はさすがのマスクも効いたらしい。

@elonmusk
払うものは払わなきゃいけないからね。広告だけに頼るわけにいかないし。8ドルならどうかな。

そんなこんなで、ツイッターブルーは月20ドルが8ドルになり、最終的には、アップルアプリストアのやり方に合わせて7ドル99セントになる。

なお、このときマスクは、価格についてはギアを切り替えてスティーヴン・キングの不満に応えたわけだけれども、キングのツイートから一番くみ取るべき点は無視している。キングらセレブや著名人にしてみれば、自分たちがコンテンツを提供しているからツイッターに人が集まっているというのに、その自分たちにブルーチェックをつけるから金を払えと言ってくるなどありえないことなのだ。もともとブルーチェックがついている人々は、基本的にキングのツイートに賛同しているようで、いままでただでついていたものに金を払えと言われてすなおに従う気配はなかった。

反動が起きるかもしれないし、それこそ、セレブや著名人が大挙していなくなるなんてこともあるかもしれないが、それさえも、支払いをもって認証とみなす件に比べればたいした心配ではないとエスターには思えた。スイッチを切り替え、クレジットカード情報を入力するだけでブルーチェックが買えるようになった瞬間、予想どおりのことが起きるにちがいないのだ。

ローンチ前日、エスターは勇気をふりしぼり、もう一度だけ、マスクに懸念をぶつけることにした。失敗は、ほかの人もいる前でやってしまったこと、自分の部下が見ているところでぶつけたことだ。

「これはうまく行かない可能性がかなりあると思います」

会議テーブルの端に座り、スマホをチェックしているマスクに向けて話を切りだした。

「この規模のローンチに対応できるほどのなりすまし対策は用意できていません。本当の意味で認証することもできません。このままでは、おかしな事態に陥ってしまうであろうことをご注意申し上げる必要があると考えます」

エスターは、いろいろと用意したシナリオから適切なものを選んで話を続けるつもりでいたのだが、意味ありげな笑顔を向けられ、固まってしまった。

「なにやら怖がっているように聞こえるね。ぼくは恐怖で決断したりしないよ」

部屋中に響く声であざけられたのでは、うつむいて従うしかない。

慰めは、同じ懸念を抱いている人がほかにもいると知っていること。実はこの日、ヨエル・ロスも、トラスト&セーフティ部門で作成した7ページの報告書をマスクに提出している。この報告書には、ローンチが失敗するであろう理由が、すなわち、エスターが訴えようとした内容が詳しくはっきりと書かれていた。マスクはヨエルを高く評価しているようだし、だから、ツイッター2・0の未来に欠くことのできない大事な存在であるとして広告主を初めとする外部に紹介してきたのだと思われる。ヨエルの活動を支援するために作ると約束した「モデレーション委員会」はまだ影も形もないが、ヨエルは仕事ができる人間であることもマスクはわかっているはずだし、ずっと前線で塹壕《ざんごう》にもぐってきた人物で、今回のようなプロダクトにツイッターがどう反応するのかを熟知していることもわかっているはずだ。ヨエルはツイッター1・0のメンバーであるのに、マスクは珍しくかばっている。昔に投稿した左寄りのツイートが浮上した際、次のようにツイートしているのだ。

「いかがなものかと思われるツイートは誰でもしたことがあるはずだ。私なんぞ、すごく多い方だろう。いずれにせよ、この際、はっきりさせておくと、私はヨエルの味方だ。彼はとても誠実だと私は思っているし、我々は、それぞれに異なる政治的信念を持つ権利がある」

だというのに、ヨエルの報告書も、エスターの抗議と同じくらい厳しく拒絶された。マスクは目を大きく見開いただけで、カウントダウンを続けさせたのだ。譲歩したのは、企業や政府機関などが昔から「公式」アカウントとして運用してきたものには、当面、グレーのバッジを追加するとした点くらいだ。

それから1日がたったいま、エスターは、ぴりぴりしながらカラカラに入った。チームは全員が会議テーブルに集まっていて、新しいツイッターブルーを世界にローンチするスイッチはいつでも切り替えられる状態だ（みな、切り替えたくないと思っているのが見え見えではあったが）。

マスクもすぐに来ると言われ、エスターは驚いた。ローンチの様子をチームと一緒にご覧になりませんかと打診はしたものの、承諾されるとは思っていなかったからだ。しかるに、あとで聞いた話によると、このためにマスクは、前夜、図書室のカウチで寝たそうだし、午前中の予定はぜんぶキャンセルしたという。

会議室に入ってきたマスクは、ひとつ、気がかりなニュースを携えていた。「公式」バッジの追加はやめるというのだ。完璧に平等な場にしたい、特別扱いはなし、カースト制にしない、あらゆる人に平等なツイッターにするというのである。

平等なツイッターとする、著名人も企業も政治家も、ふつうの人と同列とする、どのアカウントも見た目は同じとする――建前としては立派だが、エスターにしてみれば悪夢以外のなにものでもない。それでも受け入れるしかない。高速道路を時速160キロでぶっ飛んでいく車（テスラか？）の後席に座り、ＡＩが上手にハンドルを操作してくれることを祈るしかないのだ。

エスターはマスクの隣に座り、技術者にうなずいた。そして、新しいツイッターブルーが動きだした。

なりすましの嵐

すべてがおかしくなるのに、それほど時間はかからなかった。2~3時間というところだろうか。遅くとも午後3時ごろには、これが惨事以外のなにものでもないと会議室の誰もが思う状況になっていた。ハリウッド映画もかくやというくらい、エスターの懸念がすべて（ヨエルの懸念もすべて）現実となった。セレブやプロスポーツ選手、政治家、大手企業のアカウントになりすますため8ドルくらい喜んで払うという人がたくさんいただけでなく、なりすましの手口もクリエイティブで驚くしかない。

コメディ系のなりすましもあった。マリオが中指を立てている画像を流す任天堂の企業アカウントが登場した。テスラの偽公式アカウントは「当社の車はスクールゾーンの速度制限を守りません。ガキなんぞ、クソ食らえ」とツイートした。ネスレ社が「我々は、みなさんから盗んだ水をみなさんに売りつけております（笑）」と書けば、コカ・コーラ社は「1000リツイートで、コカ・コーラにコカインをまた使用します」だ。悪意に満ちたものもあった。ジョージ・W・ブッシュ元大統領のアカウントになりすました偽アカウントが「イラク人を殺せなくなって残念だ」とツイートし、それを偽トニー・ブレアが「実を言うと、私もそう思う」とリツイートする。アメリカンガールの偽アカウントが「（アメリカンガールの人形である）フェリシティには奴隷がいた」と書く事件もあった。

アメリカンガール偽アカウント:「フェリシティには奴隷がいた」

ロッキード・マーティンの偽アカウントは政治に走り、「人権侵害に関する調査が終了するまで、サウジアラビア、イスラエル、米国に対する武器の販売を中止する」と書いた。注目を集めたという意味では、医薬品のイーライリリー社が「インスリンを無償で提供することになりました」とアナウンスした件が一番かもしれない。

お金で買ったブルーチェックと従来のブルーチェックとを見分けられないということは、偽アカウントも、本物の企業アカウントやセレブアカウントと見分けられないということだ。そんなわけで、この日の午後から夜にかけてツイッターを眺めていると、テッド・クルーズ上院議員が「私は中絶反対のプロライフだ。捨てられた赤ん坊はごちそうだからね。

プロムナイトの9カ月後に街のゴミ箱をあさって回ると、信じられないほど新鮮で舌がとろけるほどうまい肉が手に入るんだ」とツイートしたり、「カイリー・アービングやカニエ・ウェストとは友だちだ。昔、街でジョージ・ソロスに押さえつけられ、数分間、背中を下にしたカメみたいな格好をさせられたことがあるんでね」とルディ・ジュリアーニがツイートしたりしているように見える事態になってしまった。

エスターの隣に座るマスクは、これを笑って眺めていた。大笑いすることもある。マリオが中指を立てている任天堂アカウントでは、笑いすぎて椅子から転げ落ちそうになった。イーライリリーについても「そうだな。インスリンはただにすべきだ。これを見れば、連中も、正しいことをしようという気になるかもしれない」とひとしきり笑ったあと、「みんな、たかがブランドにマジになりすぎなんだよ」と続ける始末だ。このせいでイーライリリーの株価が下がっているとの指摘も、マスクは笑いとばした。

エスターにしてみれば、笑えるところなどどこにもない。みんな自分の責任だ。こうなるとわかっていたのに防げなかった。ツイッターの収入も落ち込むだろう。ペロシの件でマスクが書いたツイートひとつでも逃げる広告主がいるのだ。こんどはどれほどの惨事になることか。

この騒動を受け、新しいブルーチェックの規約を改定すべきだとロビンとヨエルがマス

任天堂アメリカ偽アカウント

イーライリリー・アンド・カンパニー偽アカウント:
「インスリンを無償で提供することになりました」

クに進言した。最低でも企業アカウントに「公式バッジ」をつけるようにすべきだ、と。これをマスクは却下。惨事がどんどん広がっているが、そのくらいたいしたことではないというのだろうか。

ただ、その後、マーケティングや営業など、広告主とかかわる人々から次々と悲鳴の電話が入り、さすがのマスクも考えを改めざるをえなくなっていく。そして、午後のどこかの時点で、新しいツイッターブルーはシャットダウンする、新規アカウントはすべて凍結しろ、モデレーターになりすましを一掃させろと指示を出す。

こういう経緯でスイッチをオフにしたというのに、マスクの顔には笑みが浮かんでいた。彼にとっては、楽しい失敗だったということらしい。ローンチはたしかに失敗だったが、どうしたことか、彼にとっては、彼が信じるツイッターブルーの未来、そしてブルーチェックの未来が否定されたわけではないということなのだろう。

もちろん、ほかの人のとらえ方は大きく異なっていた。

ブルーチェックがかつてないほどの失敗に終わった直後、ロビン・ウィーラーとヨエル・ロスがホストを務めるツイッタースペースにマスクが登壇した。この前の週にあったインフルエンサーズカウンシルの公開バージョンという感じのものだ。ロビンとヨエルがヘリウムの気球を導くようにうまくマスクを導いたこともあって、この配信はわりとスムーズだったが、同じころ、ツイッター本社は緊張が奔《はし》る事態となっていた。うわさによると、幹部クラスのツイープスが何人も辞めるらしい。ヨエル・ロスも、である。

のちにジャーナリストのカーラ・スウィッシャーにヨエルが語ったところによると、ゆでガエル的な状況になっていて、生きゆでを避けるために退職したということらしい。[1] ツイッターが「独裁的な勅令で統治」されるのであれば、自分がいる必要はないとも考えたという。「コンテンツモデレーション委員会」が約束だけで結局実現しなかったことも一因だろうが、最後の引き金となったのはブルーチェック騒動のようだ。惨事になるぞとはっきり警告したにもかかわらずマスクは新ブルーチェックの導入を強行し、ヨエルが言ったとおりの形で失敗したのだから。

ヨエルが辞職すると、ロビンが広告関連の対外的な仕事で一番上席となり、プレッシャーにさらされる。そのためか、翌日には自分も辞めると言いだしてしまった。しかし、マスクの側近が次々と電話で慰留したのが功を奏し、辞めるのは早すぎるかもしれない、まだ自分にやれることがあるのではないかと思いなおすと二転三転だ。片足をドアの外に踏み出したが、もう片足はビルのなかにとどめてもらうことにマスクが成功したと言えばいいだろうか。

新ツイッターブルーのローンチによる惨事とマスクのスペース登壇とのあと、エスターは、みんなが事態を受け入れやすいよう、最善の努力をした。具体的には、マスクに言われたことはすべてきちんとやった、ボスが示したとおりのプロダクトを制限時間に遅れることなくきちんと作りあげた、ブルーチェックがああなるのは予想できていたが避けることは不可能で、みんなの責任ではないなどと部下に語ったのだ。それでもやはり、心が痛む。これ以上は無理だと思うくらいに押し返したのに、あれではまったく不十分だったわけだ。

また、この日のマスクは昼も夜もほぼ笑ってばかりだったのに、ヨエル辞職の報が入るとたんに不機嫌になったのも気がかりだ。エスターがマスクと顔をつきあわせて仕事をするようになってからそれなりに時間がたっているが、マスクが本気で怒っているのを見るのは初めてだ。さらに、翌週、ヨエルがなぜ辞職したのかや、ツイッターの将来にどういう危険が待ち受けていると考えているかなどを記した署名記事がニューヨークタイムズ紙に載ると、その怒りが激化する。

ヨエル辞職のニュースが駆け巡っても、マスクはどなったりしなかった。ののしりもしなかった。声を荒げることさえなかった。ただ、とにかくいらだち、なにがどうなっているのかの説明を舎弟から受けつつ、会議室のなかを歩き回った。すごく驚いているようにもエスターには見えた。誰かに辞められるという経験はあまりしていないのではないだろうか。何千人も、いやおそらくは何万人もクビにしてきたが、自分のミッションを任せることにした人物は、みな、彼に賛同し、せっせと働いてくれたのだろう。

ヨエルの辞任は、マスクにとって新たな経験だった。しかも、エスターの理解は不十分だ。こいつはクビにすべきだと思えば、マスクは、ためらうことなく、ヨエルをクビにしたはずだ。おそらくはメール1本で。そこまではいい。でも、ヨエルは辞めさせられたのではなく、みずから辞めた。これは、マスクにとって、単なる仕事上の決断ではない。

裏切りだ。

第16章 突きつけられた二択

――2022年11月16日

マスクから深夜にメール

イーロン・マスクより、午前0時

各位

今後、ブレークスルーでツイッター2・0を作り、競争が激化していく世界で成功するため、我々は超本気にならなければならない。つまり、長時間、集中して働かなければならない。合格点が与えられるのは、並外れたパフォーマンスのみだ。

今後は、エンジニアリング主導の方向に進む。デザインやプロダクト管理も重要であり、私に直接報告する部門とするが、我々チームの大半を占め、一番大きな力を持つのは優れたコードを書く人々だからだ。ツイッターとは、本質的にソフトウェアとサーバーの会社なのだから、これが合理的だと私は考える。

この新生ツイッターに加わろうと思う諸君は、下記リンクの「イエス」をクリックしてくれ。

明日（木曜日）の東部標準時午後5時までにクリックしなかった者には給与3カ月分の退職金を支給する。

どういう決断を下すにせよ、ツイッターを成功に導こうという諸君の努力に感謝したい。

メールを読みかえして、マークはまた頭をふった。もう100回は読んだだろうか。スマホは目の前、机の上に置いてある。両側には、半分くらい残っているご飯の茶碗と、インスタ映えがしそうなくらい積み上がっていた小籠包の残骸が載った皿がある。個室にいるのは彼ひとりだ。会計はオレが持つからと部下は全員帰した。みな、時間が必要なはずだからだ。食べ物を消化するためではない。なにせ、ほとんど誰も料理に手をつけていないのだ。ほんの何時間のうちにと迫られている決断を下すためだ。みな、それぞれが落ちつかない気持ちでこのあとの時間を過ごすことになるだろう。

いまいるところはジェイド・ドラゴンの奥にある個室で、居心地がいい。シャーロット中心部の路地に建つ安くてはやっている隠れ家的町中華だ。店の前には真っ赤なネオンがまたたいている。壁はざらざらした仕上げだ。木製の長机は飾り気がない。竹を編んだランチョンマットとお箸が置かれているが、ほとんどは使わずじまいだ。椅子は古びたものばかりで、クッションがすり切れそうになっていたり、ビニールが垂れ下がっていたりする。天井からは、やはり古びた灯籠がいくつかぶら下がっている。

ドラゴン奥の個室にしたのは、このうらぶれた雰囲気が、2時間前に招集した今回の会合にぴったりだと思ったからだ。ただ、チームの大半は全米各地に散っているため、10人あまりが机の一辺に並んで座り、スマホとノートパソコンのズームウインドウにその5倍ほどもの顔がずらりと並ぶことになった。ちなみに、スマホとノートパソコンは、みんなから見やすいようにテーブルの反対側に置いた。

思ったとおりで、会の雰囲気は内装と同じく暗かった。リストラの第1ラウンドは約100人が74人に減らされるだけですんだが、だからといって、このところ全社に広がるパニックと無縁でいられるはずもない。マーケティングや広告の部門で仕事をしているひとりとして、マークも、新ツイッターブルーのローンチによる大混乱から視線をそらすことができずにいた。加えて、その後のことについても、ジョン・ケイヒルとロビン・ウィーラーから電話をもらってそれなりに知ることができている。

驚いたことに、電話の内容は、当初、なかなかにいい具合だった。ロビンによると、ブルーチェックの惨事があったあと、カラカラで善後策を相談したという（このとき以降、マスクはここを新しいコマンドセンターとして使うことにしたらしい）。そこで、マーケティングの人間が広告関連の懸念をすべてマスクにレクチャーした（スクリーン上の四角《スクエア》経由ではなく、対面で）。マスクは話をしっかり聞いてくれたし、ツイッターブルーのローンチは大失敗だったと認め、今後はもっと慎重にやる、なにか新しいことを始める際には顧客や広告主のことも時間をかけて検討すると約束してくれた。これは自分の失敗だったと、会議室に集まった人々に謝罪までしたらしい。しかも、ロビンがもう一歩踏み込み、会社全体と（会社のいまだに残っている部分と、だが）向き合う全社集会をなるべく早く開くべきだと進言したところ、驚いたことに、即答で承諾されたという話もあった。

しかも、本社に人を集めての全社集会を行うと約束しただけでなく、その日11月10日の夜にも、形式張らない全社チャットを20分後に行うぞと急に呼びかけ、たまたま出社していた人とオンラインで参加したいという人を集めたりもしている。このチャットは、ツイッターがいつの日か10億人のユーザーを獲得できるとなぜ信じているのかなどをマスクがざっくばらんに語るなど、1時間ほど続いた。ツイッターを救うためにテスラ株を売ったとか、人員整理は必要だと思ったとか、いまもまだ社員は多すぎると自分は思っているといった話もあった。また、リモートワークについて尋ねられた際には、「はっきりさせておく。事務所に戻れるのに戻らない人間は会社にとどまれない。そういう話だ」とずばり言い切っている。[1]「倒産もありえないわけではない」との言葉も飛び出した。

直面する課題を容赦なく指摘はしたが、それでも、誠意をもって会社と向き合う姿勢になったのはいい変化だと、ロビンやケイヒル、マークには思えた。また、ロビンは、このチャットが終わったあと会場に残り、ヨエル・ロスと一緒に辞任しそうになったことをマスクに直接わびたというのだが、そのときのチーフ・ツイットも優しく愛想がよくて、「なにも問題はない。きみの立場だったら、私も同じことをしただろう」と言ってくれたそうだ。

ロビンが退室しようとしたとき、椅子から立ち上がっていたマスクは両手のこぶしを突き上げると、ちょっと恥ずかしそうに「さあ、やるぞ！　前進だ～！」と叫んだらしい。

ロビンは、このとき、少しどぎまぎしつつも、なんとかなりそうだと感じていたし、翌日の全社集会までにもなだめるような言葉をマスクからかけられたという。

そんなわけで、ロビンとケイヒルから話を聞いたマークは、買収当初はめちゃくちゃだったが、さすがにいろいろと収まるべきところに収まったのかもしれないと思った。ツイッターブルーは、少なくとも当面、棚上げになった。人員整理はすさまじかったしやり方もひどすぎた。でも、おそらくは必要なことだったのだろうし、現状の約3500人はかなり少ないが、ぎりぎりなんとかなるであろう人数だとも思う。ここからが正念場になりそうだ――マークはそう思った。マーケティングの担当者には、ブルーチェックの惨事で離れた広告主を取り戻す仕事をがんばってもらわなければならないが、いずれにせよ、マディソン・アベニューはお金が生きる使い方をしたいとそのうち思いなおしてくれるはずだ。

そう思ったのに――このメールかよ。

スマホに視線を落とし、マークは、また、頭をふった。まさか、真夜中にこんなものが届くとはね。そう思ってしまうが、まさしくそんな時間にマスクは送信ボタンを押したわけだ。しかも、マークひとりに向けてではなく、社員全員に向けて。ツイッターに残るほど「本気」でやるか否かを、今日の夕方5時までに決めろ、と。最後通告だ。

同僚の4分の1から半分もクビにしたばかりだというのに、こんどは、（おそらくは猛烈な条件で）長時間労働をすると約束するか給与3カ月分の退職金をもらうかを決めろ、奇っ怪な忠誠の誓いをたてろと残ったツイープスに求めるのか。

このメールを見た瞬間、そのあとどうなるのかは予想がついた。クビにするやり方がひどすぎると、不満がさんざんにたまっているのだ。これで堪忍袋の緒が切れる人も多いだろう。実際、朝には、スラックやツイッターに怒りの投稿が山ほどつもっていた。がまんの限界だ、辞めよう――そう思った人が大勢いるわけだ。

そんななか、部下を集めて昼食会をしようと思ったわけだ。なにを言えばいいのかわかって声をかけたわけではない。でも、みんなの顔を見たら、心配に曇る顔やいらついた顔、怒りまくりの顔もあって、そういう顔を、直接あるいはオンラインで見たら、渦巻く思いが言葉となり、これほどのあいさつは初めてだったなといまふりかえっても思うほどのあいさつをすることができた。

「どうしろと言うつもりはない。去るしかないと思うのもよくわかる。ただ、私は残ると決めた。それだけはみんなに伝えておきたい」

本当のところは、小籠包の大きな皿が目の前に置かれ、天井からぶら下がる灯籠に向けて湯気がたちのぼるなか、こう語るその瞬間まで、自分がどうするか、心を決めかねていたのだが。

「ここに集まった人は古株が多く、我々は、いろいろなことを一緒に乗り越えてきた。私は、もう少しがんばってみたい——みんながいるからだ。そして、正直なところ、この先がどうなるのかを見てみたいとも思っている。もしかすれば、おもしろいことになるかもしれないじゃないか」

最近、よくないよなと思っていたことの多くが、買収から2週間で一掃された。スムージーバーとか長期の有給休暇を気にする人はいなくなった。みんな、生き残ることしか考えていない。仲間がクビになるのを見るのはしんどく、気持ちが沈むが、リストラの大半はいずれにせよ行う必要があったはずだ。

「本気になってみるのも悪くないかなと思うんだよね」と笑って締めたところ、何人かの部下も一緒に笑ってくれた。口にするのがはばかられる言葉のようにも思えるし、忠誠の誓いみたいなものにサインをするなどぞっとしないとも思う。自分がボックスにチェックを入れたグーグルフォームはどこぞに保存されるのか、それともマスクの舎弟に共有されるのか、はたまた、ビリオネアマスクの浴室の壁に貼られるのか。それでも、本気になってみようとマークは思った。そうすれば、ツイッターが生き残り、成長できるのであれば。

部下がみんないなくなり、メールも最後にもう一度読みかえしたので、マークはリンクを開き、回答を記入した。部下の何人が同じことをするのだろうか、そして、何人がいい機会だとタオルを投げ込み、狂気の沙汰から逃げて退職金を手にするのだろうか。おそらくはかなりの人数が辞め、当面は、残った人間でその分の仕事まですることになるのだろう。

そこまで考えたところで現実に引き戻された。親指の下でスマホが振動している。電話だ。いつものケイヒルである。

ただ、その内容が、いつもと違い、本社の戦況ではなかった。

「まだ一緒にやれるのかな?」

この問いにジョークで答える。

「ああ、超本気だよ」

「それはよかった。きみにやってもらいたい仕事があるんだ。なんでも、イーロンプロジェクトらしい」

ん？　なんの話だ？

「ロケットでも作りたいのか？　なら、エンジニアリングに頼む話だろう」

「ロケットじゃない。スライドだ。いいヤツを、たくさん、な」

そういうことか。マークはうなずいた。マスクがロビンに約束した全社集会は、参加者がまばらなオンラインの緊急集会ではなく、リアルな人がたくさん集まるラップセッションになるはずだ。新しいボスが、ツイッターに初めて正面から向き合うイベントだ。買収から2週間、ごたついた挙げ句に昨晩のメールだ。いい印象を与えたいのだろう。スライドが欲しいのもうなずける。

スライドなら得意だ。でも、全社集会が、ドラゴン奥の個室に部下が集まったときと似た雰囲気になるのであれば、でかくて目を引き、びゅんと飛んでいけるロケットを作ってもらったほうがいいんじゃないだろうか。

——2022年11月21日

第17章 全社集会

部下のクビを拒んだらお払い箱

ハロウィーンの飾り付けはとっくの昔になくなっていた。スパゲッティを吐き出すカボチャもなければフローリングを霧で覆うドライアイスもない。天井の垂木にぶら下がるコウモリの姿もない。巨大なツイッターバードが奥の壁に掲げられているだけになったカフェテリアに、ツイープスが大勢集まっていた。ツイッターブルーの椅子に座っている者もいるが、ぎゅう詰めに立っている者も多い。その頭上には、洞窟のようなコモンズの天井を支える梁《はり》が見えている。

ふだんはカフェテリアとして、また、オープンワークスペースとして使われるこのコモンズには2階席があり、そちらも人でいっぱいだ。みな、一段高いステージが見えるようにと首を伸ばしている。ふだんは風通しのいい空間なのだが。テーブル、机、カウチはもちろん、たくさん置かれている観葉植物もみんな隅に押しやられ、家具はほとんどない状態になっている。ここまで人が集まったことはパンデミック前にもあっただろうかと思うほどの人数が集まるからだ。おそらくは、何年も前に行われた社外研修のワンチーム・カンファレンス以来最大のリアル集会だろう。

ジェシカは後ろのほうに立っていた。隣は、営業の若い女性と中年の技術者。ふたりとも、ジェシカと同じく硬い表情をしている。

いまの状況を「モチベーションが低い」と表現するのは、今年一番の控えめすぎる言葉だと言えるだろう。コモンズに集まった社員は、全員、マスクの本気メールに対し、「この新生ツイッターに加わり、長時間、集中して働く」と誓ったはずとはいえ、あんなメールでモチベーションが上がるはずがない。あのメールでモチベーションを上げたいと思ったのであれば、それは脳天気にすぎるだろう。ジェシカが耳にした話によると、あの時点で残っていた社員の丸々半分が、新体制にとらわれるより辞めて3カ月の退職金を受けとるほうを選んだらしい。あまりに多くが辞める選択をしたので、プラットフォームを動かしつづけられるようにと、一度はクビにした社員に戻ってこないかと声をかけているとのうわさもある。パスワードを知る社員がひとりだけだったのに、その社員が辞めてしまったため、ツイッターそのもののハンドルネームが暗転するという、笑い話のようなことも実際に起きている。

ジェシカも、残るか否か、丸一日悩んだ。残ることにしたのは、ツイッターブルーローンチの混乱からマスクもいろいろ学んだとマーケティングの上層部に言われたからだ。さらに、木曜の午後5時ぎりぎりまで待って、リンクをクリック。ところが、その夜が明けないうちに、従うと決めた新体制からまたもひどい指示が出たことを知り、近いうちに状況が改善されるかもしれないという淡い期待を砕かれてしまった。

翌金曜日、本気メールのあれこれをすませ、ひどい二日酔いでみながまだ寝ているあいだに、ロビン・ウィーラーのところにマスクから電話がかかってきたという。数日前には前向きな会話ができて、マスクが「前進だ〜！」と両手を突き上げたりしていたので、広告主を呼び戻す戦略の相談なのだろうとロビンは思ったそうだ。なにせ広告主の半分以上が出稿を控えていて、このままでは収入が半減してしまう。

マスクは、ツイッターブルー騒動の前から、大手顧客の神経を逆なでしてきた。ペロシのツイートを投稿したり、問題があるとして凍結されたアカウントを復活させるとくりかえしたり、もっとけんか腰のツイートをしたり、だ。周到な準備もあってオンラインのインフルエンサーズカウンシルとマディソン・アベニュー巡りが成功した直後の11月4日にも、保守系政治家マイク・デイビスの「マスクには1億1400万人近くもツイッターフォロワーがいる。広告主ボイコットに屈したところを公表してくれれば、みんなで彼らを逆ボイコットしてやる」というツイートに、「これが続けば、名前公表という水爆が落ちることになる」とこれまた最後通告で応えている。核兵器を持ち出されても、社員が「長時間」や「集中」を喜ぶようにはならないし、いいスーツを着たマディソン・アベニューの人々にもなにかいい効果をもたらすことなどありえない。

だというのに、このときかかってきた電話は、広告業界をなだめる相談ではなかった。人員をもっと減らす必要がある、きみのところも乾いたタオルを絞れ、切る人間のリストを作れ、切る人間のスプレッドシートを出せ――そういう話だった。

ロビンはすかさずかみついた。一息にまくしたてる。

「ばかなことを言わないでください。とどまるつもりがあるかと、みんなに尋ねられましたよね？　本気になるかと。長時間、集中して働くかと。そして、うちのマネージャー連中も私も、どうすればこの事態を乗り越えて前に進み、よりよいツイッターを作っていけるのかの説明に、この24時間、奔走したんですよ。なのに、もっと減らすんですか？」

ここで言葉を切る――そして、拒否した。これ以上、職を失わせるわけにはいかない。今後どうなるのかがはっきりしないかぎりは。これがくりかえされはしないと約束くらいしてもらえなければ。バランスシートの体裁をちょっと整えようと、ビリオネアが思いつきで決めたことではないのだという証拠がなければできない。ツイッターの未来に資するものだと信じられなければ、とてもできたことではない。

マスクは声を荒げることもなく、礼儀正しく穏やかなままに、たんたんと、きみはいまこの瞬間をもってクビだと伝えてきただけだったそうだ。

このニュースにジェシカはショックを受けた。部下をこれ以上クビにするのを断ったからお払い箱とは、作り話にしか聞こえない。ほかのニュースも続けて入ってきた。この週末、本社は閉鎖するからと、人を追い出して扉に鍵をかけているらしい。本気メールへの反応が期待していたものと違っていたからだろう。どうしたわけか、本気でやるぞとガッツポーズで人が集まってくる、みんな、寝袋を引っぱりだして自分や新参従者エスター・クロフォードの隣で寝ようとすると思っていたらしい。突然に求めても、ロビンは部下のクビを切る、家族がいる人のクビを、ローンが残っている人のクビを、健康問題を抱えている人のクビを、もうすぐ子どもが生まれる人のクビを、とどまると誓わせた直後であっても切ると思っていたのと同じように。

それから三日後のいま、マスクはコモンズのステージで全社員の注目を集めている。コモンズにも何人いるかわからないほど人が集まっているし、オンラインで見ている人も何百人といるはずだが、#lovewhereyouwork 時代の生き生きとしたツイッター1・0に比べれば残骸にすぎない。マスクは、両側に、大柄なボディガードを従えている。服装は黒いパンツに黒いブーツ、黒いTシャツと真っ黒だ。[1] Tシャツ胸元の「I love Twit ter」でさえ、濃淡があるだけでやはり黒い文字という念の入れようである。

配信用のカメラがいくつも用意されている。マスクには、レンズに映る自分の姿が見えているはずだ。歓迎されていないとわかっているだろうに、それをものともせず、人々の前に立つその姿が。そんな状況なのに、当人は笑みを浮かべている。

話が始まった。想像の斜め上だ。どういうわけか、マスクは、いまも、洗面台を手にツイッターの玄関から入ってきたカリスマセレブのつもりでいるらしい。いま、この場に集まるツイープスは恐れ傷ついた人ばかりだし、怒っている人も多いというのに、どういうわけか、いまも、あの最初の日に自分の後ろをこびるようについて歩いたNPCのままなのだと思っているらしい。

まず、いつもどおりのもったいぶらない語り口で、全社集会の開会を宣言する。ちょっとはにかみ気味なのも、いつもどおりで魅力的だ。

今日は集まってくれてありがとう、ああいうことを決めるのはきつかったよ、でも、必要だったからね、いずれにせよ、レイオフはもう終わったよ——この言葉に、会場からは歓声のようなものがあがった。安堵のため息かもしれない。続けて、きれいなスライドが大きく映し出された。クリエイティブ部門に作らせたものだろう。事業が正しい方向に進んでいると示したいようだ。ヘイトスピーチは、買収直後の数日だけ増えたが、その後は減少している。ツイッターの利用時間が増えていると示すスライドもあった。ただ、スライドが進むにつれ、マスクは関心が薄れていくようだ。4枚目にはすごい早口になり、手も、なにやら急いでいるかのように振り回していた。MDAUというグラフの表題も、なにを意味しているのか、わかっていないようだ（「収益につながる1日あたりのアクティブユーザー数」である）。ただ、ちらりとスライドを見て「うんうん、わかるよね。MDAUさえも上昇している」とだけ言うと、次のスライドを出せと手を振った。

こういうスライドを見せながら、マスクは、みんなが耳にたこができるほど聞いてきた話をくりかえした。いわく、ツイッターはユーザー10億人のレベルまで成長する。いわく、言論の自由を守る世界のタウンホールとして、世界的な対話の中心になる。いわく、テキストのほか、動画も使えるようにするほか、サブスクリプションからも収益を上げるようにして、最終的には、エブリシング・アプリとかいうものにしていく。

だが、プレゼンが終わって質疑に入ると、集まったツイープスはツイッターの未来より自分たちの現在を気にしていることが明らかとなる。ここ数日の出来事が気になってしかたがないし、会社の文化が急に変わり、それが今後もどんどん悪いほうに変わっていくとしか思えないのも気になってしかたがない。

実はこの三日前、ロビン・ウィーラーをお払い箱とし、事務所をすべて閉鎖し、残っていた社員の半分を本気メールで失ったあと、マスクは、

トランプ大統領のアカウントは復活すべきか
イエス
ノー

というアンケートのツイートと、

民は語れり。民の声は神の声。

の一言を投稿している。土曜夜のアンケート終了までに1500万票以上の回答があり、結果は52％と僅差ながら「イエス」が多かった。事務所が閉鎖され、社員が悩みまどい、広告主の半分がそっぽを向いたこのとき、このようなアンケートを取るというのは、ツイッター1・0の横っ面をひっぱたくようなものだとジェシカには感じられた。運営の方法が根本的に変わったのはまちがいない。（仮に置かれたとしても）モデレーション委員会の意見を聞いたりしないし、マーケティングや営業と調整もしないし、サイトセーフティと相談さえもしない。そういう部署は昔を引きずる殻だからだろう。トップのやりたい放題という話でさえもない。どう見ても中道右派であるマスクのフォロワーに対する世論調査なのだから。

にもかかわらず、ツイッターの性格が変わったように思えるとの質問に対し、マスクは、「右翼によるツイッターの乗っ取りではない。中道によるツイッターの乗っ取りだ」と木で鼻をくくるような回答を返しただけだった。[2]

このあとは、雲行きがどんどん怪しくなっていく。マスクの回答はどんどんとそっけなく、思いつきを口にしているだけのようになっていくし、振り払うような手の動きも多く、ツイープスの懸念を払いのけようとしているのか、それとも、ツイープスを払いのけようとしているのかと思えてしまう。

4番目くらいの質問で、話は完全に迷走してしまう。中国で暮らし、仕事をした経験のあるツイープが立ち上がり、今日はお時間を作ってくださってありがとうございますとお礼を述べたあと、エブリシング・アプリというマスクのビジョンと中国のウィーチャットとの比較について、ウィーチャットは実質的に国営と言えるため、中国政府がユーザーのデータを手に入れたりユーザーを追跡したりできることになるのだが……と質問を始めた。

この指摘に、マスクは血相をかえて話をさえぎった。

「なんもわかっとらんな！」

あまりに急な一言に若者はびくっと体を引き、すぐ後ろにあった配信用カメラにあやうくぶつかりそうになってしまった。

「お前はなにもわかっていない」――マスクは、怒気を膨らませつつ、話を続けた。

「ウィーチャットを作るなんて言ってない。ウィーチャットにはたくさんの機能があり、我々もそういうものが必要だと言っただけだ。ウィーチャットなんてものを作ろうとしているわけじゃない」

いらだちのあまり、両手を上にあげて天を仰ぐ。

「次！」

ピシッと会場に緊張が奔《はし》った。革のベルトをぎゅっと締めた感じだ。質問した若者は涙目である。周囲も、触れて自分も穢れたくないというかのように一歩引いている。大丈夫かとあとで声をかけるべきだなとジェシカは思った。

このあとも、雰囲気は悪くなる一方だった。ザ・バージがのちに報じるように、このとき、マスクは次のように語っている。

「競合他社のことなど考えない。フェイスブックだろうがユーチューブだろうが、ほかのどこぞだろうが、そこがなにをしていようと気にしない。そんなん知らんよ」

「ツイッターをとにかくすごいものにすれば、それでいいんだ」

全社集会が終わるころ、ちょっとはにかみ気味の魅力は影も形もなくなっていた。むしろ、集まった人とこれ以上かかわるのはいやだと腹を立てているように見える。

ボディガードに付き添われてマスクがステージを降りると、会場内にささやきが広がる。

全社集会は、不安をやわらげるどころか、逆に、この先は破滅だけだという恐怖を強める結果にしかならなかったようだ。

それにしても、ああいう質問をされてあっけにとられるとはねとジェシカは思った。聴衆が称賛に顔を輝かせていないこと、手をたたいて天才だとほめそやすために集まった追っかけでないことにショックさえ受けていたように見えるほどなのだ。社員の半分もクビを切り、残りにはきわめて失礼なメールを送りつけ（残りの半分が辞めるほど失礼なメールだったわけだ）、広告関連に火を放ち、ツイッターブルーでプラットフォームに大混乱をもたらし、経営陣はほぼ一掃し、加えて、世界的にもツイッターの歴史的にもダントツのヘイトスピーチ王だとジェシカらが見ているドナルド・トランプを復活させようとしている。それでもなお、自分は歓迎されるはずだ、あがめ奉られるはずだ、それこそ、愛してもらえるはずだと思っているらしい。

とんでもなく大柄なダークスーツのボディガードに運ばれるかのようにマスクが横を通り過ぎたとき、ジェシカは、その目になにかを見た気がした。ショックを受けて腹を立てているだけじゃない。闇らしきものが宿っているように感じたのだ。例によって思い込みの一種だろうが、今回は、自分の頭のなかだけでなく、敵が実際に存在する証拠を得てしまった。ツイープスが敵に回ったのだ。ある意味、期待したとおりに。

コモンズを後にするマスクから感じたものは、それまでに起きたあれこれ以上の恐怖だった。マスクは裏切りを許すタイプではないと思うのだ。

――――2022年12月11日

第18章 ヨエルを襲う悪意

だしぬけに始まった個人攻撃

恐怖ほど純粋で原初的な感情はないと言える。

心臓が飛び出してくるのではないかと思うほど鼓動が激しい。ヨエル・ロスは、ぱんぱんのスーツケースを引きずっていた。場所はバークレーのすぐ北、エルセリートの郊外にある2ベッドルームの自宅だ。持ち物は着替え少々に洗面用具、何冊かの本と必要最低限にしようと思ったのだが、どのくらいの期間、家を離れることになるかわからないのが気になってしまい、なにを決めるのもおっくうで、震える肩が重くてしかたない。

いまいる寝室はカーテンを引いて明かりは消してあるし、10歳年上のパートナー、ニコラスもキッチンにいて、冷蔵庫から食べ物を袋に詰めてくれている。上や下の棚をあさってスプーンや台所道具などもそろえてくれているはずだ。ニコラスも暗いなかで作業をしているが、その動きは安定していて、気持ちもずっと落ちついているようである。
不安でいっぱいのいまも、こういうことになるなんて皮肉なことだという思いは消えない。大人になってからは、ずっと、インターネット上のヘイトスピーチと闘う生活をしてきた。そして、いま、その報いを受けている。最初は、遠くに小さな雲がいくつか見える感じで無視できる程度だったし、内容も抽象的で、ある意味、現実味のないものだった。なんだかんだ、10年以上も仕事としてヘイトスピーチにかかわってきているし、論文も書けば、最悪のヘイトスピーチをみつけ、抑え込み、やわらげるチームを作ったりもしてきたのだ。

しかし、しばらく前に会社を辞め、誰にせよ後に残る人にチームの仕事を引き継いだあたりからは暴風雨状態で、ヘイトスピーチが絡みあうように成長し、すべてを飲み込む力となってしまった。内容も、抽象的なものから現実的なものへと変化した。実際に暴力をふるうぞという脅しになったのだ。だから、いま、暗い真夜中に荷造りを進めている。

ツイッターブルーローンチの騒動直後にツイッターを辞め、それがボスの不興を買ったことはわかっていた。ニューヨークタイムズ紙に署名記事が載ったのもよくなかった、近くで働く人にははっきりわかるほどいらついていたという話も聞いた。それでも、まさか、マスクが全力でたたいてくるとは、その結果、インターネットの片隅でぶつぶつつぶやかれているだけで、無視しても大丈夫だった悪意が陰湿で容赦のないものに変わるとは思っていなかった。

きっかけは1日前の午後。突然だった。マスクは、なにやらごくふつうの悪意に反応していた。そこへ、2010年11月とツイッターで働き始めてもいない大昔にヨエルが投稿したツイートをフォロワーのひとりがぶら下げた。

高校生が実効的な同意のもとで教師とセックスすることはありえるのか?

このツイートには、物議を醸しそうなこの問題についてどこかの誰かが書いた論説にリンクが張られていた。挑発的なツイートではあるけれども、ミートゥー運動やキャンセルカルチャーが広がる前にはわりとふつうに投稿されていたし、ヨエルも、いまならおそらくは投稿しないだろうとはいえ、こうして掘り出してこられただけであれば、さざ波が起きるくらいですんだはずだ。1億2000万人のフォロワーを前に、イーロン・マスクがこう反応しなければ。

あ~、なんかいろいろ腹落ちしたわ。

加えて、短剣のように鋭いツイートの追い打ちまであった。

博士論文を見るかぎり、ヨエルは、インターネット上のアダルトサービスに子どももアクセスできるようにすべきだと主張しているように思える。

このツイートには、ペンシルベニア大学の学生としてヨエルが書いた論文、300ページから抜き出した1段落の画像が添付されていた。まだティーンエージャーの若いゲイが、かなりの人数、グラインダーなどのゲイ向け出会い系サイトに登録している理由を分析している段落である。具体的には、グラインダーなどのサイトは「猥褻《わいせつ》にすぎる」し「することばかりが目的となっている」ため「ティーンエージャーにとって安全で適切なリソース」ではないにもかかわらず、現実には、18歳未満の子どもが多く集まる場になっている、よって、「ゲイの若者文化にふさわしくない場だと、このようなプラットフォームを切り捨てればいいわけではない。サービスプロバイダーは、単に法的責任を免れようとするのでもなく、まして、ティーンエージャーを一掃しようとするのでもなく、幅広い使い方ができる安全戦略の構築に注力すべきである……」と論じている部分だ。

この段落に書かれていること自体は、それなりに議論のある内容だが、300ページの論文における位置づけとしては、全体のテーマとあまり関係のないさまつなポイントだ。しかし、それがツイートという形になると、しかも、イーロン・マスクが、ツイッター買収から1カ月半で集めたいわゆる中道右派のフォロワーに向けて書いたツイートという形になると、告発以外のなにものでもなくなってしまう。

このツイートを見た瞬間、ヨエルは驚き、そして、恐怖に震えた。こういうツイートこそ、ヨエルらトラスト&セーフティが介入し、できれば、なるべく静める、抑える、もみ消すなどしてきたものだ。しかしマスクは、マスクらしく行動し、真逆をした。自分のフォロワーというツイッター最大のメガホンを使い、喧伝したのだ。すぐさま、彼のフォロワーでも最悪の連中が動きはじめた。

このあとヨエルが経験した憎しみの嵐は、すさまじいなどという言葉で表現できる程度ではなかった。最初は不快なコメントがつく程度だったものが、ほどなく脅しに変わる。媒体もツイッターからメール、ボイスメールと広がり、さらに、オンラインからリアルへと広がった。

「さらし」にあうのは――個人情報をインターネットに公開されるのは――独特の怖さがある。自分に憎しみをぶつけてくる匿名の人々が自分の暮らしを、人生を、個人情報を、それこそ住所にいたるまで共有しているというのは、ソーシャルメディアに点在する闇に栖《す》むトロールがそうしているというのは、背筋が寒くなる以外のなにものでもない。

会社では存在感が格別にある仕事をしていたが、ヨエルは、目立たないように歩んできた人物だ。ネットに残る足跡も、少なくとも最近までは、驚くほど少なかった。

マスクがツイッターを買収したときヨエルの名前が浮上したのは、トラスト&セーフティの仕事をしていたからだ。ヨエルの古いツイートが掘りおこされ、きわめてリベラルな政治姿勢が明らかになったときにも、マスクは、それはヨエルの個人的な意見にすぎず、それで彼の仕事が影響を受けるといったことは起きていないと擁護している。

ところが、辞任のあと、特に、11月28日にマスクが予告したプロジェクトが始まると、ヨエルに対して悪い評価が増えていく。

言論の自由の抑圧に関するツイッターファイルが、近いうちに、ツイッターそのもので公開される予定だ。本当のところなにが起きたのか、世の中に知らせるべきだろう……

続けてもう一言。

これは文明の未来をかけた戦いだ。米国でさえもが言論の自由を失う事態になれば、あとには圧政しか残らない。

ツイッターファイルとは、ツイッター社内のコミュニケーションチャンネルを元にしたデータやメール、劇的な推論がずらりと並ぶツイートスレッドで、それを作成・投稿した人は、マット・タイービ、バリ・ワイス、リー・ファング、マイケル・シェレンバーガー、デビッド・ツヴァイク、アレックス・ベレンスンなど、保守系から革新系までそうそうたるジャーナリストがそろい踏みという感じである。

マスクの予告から数週間、ほぼランダムに投稿されたツイッターファイルにより、ツイッター1・0の社内でなにが行われていたのかがかなり明らかになった。なかでも、ハンター・バイデンのノートパソコンに関するニューヨーク・ポストの報道を抑え込むと決めた経緯や、トランプ大統領のアカウントを凍結すると決めた経緯など、批判の多いシャドウバンやアカウント凍結をどう決断したのかが公になったのは大きい。FBIをはじめとする国の安全保障機関との関係も判明。情報の提供やアカウントの凍結、ツイートの削除などをするよう、大物政治家が圧力をかけてきたり要請してきたりしていたことも確認された。

鳴り物入りでリリースされたわりに大手メディアの扱いは小さかったのだが、その理由はいくつか考えられるだろう。まず、政治家や企業、さらには、FBIや国土安全保障省など国民を守る公的機関がソーシャルメディアに目を光らせ、危険なコンテンツが広がりそうだと感じたときにはなにがしかの要請をするなど、どうせそのくらいはしているだろうと国民が思っていた以上の内容がなかったことが挙げられる。ちなみに、外部の要請に必ず従っていたわけではないこと、また、どうモデレーションするのかはヨエルのトラスト&セーフティが慎重に検討して決めていたことも、ツイッターファイルで確認されている。

ツイッターファイルがもっともはっきりと示したのは、ツイッターという広大で複雑なサイトの運営にどれほどの労力が投入されているのか、だろう。まちがいや失敗もあった。社内外の人が後悔する決断もあった。それを立て直そうとする努力もあった。

同時に、革新寄りのリベラルな方向にモデレーションが向かいがちであったことも浮き彫りになった。これは、右寄りの人にしてみれば、それ見たことかという話だし、極右からすれば、もっとやばいことが行われたはずだ、諜報機関や政治家は、純粋に政治的な目的があって、アカウントの凍結や投稿の押さえ込みをするようツイッターに圧力をかけていたはずだと思ってしまう話である。

マスクもそう考えているらしく、12月10日に、次のように端的なツイートを投稿している。

ツイッターはソーシャルメディア企業であるとともに犯行現場でもある。

トラスト&セーフティのトップであったヨエルの名前は、ツイッターファイルのあちこちに登場している。そして、今回、マスクの助けは期待できない。逆に、マスク自身が最凶なやり方で狩りに来たくらいなのだから。

実は、辞任の直後にヨエルはマスクを擁護している。カーラ・スウィッシャーの取材に「イーロンはですね、ちょっとややこしいことに、みんな、彼を悪役に仕立てたがるんですよ。絶対的な悪ですべてまちがっているし、その言葉はすべて怪しいと。でも……私が知るかぎり、彼はそういう人じゃありません」と語っているのだ[1]。でも、いま、ヨエルが見ているのは、マスクの異なる一面、これ以上ないほど世の注目を集める形でたたいてくるほうの面だ。

そうしたくなる気持ちもわからないではない。すさまじいプレッシャーがかかっていて、ツイッターに残っている友だちによると、1日1日、どんどんすりきれてぼろぼろになり、気持ちも沈んでいるらしい。一方、ヨエルは、フォロワーのあいだで前からあれこれ言われているなど、いけにえにしやすい存在だったと言えるだろう。それでも、個人攻撃にすぎるとしか思えない。

どこをどう見ても言いがかりだ。それでも、性的に子どもを食い物にしようとしていると犬笛を吹かれたら否定しづらいわけで、ツイッターファイルでヨエルに向かった怒りの声は一瞬で憎しみの奔流に変わり、薄いバリアを突き破って仮想から現実に押し寄せる事態になってしまった。

自分とは関係のない空論であったはずのことが、現実の悪夢となり、エルセリートの自宅に忍び込んできてしまった。

思わず歯を食いしばりながらスーツケースを引いて歩く。自分の前にパートナーがいてくれること、彼も玄関に向かっていることを願いつつ。

匿名ユーザーが、シャドウバンにした連中が、憎しみのしたたる声が、インターネットのそこここにわだかまる闇から染みだし、ヨエルの人生を侵食してくる。まちがいなくそうなっていると思うだけの脅しをヨエルは受けていた。

名前を知られている。

顔を知られている。

家を知られている。

逃げる以外に道はない。

第3部
崩壊

「人類の未来はふたつに分かれている。
複数惑星に広がるか、惑星ひとつに閉じ込められ、
いつの日か、なにごとかが起きて絶滅する日を迎えるか、だ」
―― イーロン・マスク

「ここでは失敗もひとつの選択肢である。
失敗しないのは、イノベーションが不十分な証しなのだ」
―― イーロン・マスク

「僕は火星で死にたいね。ただし、火星に突っ込んで、ではなくね」

―― イーロン・マスク

――2022年12月11日

第19章 シャペルのステージ

日曜夜10時すぎ

ヨエル・ロスはパートナーとふたり、まだ、スーツケースを引いて家から逃げだす算段の最中だった。同性愛を嫌う刺すようなメールが引きもきらずに届くし、携帯には、誰だかわからない人々から電話がひっきりなしにかかってくるし、悪意のしたたる匿名のテキストが次々に送られてくる。ふたりの人生はヘイトに染まってしまった。ヘイトスピーチ、ヘイトツイート、ヘイトメッセージ、ヘイト電話、ヘイト、ヘイト、ヘイト、ヘイト……。

そのころ、イーロン・マスクは、巨大なアリーナにしつらえられた巨大なステージの袖に立ち、会場からくりかえし押し寄せてくる笑いの渦に包まれつつ、体を左右にゆらして出番を待っていた。最高にホットなイベントである。なにせ、サンフランシスコのミッシヨンベイ地区、3番通りと16番通りが交わるところにあるチェイスセンターで、クリス・ロックと最近話題のデイヴ・シャペル、米国でも屈指のコメディアンふたりが共演するショーなのだ。当然に満員御礼である。

最初に登場したロックは、このあいだウィル・スミスに平手打ちをくらい、その音は世界に響いたなどと、物議を醸しそうな攻めのコメディを披露。いまは、シャペルが片手にマイク、片手に飲み物を持ってステージを歩き回り、締めにかかろうとしている。

こういう気晴らしが欲しかったんだ——マスクはそう思っていただろう。なにせ大変な週末だったのだ。ツイッターブルーのローンチでいろいろとごたごたしたし、ヨエル・ロスやロビン・ウィーラーなど、広告主に気に入られているシニアマネージャーが何人も辞めたしで時間をすごく使ってしまった（その間も、テスラとスペースX、その他関連会社の経営もしているわけで）。加えて、この48時間はメディアの猛攻撃に飲み込まれた。ただまあ、いつもどおりと言えばいつもどおりで、火元は自分だし、自分らしくないことを言ったわけでもないしで、自業自得ではある。もともと、ツイッター有数のトロールなのだ。それがひょんなことからツイッターのCEOにもなってしまったから、いままで以上に火がつきやすくなっただけのことだ。

土曜日、ヨエル・ロスが10年も前に書いた論文を攻撃したあと、マスクは、もっときわどいツイートを投下した。

私の代名詞はファウチ起訴だ

加えて、これにぶら下げたツイートや関連の返信などで、大統領首席医療顧問でコロナ禍対策を事実上指揮したアンソニー・ファウチ医師が、コロナに関してソーシャルメディアで隠蔽工作を仕組んだことの証拠がツイッターファイルでみつかったともほのめかした。どの「代名詞」で呼ばれたいかを表明することを自分はどう思うかも、歯に衣着せずに書きたてた。トランスの人々が反応せずにいられない話題である。というわけで、賛否両面、数え切れないほどのコメントが寄せられた。しかも、少し前ならヨエルのチームにヘイトスピーチだと認定されたかもしれないものが少なくない。

著名人もたくさん参戦した。そのひとり、ＮＡＳＡの宇宙飛行士、スコット・ケリーは次のように書いている。

社会の片隅に押しやられていて、暴力の危険にさらされている ＃ＬＧＢＴＱ＋の人々をあざけり、憎しみをあおるようなことはやめていただけませんか。あの人たちも、リアルな感情を持つリアルな人間なのです。ファウチ医師も、公僕として、命を救うことだけをめざした方だと思います。

これにマスクは反撃した。

それは違います。頼んでもいない人に代名詞を強制するのは、また、そうしないのはおかしいかのように言うのは、いいことでもなければ、優しいことでもありません。

ファウチは、議会にウソをついて機能獲得型の研究に予算をつけ、大勢を殺した人です。私には、すばらしい人であるなどと、とうてい思えません。

芸術的なまでにトロールで、ヨエル・ロスもロビン・ウィーラーも、クビになっていなければ急いで逃げたくなったに違いない。犬笛といけにえと陰謀論が絶妙にブレンドしてあって、東欧の一流トロールファームあたりなら自慢の種にしそうだ。であるのに、その発信元は、アゼルバイジャンの倉庫ではなく、ツイッターのCEOなのである。

そんなマスクなら、冗談のわかる1万8000人に囲まれ、現実世界の闇で気晴らしをしようとするのも当たり前だろう。もともとコメディが大好きだし、子どもっぽい笑いであればあるほどいいのだ。ツイッターの名前からwをなくしてクスクス笑いのTitterにしたらいいと言ったこともあるし、ツイッターの買収などまだ考えたこともなかった2021年の5月、サタデー・ナイト・ライブのホストを務めるなどもしている。世間の評価は例によって否定的なほうが多かったが、会場は大いに盛りあがった。それもそのはず、自分は自閉スペクトラム症だと自虐ネタをかました上、任天堂のワリオからZ世代の博士まで、幅広いキャラを演じたのだ。でも一番は、彼が彼らしくあったからだろう。世界をよくしたいとがんばっている、おもしろくて愛嬌《あいきょう》があり、かつ、頭のいいビリオネア、だ。

愛される人物、ほめられる人物、大歓迎される人物だ。

大手メディアになんと言われようと、中道左派の学者やジャーナリスト、セレブからどれほどののしられようと、知ったこっちゃない。冗談のひとつくらい言えないのかよとしか思わない。斜陽の新聞を渡り歩く専門家にどう思われようと、気にする必要などない。現実世界で、自分はイーロン・マスクでありつづけるのだから。

愛される人物、ほめられる人物、大歓迎される人物だ。

会場の大騒ぎを圧倒する声が聞こえ、マスクは我に返った。マイクを通ったデイヴ・シャペルの声だ。

「ご来場のみなさま、世界一のお金持ちをご紹介いたします！」[1]

うながされてステージに上がる。黒いツイッターTシャツに黒いジーンズ、黒いブーツで両手を高々と掲げ、満面の笑みを浮かべる。目を輝かせて登場したマスクに、笑顔のシャペルが近づいてくる。会場からは歓声と拍手があがり、加えて——

ブーイングが起こった。

ブーイングはどんどん大きくなる。最初は歓声にまぎれる程度だった。それがだんだんと激しく、大きくなり、会場を飲み込むほどになる。バルコニー席からも降ってくるし、1階席からもわいてくる。壁ではね返り、天井でもはね返り、四方八方から降ってくる。

あたり一面、滝のようにブーイングが降ってくる。

マスクの表情が変わる。両手を空に突き上げたまま、顔に驚きが広がっていく。さすがのシャペルも困った表情だ。シャペルがマスクを見る。マスクもシャペルを見る。

「今日はどうも」とマスクがなんとか口を開くと、

「紛糾してるねぇ」とシャペルが思いだしたように応じる。

マスクは含み笑いをしているが、降りそそぐブーイングにぴりぴりしているのもまちがいない。

「こうなると思っていたわけじゃないんだよね?」

このネタにシャペルが飛びついた。

「クビになった人も聞きに来られてるんですかね〜」

マスクが声をあげて笑う。シャペルが言うとおりかもしれない。なにせ、ここはサンフランシスコだ。米国で一番進歩的な町であり、ツイッターの本拠地でもある。とはいえ、集まっているのはシャペルのファンだ。ごりごりのリベラルばかりであるはずがない。

「いやいやいや、きっついい愛だねぇ」とシャペルが話を続ける。

「ブーイングしてるみなさん、そう、みなさんのことなんだけど、言うまでもないことを指摘させてもらってもいいかな。みなさん、ひっどい席に座られてますよね」

シャペルがもういくつかジョークを飛ばすあいだ、マスクは所在なげにステージ上をうろつく。ブーイングはやまない。むしろ大きくなる一方だ。

「デイヴ、オレはどうすればいいんだ？」

耐えかねたのか、マスクが尋ねる。

「なにも言うな。口は災いのもとだよ。イーロン、聞こえるだろう？ これは、もうすぐ社会がゆらぐ音だよ。このあときみがどの店をたたき壊すのか、楽しみに待つよ。とにかく黙ってな」

マスクはまたくすくすと笑うが、肩は落ちているし、両手ともだらりと下げているしで、どうにも居心地が悪そうだ。そんなふたりを援護しようというのか、クリス・ロックも登場。そして、シャペルの一番有名なキャッチフレーズをぶち上げた。

「ビッチなみんな、オレはリッチだぞ～」

もちろん、マスクにも同じ言葉を言わせる形で。

ところが、そんな渾身《こんしん》の一撃もブーイングに飲み込まれてしまう。

ロックは途方にくれた。

「こういうときはさぁ」——小声だ。

「シミュレーションの世界にいるのかなと思っちまうよ。だって、ねぇ、これが現実のはず、ないじゃん」

そして、気を取り直したように一言——

「今日は、このステージに上がれてうれしいよ」

これで終わりにできると、シャペルが安心したように引きとる。

「いい機会だから言っておかないとね。火星初のコメディクラブはぼくにやらせてくれ。約束だよ？　マスク」

あとは閉幕に向けた流れとなる。マスクは逃げるようにステージを降りた。


このイベントがいかに悲惨であったかは、トレンドになってしまうほどたくさんのツイートが翌朝にかけて流れ、世間が詳しく知るところとなる。そして、朝9時13分、ようやくのことでマスクもこの件を取りあげた。さすがに放ってはおけないと思ったのだろうか。

現実は歓声90％にブーイング10％というところだったが（静かだったときを除く）、それでも、ブーイングは多かったし、リアルでは初めての経験だった（ツイッター上ではよくある)。頭のネジが飛んだサンフランシスコの左派の神経を逆なでしてしまったかのようだった……んなわけないかぁ。

シャペルに並んでステージに立ち、ブーイングの嵐を浴びていたときと同じくらいぎこちないツイートだ。

今回の経験はひとつの開眼、無条件に認められてきた名声に対する痛打だと言えるだろう――2カ月前まで、マスクは、メディアでもオンラインでも、天才とか刺激的とかアントレプレナーとか、必ずそういう言葉で語られていたのだから。

それが、今回、ブーイングに追われてチェイスセンターを後にするハメになった。ついこの前、買収した会社の本拠地だというのに。そう、

人員削減と

似たペースで

収益が減っている

会社の。

第20章 トラスト＆セーフティの解体

——2022年12月12日

「責任はすべて自分にある」

どーん、ではなく、すっと月曜が始まり、エスターは肩の力を抜いた。ブルーチェックのドタバタをマスクや部下と並んで見たあのときから1カ月、また、カラカラで、改修復活版のツイッターブルーを起動するスイッチを入れたのだ。今回は鳴り物なしで、あまり話題にもなっていない。試験公開というわけでは必ずしもないが、窓のすぐ外で爆弾が炸《さく》裂《れつ》する事態でもないという感じだ。熱いまなざしを向けられてきたブルーチェックを8ドルで買える点は変わらないが（アップルのアプリストア経由で買う場合は11ドル）、今回は、申請後にある程度は確認をしてからプロフィールにチェックをつけることになった。また、企業は金色、政府機関はグレーと色にバリエーションもつけることになった。これでシステム全体のセキュリティがわずかながら向上するはずだ。

このくらいはしなければならないと、1カ月前にマスクを説得できていれば、あんな大恥をかかずにすんだかもしれないし、広告収入を何百万ドルも失わずにすんだかもしれない。いま思えば、ビビりすぎていたのかもしれない。会議でまっさきに自分の考えを述べるのは、だいたいいつも彼女なわけで、絶対にそうは見られていないだろうとは思うのだけれども。ともかく、ここしばらくでいろいろとわかったし、崖っぷちに向かいがちなマスクをどうすれば引き留められるのかもだいぶわかってきた。

念のために申し添えておくと、ツイッターブルーの初回ローンチとそれに伴う騒動について、マスクは、責任はすべて自分にあるとしている。ただ、サブスクリプションを推進すること、認証の一形態としてブルーチェックを販売することについては、今後、絶対に必要だと強く思うようになったようだ。好むと好まざるとにかかわらずブルーチェックに8ドルを払うようになってもらう、と。それこそが、マスクが考えるツイッターの未来、つまり、広告主に頼らない収益、平等で認証されたユーザーエクスペリエンス、そして、イデオロギー的な表現をするなら、自由なユーザーエクスペリエンスなのである。また、ツイッター2・0はもっとおもしろい場になると、スペースや広告主との面談などで宣言してもいる。であるのに、マスク本人は買収時ほど楽しめていないようにしかエスターには見えなかった。ツイッターブルーの初回ローンチで大笑いしていたマスクは消え、むっつりと不機嫌で深刻な雰囲気を漂わせているし、外向きには、あいかわらずミームや冗談を連発しているが、トゲのある冗談が多く、心の底にふつふつと怒りがたぎっているように見えるのだ。

疲れているのはまちがいない。ずっと仕事ばかりしているし、飛行機で移動しているときや、テスラやスペースXにいるとき以外はサンフランシスコの本社に寝泊まりしているのだ。呪いのお札を投げつけられつづけているのも、かなり効いているはずだ。シャペルのイベントでなにがあったのか、ツイッター社内でささやく人はいないが、みんな、気にはしている。また、イベント時、携帯や録音・録画の機器は使用禁止だったにもかかわらず、あのときの動画が何十本もインターネットに公開されていて、ツイッターでも光の速さで拡散している。

エスターは、長い会議机の端に座ってラテをゆっくりと楽しみつつ、この出来事について考えていた。気がかりな話ではあるが、でも、マスクがツイッターでしていることにはあまり関係がないだろうとも思う。卵とオムレツのような関係だ。フライパンでジュージュー焼かれている卵がシェフに拍手を送るなど、ありえないことだ。ただ、マスクがどう反応するかは予断を許さない。ヨエル・ロスの「裏切り」には、ツイッターで騒ぎ立てるという形で報復したし、実はそこでとどめてもいない。ツイッターブルーを静かに再導入したころ、ヨエルのトラスト&セーフティを解体したのだ[1]。メール1本で。デイリー・ビーストの報道によると、ヨエルの元部下でまだ残っていた者、全員に次のメールが送られたらしい（タイミングは、イベントに集まった1万8000人のうち、ブーイングをしていたのは10％にすぎないとツイートしたのと同じころだ）。

トラスト＆セーフティのメンバーへ

ツイッターが新たなフェーズへと移行するにあたり、プロダクト部門やポリシー部門の仕事に社外の知見をどう生かすべきか、見直しを進めている。そして、そのなかで、トラスト＆セーフティはベストな形態でないとの結論に達した。

今後は、かつてないほどに速く、積極的なやり方で、ツイッターを安全かつ有益な場にしていかなければならない。この目標に資するアイデアがあれば歓迎する……

広告営業の棺に釘を打つような話だ。しかし、エスターがこの1カ月で学んだように、マスクは、世界で一番成功している事業家なのにと驚くほど、本能や直感で動くことが多い。

わずか1カ月で、会議で分別を提供する大人からマスクの肩にとまった守護天使へと自分の役割が大きく変わったとエスターは感じていた。暴走のきっかけになりそうな危険

（リアルなものにせよ想像にすぎないものにせよ）に近づかないよう、マスクを引き戻すわけだ。

この面で一番の成果は、アップルとの戦争かもしれない。この件に、エスターはうってつけだった。ツイッター1・0の生き残りでマスクに話を聞いてもらえるのは彼女くらいだったし、支払い関連の仕事やツイッターブルーの開発プロジェクトでアップルの幹部と毎日のように連絡を取り合っているのだが、そういう人間もプロダクト部門には彼女くらいしかいなかった。

アップルCEOに会いに行く

マスクは、当初、戦争に向かって進んでいた。アプリ内決済のややこしい仕組みをよく理解しておらず、ツイッターブルーのような形で別の決済システムを用意すれば、ユーザーを自分のプラットフォームに誘導できると考えていたのだ。対してエスターは、アプリストア規約の当該部分を暗記のレベルで熟知していた。アプリ内決済はアップルにとって飯の種であり、30%の税率から譲歩するなどありえないことも。

まずは、プラカードと熊手を手にアップル本社に押しかけろと1億人のツイッターフォロワーに呼びかけるのはやめておきましょうとなだめ、続けて、支払い関係でいつも連絡を取っているアップル幹部との面談を提案。マスクは、よしわかった、会おうと言ってくれた。

もっとも、この面談は、マスクがもっといい案を出してきたのでキャンセルになった。ティム・クックに会いに行く、アップルのCEOとツイッターのチーフ・ツイットが相まみえ、事態を整理すればいいと言いだしたのだ。そんなわけで、マスクはクパチーノに飛び、世界一の企業が50億ドルを投じて建てたUFOのような形の本社に踏み込んだ。アップル社員1万2000人が働く、11万平方メートルと広大で、ガラスを多用したビルに囲まれた池のほとりでは、立ち止まって写真を撮り、「@tim_cook が美しいアップル本社を案内してくれた。ありがとう」とツイートしたりもしている。

マスクは上機嫌でアップルから戻ってきた。わずか1日前には、アプリストアからツイッターを追い出すぞと脅すなどなにごとかと怒り心頭で、アップルはアメリカにふさわしくない危険な存在だとまで言っていたし、法的措置をとるぞとか、自分たちもスマホを作ろうとか、アップルにデモをしかけるぞとか言っていたのに、昼下がりにきれいな池のほとりで宇宙の覇者ふたりが話し合ったから万事解決という風情である。

マスクらしいとエスターは思った。マスクはクックに魅惑の呪文を送り、それに応えてクックもマスクに魅惑の呪文を返した。だからクックは友だちであり、友だちと戦争はしないのがマスク流なのだ。

そして、そのくらい、なにごとかあれば一瞬でひっくりかえることもエスターは知っている。ヨエル・ロスもマスクの友だちだったのに、いまは命からがらどこかのホテルに隠れている。それを言うなら、大手メディアから深夜番組、ビジネスジャーナリスト、メディアに登場する専門家、ふつうの世界に暮らすふつうの人々にいたるまで、外の世界は、みな、だいたい、マスクの友だちだった。それがいまは「10%」はブーイングをぶつけてくるし、「静かだったとき」にはもっと多くがマスクをあざけり、なじり、憎しみをぶつけてくるようになってしまった。

理由はわからないが、側近でさえも少し引き気味になっているようだ。ツイッター2・0が大手メディアでたたかれることが増えたので、自分のイメージを守ろうと意識的に引いたのか、それとも、本業のポッドキャストやベンチャーキャピタリスト投資もなんとかしなければならないので、スムージーバーもなくなったサウスオブマーケットのビルをうろついている暇がないということなのか。マスクからそうしろと言われた可能性もある。露出が一番多い「舎弟」、カラカニスがツイッターの変化について少しだけツイートしすぎたと、マスクが腹を立てたなんて話もあるのだ。

いずれにせよ、舎弟を見かけることがだんだんと減っている。シュリラームは、ツイッターブルーのローンチ騒動のころ、姿を消した。サックスもいないに等しい。いまだに姿をよく見るのはザ・ボーリング・カンパニーの社長スティーブ・デイビスだ。そのせいか、マスクがツイッターCEOを辞すことがあったら後任は彼だろうと、外の世界でしきりに取り沙汰されている。

仕事は評価されていると思うが、エスターにとってデイビスは、ひと悶着《もんちゃく》もふた悶着もあった相手だ。一番は、決済のエキスパートがいるから会ってみてくれ、「どんなたわごとでも現実にしてくれる」からツイッターブルーの開発に役立つはずだと、元気いっぱいのデイビスから突然のメッセージで頼まれた件だ。

紹介された「エキスパート」はザ・ボーリング・カンパニーで「火炎放射器ではありません」（その実態はごく小さな火炎放射器である）や「焦げ髪」香水などさまざまな商品を売る仕事をしてきた平社員だった。しかも、彼の「専門的知見」は、どうすればショップファイのページに「買う」ボタンを設置できるのか知っているということらしい（少なくとも、それ以上はエスターにわからなかった）。え？　ボタンを表示に設定したって話？と、エスターは叫んでしまった。心のなかで、だが。表向きには、すぐ、ツイッター社内に仮置きされたデイビスの執務室へ行って宣言した。

「バカにするのもほどがあります。こんなのは時間の無駄でしかありません。いま、私の時間は貴重なんです。イーロンのためにたわごとを現実にしようと必死でがんばっているというのに、あんなのと話をさせるなんて。ツイッターブルーの開発に必要な技術者の半分もあなたがクビにしてしまったんですが、それを、イーロンは知っているのでしょうか」

落ちついてふりかえると、ちょっと熱くなりすぎた気もするが、ともかく、デイビスはビビッていたし、どういうことなのかは理解してくれたようだ。たまたま同席していたジャレッド・バーチャルも、いや、すごいなこいつという表情で彼女を見上げ、声をかけてきた。

「どちらさまで?」——とがめるような声だ。余談ながら、これで彼女がどういう人物なのかを知ったバーチャルは、その後、よく一緒に仕事をするようになっていく。

バーチャルとデイビスはツイッター本社によくいたわけだが、その役割は、自爆の衝動からマスクを遠ざけることではない。バーチャルは相談役であり金庫番である。デイビスは従者であり、将来的なCEO候補である。つまり、結局、安全な正しい道にマスクを引き戻す役は自分にしか果たせないということらしい——エスターにはそうとしか思えなかった。

アップルとの戦争は未然に防げたし、ツイッターブルーも、前回よりソフトに、静かに、かつ、責任ある形でローンチできた。しかしながら、シャペルのイベントに対する反応や週末のツイートを見るかぎり、事態は深刻化しているというか、危険な領域に入ってきているというかだし、今後、さらに悪くなることこそあれよくなることはなさそうだ。ヨエル・ロスに対する言いがかり、ファウチ代名詞事件、トラスト&セーフティの解体——このままではまずいことになる。世界がマスクの友だちから敵に変わろうとしている。いま、守護天使として働かずしていつ働くというのか。

会議室の机に座ってすりガラスを見上げながら、エスターは、先週後半、カラカラから出てすぐのトイレで経験したことを思い返した。洗面台のところで、マスクの右腕として活躍する有能かつ魅力的なビジネスウーマン、ジェーン・バラジャディアが髪をセットしていたので、なんとなく話を始めたところ、これまでになく長く、かつ、マスクの取り扱い方を教えてもらったときよりずっと深く話をすることになったのだ。

オースティンにまだ1歳の子どもがいるのに、最近はずっとツイッターに詰めているのでめったに会えていないのだという。まさかサンフランシスコで仕事をすることになるとは思わなかった、買収には驚いた、でも、マスクを中心とした軌道で仕事をするとはそういうことなのだ、という話もあった。お前が必要だと言われたら否も応もないのだ。

この人は、美人で頭もいいのに、なぜ、脇役に甘んじているのだろう。マスクにとって彼女はアシスタントなのか。なんでも相談できる腹心の友なのか。それとも、経営幹部なのか。

側近の役割

エスターは、思いきって、彼女に相談してみることにした。そして、いい方向に進むようマスクに働きかけるのが自分の仕事だと思っている、まずいことをツイートしそうなことがあるのだけれど、そういうとき、それはだめ、なにがなんでもそのツイートはしちゃだめと進言すると、特に、あなたの公式アドバイザーとしてそのツイートはしないことをお勧めするなど、ユーモアを交えて進言すると聞いてくれるのだなどと語った。

ところが、最近は怖くなってしまった。うまく押すのがどんどん難しくなっている。だから、助けてほしい。マスクに働きかけるのを手伝ってほしい。そうお願いした。

ジェーンはセットの手を止めた。鏡を向いたままだ。ややあってから、エスターのほうを向いて言葉を紡ぐ。ささやくような声だが、力強い。

「私は、彼に働きかけたりしません。そのためにいるのではありませんから」

続けてもう一言――

「私の仕事は、彼が目標を達成できるように手伝うことです」

それだけを言うと、ジェーンはまた鏡に向かい、髪のセットに戻ってしまった。

会議室のすりガラスをぼんやりと眺めていたら、ようやく理解できた気がする。ジェーンがツイッターにいるのは、マスクに立ちむかうためでもなければ、守護天使として肩に乗るためでもない。彼女は、高品質のトルクレンチやエレガントな計算尺と同じく、美しくて役にたつ道具なのだ。だから彼女はマスクの側近でいられるし、変わらずマスクの友だちでいられるのだ。

自分はトルクレンチになれない。そういうタイプではないのだ。今後も、マスクに働きかけていくしかない。大人として分別を提供するしかない。守護天使として肩に乗るしかない。自分にできるかぎりの範囲で役にたつようにするしかない。友だちであろうとするしかない。

ここ数日、ここ数週、ツイッターブルーにアップル、マスクのツイート、世界の反応などが積み重なり、まずい状況になりつつあるのはまちがいない。いまのマスクは、めいっぱいたわめたバネのように見える。

おそらくは一触即発だろう。爆発したら、みんなと同じように退避するしかない。きっと、トルクレンチがすりガラスを突き破ってくるようなことになるのだろうから。

――2022年12月13日

第21章 位置情報

ストーカー

時刻は夜の9時から10時、カリフォルニアらしくさわやかな夜だ。[1] ロサンゼルス郊外のサウスパサデナに向け、110号線が延びている。車が走る音が聞こえる。ヘッドライトとテールライトの明かりが果てしない光の筋に見える。

その流れから顔を出したりもぐったりするミズヘビのように、1台の車がほかの車と合流したり離れたりをくりかえしている。黒光りする流線型の車体だ。ドライバーは腕のいいプロ。後席の積み荷は、最高に貴重な一品、イーロン・マスクの2歳になる息子、Xだ。

ドライバーはXに声をかけたりGPSや時間を確認したりとやることがいろいろとあっただろうが、それでも、いつかはバックミラーに目を走らせ、後ろの車に気づくことになる。ちょっと虫っぽいずんぐりむっくりのベージュ。ヒョンデのようだ。Xを乗せた車と同じように車の流れに合流したり離れたりをくりかえしている。それなりに離れることもあるが、逆に、近すぎるくらい近づくこともある。

偶然か。いや、たぶん、違う。

Xの車が車線を変えると、ヒョンデも変える。なにかおかしい。そう感じたドライバーは、ハイウェイを降りた。ヒョンデがついてくる。数分後の9時45分ごろ、2台の車はハイウェイにほど近いアルコのガソリンスタンドに止まった。

ベージュのヒョンデは（実際にヒョンデだった）、助手席の窓を開いてスタンド脇のふつうなら店の人間が駐車するはずの場所に止まっている。運転席の男は黒ずくめで、厚手のパーカーを着て、フードを目のあたりまで下ろしている。左手は手袋をしてハンドルを握り、鼻と口はマスクに覆われている。ワシントンポスト紙がのちに報じたところによると、男の名前はブランドン・コリャード。ヒョンデはツゥーロというカーシェアのアプリで借りたらしい。職業はウーバーイーツのドライバーだ。Xの母親はグライムスという名前で歌手をしているのだが、その彼女がインスタグラムを通じ、暗号で連絡してきたという。イーロン・マスクが「彼の所在をリアルタイムに追跡している」とか、マスクは「ウーバーイーツをコントロールして彼が配送を受注できないようにしている」と語ったという話もある。

Xのドライバーは、夜の闇にまぎれるようにして、ヒョンデの半ば開いた窓に近づいていく。自分の車は少し離れたところに停めたままだ。ふたりともスマホに手を伸ばした。現代版の決闘道具だ。フラッシュの光で相手をとらえる。そして、ロサンゼルスの空にふたりの言い争う声が広がっていく——。

「息子を狙いやがった」

このすぐあと、イーロン・マスクは、ツイッター本社の暗い会議室に座り、食い入るようにスマホを見ていた。

親なら誰でも震えがつくような電話で、マスクは、恐怖と憤怒、さらには無力感にさいなまれていた。悪夢だ。こんなことになったのは自分のせいだ。世界有数の金持ちであるだけでなく、世界有数の有名人でもあることをこれほど呪ったことはない。

自分はロサンゼルスにいない。ガソリンスタンドの暗闇をぬって歩いているわけでもない。Xの車を運転しているわけでもない。いま、この瞬間に、息子を抱き上げ、もう大丈夫だよと言ってやることもできない。できるのはただひとつ、二度と同じことが起きないようにすることだけだ。

ヒョンデの男は、黒いパーカーとマスクでたまたま通りかかったわけではない——マスクはそう考えた。計画的な行動だろう。オンラインで情報を拾い、ウチの車にたどり着いたのではないか。使ったのはツイッターか。それと、コリャードが狙ったのは、2歳の無力な子ども、Xではなく、オレなのではないか。なにをどうしてあのガソリンスタンドにたどり着いたのかはわかりようがないし、本人はストーキングじゃないと否定するだろう。いずれにせよ、いまいましいことには変わりがない。

もう長いこと、リッチなセレブとして暮らしてきた。ただ、ここしばらくで状況がかなり変わった。ツイッター本社で社員が集まるのを禁止したり、週末に何回も本社ビルを閉鎖したり、ガタイのいいボディガードふたりを従えて廊下を歩きまわったりしているのは、いろいろとおかしな妄想を募らせているからだと思われているらしい。だが……妄想？ばかは休み休み言ってくれよ。オレは、ツイッターファイルを公開し、闇の政府などと言われるディープステートがツイッター1・0のパイに指を突っ込んでいたらしいと暴いた。活動家連中が広告主に働きかけているせいで、会社の財務が大変なことになっているし、トロールファームがツイッターのあちこちにヘイトスピーチをまき散らしている。社会正義をふりかざしすぎる「ウォーク・ウイルス」とも闘っているし、言論の自由やアルゴリズムの透明性を求める闘いも展開しているんだ。不忠なツイープスに足を引っぱられながら。

ツイッターを買収した際、マスクは、「きらいな人間が気に入らないことを言う」のが言論の自由だと定義した。マスクはすぐカッとなると言われているが、ツイッターでいくら突っかかられても気にしないし、態度が悪いからとアカウントを凍結したりもしない。それどころか、のどに刺さった小骨のようなアカウントさえ、放置している。マスクのプライベートジェットを追跡するアカウント、@ElonJetだ。[1] 中の人はフロリダの大学生で、ジャック・スウィーニーという。実際、ツイッターを買収した少しあと、マスクは次のようにツイートしている。

私の飛行機を追いかけ、私自身の安全をはっきりおびやかしているアカウントさえ凍結しないほど、私は言論の自由を尊重している。

ただ実は、スウィーニーに連絡し、「このアカウントは削除してもらえないかな。頭のおかしいやつに撃たれるのはありがたくないんだ」と頼んではいる。[2] 削除してくれれば5000ドル出そうという提案も添えられていた。これは、スウィーニーから「それ、5万ドルになりませんか。それだけあれば学費がまかなえますし、車も買えるかもしれません。場合によってはモデル3だって買えるかもしれません」と返ってきて、合意にはいたらなかったという。

冒頭の事件が起きる何日か前の12月10日、スウィーニーはツイートを連投し、トラスト&セーフティのエレン・アーウィンにアカウントをシャドウバンされたと訴えている。シャドウバンされると検索に引っかからなくなり、彼のツイートを見たり、いいねしたり、リツイートしたりが難しくなる。マスクがめざしているのは、言論の自由であって喧伝の自由ではないのだ。ただ、その後、トラスト&セーフティをマスクが解体した余波で、スウィーニーのアカウントもふつうの状態に戻ったらしい。

しかし、今回の事件を受け、マスクは、考えを改めなければならないのかもしれないと思い始めた。@ElonJetのようなアカウントはバーチャルなオンライン世界の存在なのに、その効果はリアルな物理世界にも波及する。ハイウェイやヒョンデやアルコ駐車場などにまで、だ。

バーチャルとリアルの境目はどんどんあやふやになっているし、いずれにせよ自分は狙われる存在なわけだが、だからといって、狙いやすい存在である必要はない。

それでも、次のようにツイートするには、翌12月14日の夜7時48分まで悩む必要があったらしい。

> 身体の安全が脅かされることから、誰かの位置情報をリアルタイムにさらすアカウントは凍結とする。リアルタイムの位置情報が掲載されるサイトへリンクを張るのも凍結の対象とする。移動の目的地を少し遅れて投稿するのは、安全面の問題がないので、不問とする。

続くツイートは、心の声だろうか。

昨晩、小さなXを乗せた車が、ロサンゼルスで、頭のおかしいストーカーにつきまとわれた（私だと思ったらしい）。ストーカーは車の進行を妨害し、ボンネットに登るなどした。私の家族に対する危害を支援したスウィーニーおよび組織に対しては、法的措置を取るつもりだ。

ツイートはさらに続いた。

この人か車に見覚えのある人はいませんか？

このツイートには、ヒョンデに乗る真っ黒な服の「暴漢」が映った10秒の動画が添付されていた。Xを乗せた車のドライバーがアルコのガソリンスタンドで撮ったものだろう。

この一連のツイートが矛盾していることは、マスクもわかっていたのではないだろうか。「さらし」は大罪中の大罪だと指弾しておいて、その舌の根も乾かないうちに、Xを乗せた車に突撃をかけてきたとドライバーに言われた男の動画を投稿し、その男の素性をさらせと1億2000万人のフォロワーに呼びかけたのだから。

矛盾はもっと深いところにも存在する。そもそもマスクは、イデオロギーからツイッターの買収に乗りだした。目的は、足かせのない言論の自由を実現すること。なぜなら、人類を救うという最終目標を達成するには言論の自由が必要だからだ。ゆえに、なぜそうするのかわからないモデレーションや圧政的なモデレーションはなくす、また、凍結したアカウントは復活させるし、アルゴリズムはオープンソースにすると約束した。

黒いTシャツ、黒いジーンズ、黒いブーツで復活した建国の父であるかのように、マスクは、今後、言論は自由になると宣言したのだ。

それがなんだ。オレが狙われるのはいい。

でも、息子を狙いやがった。

110号線脇にあるアルコのガソリンスタンドで言論の自由に意味などあるのか。

家族が狙われたんだ。イデオロギーがなんだというのだ。

アカウント凍結祭り

最初は例の大学生だった。

ロサンゼルスのストーカーと思われる人物の動画を投稿した直後から、マスクは次々と下知をくだしていく。トラスト&セーフティは解体されてもうないが、元部員のエレン・

アーウィンがすぐに対応した。そうしなければ、ナチス・ドイツによる大量粛清「長いナイフの夜」のツイッター版、最初の犠牲者として切られかねないからだ。

血祭りに上げられたのは、ジャック・スウィーニーの@ElonJetである。アカウント凍結だ。続けてスウィーニーの個人アカウントも凍結された。この凍結をあちこちのメディアが報じたため、ジャーナリストに被害が広がっていく。この件について記事を書くなら、スウィーニーのウェブサイトへのリンクも紹介するのが当たり前だからだ。結果、ジャーナリストのアカウントが次から次へと凍結される事態になった。

木曜夜までの24時間で、有名どころだけでも、ニューヨークタイムズ紙のテックジャーナリスト、ライアン・マック、CNNのドニー・オサリバン記者、ボイス・オブ・アメリカのスティーブ・ハーマン特派員、政治評論家としても知られるキャスターのキース・オルバーマン、ワシントンポスト紙のドリュー・ハーウェル記者、ビジネスインサイダーのリネット・ロペス、マッシャブルのマット・バインダーのアカウントが凍結された。被害は世界中のメディアに広がり、凍結アカウントの数が900を超えたとする説もある。

凍結は事前の警告なしに行われた。指示したのは、ツイートをチェックするのが仕事のなにがし委員会でもなく、新しいモデレーション委員会でもなく、マスク自身かもしれない。この夜、マスク自身がツイッターをチェックしては、これとこれは凍結と、次々、アーウィンらに指示したという話があるのだ。関係者によると、ジャーナリストの名前リストをアーウィンに送り、凍結の処理が遅くてリストが長くなったらお前はクビだと言ったらしい。恐怖半分、パニック半分で、とにかく大混乱だったようだ。

凍結をくらったジャーナリストは、みな、さらしに反対するとマスクが打ちだしたことを報じただけで、彼ら自身がさらしに加担したわけではない。その大半に共通点があるとすれば、しばらく前から、マスクのツイッター買収について否定的な記事を書いていたことくらいだろう。

どういう反応が返ってくるか予想していたのではないかと思われるが、いかにマスクでも、倫理的な悪に対する糾弾を逃れることはできない。

ポリティコの報道によると、12月16日の金曜日、「言論の自由を求めるツイッターが批判的なジャーナリストのアカウントを凍結するのは、どうにも合点がいかない事態である。マスク氏がこのようなことをするのは、合衆国憲法修正第1条によって守られている権利であるが、このような対応を取るという決断は筋が悪すぎる」と、米国自由人権協会のアンソニー・ロメロ会長が声明を発表。[3] CNNは「衝動的で不当」と形容し、ワシントンポスト紙は「イーロン・マスク氏は言論の自由を実現する場としてツイッターを運営すると言っているが、今回の件はその逆を行くものである」と報じた。国連のグローバル・コミュニケーション担当事務次長メリッサ・フレミングは、はっきりとわかりやすい言葉にまとめた――「メディアの自由はおもちゃではない。自由な報道こそ、民主的な社会の基礎であり、有害な偽情報との闘いで鍵となるものだ」である。木曜の夜、マスクは壁際まで追いつめられていたが、四方八方から投げつけられる怒りに屈せずがんばりつづけた。

さらし関連の規則は、ジャーナリストにもほかの人と同じものを適用する。

続けて、次のように投稿する。

彼らは、（明らかに）ツイッターの利用規約にまっこうから違反し、私の正確なリアルタイム位置、すなわち暗殺座標と言えるものを投稿した。

暗殺座標などと、わざと刺激的な言葉を使ったにもかかわらず、金曜の朝になっても反応はほとんどなかった。そして、ツイッターファイルの報道にマスクがみずから起用したジャーナリスト、バリ・ワイスからも批判的なコメントが出る事態になる。このツイートの閲覧回数は９００万回に達した。

昔のツイッターは勝手気ままな運営でしたが、新体制も同じ問題を抱えているよ

うです。私は、どちらにも反対です。また、凍結されたジャーナリストは、みなさん、社会にとって重要な報道をしていたのであり、凍結を解除すべきだと思います。

ジャーナリストのアカウント凍結を始めて1日半、さまざまな反応をぶつけられてきたが、マスクにはこの一言が一番効いたらしい。だからだろう、表で反応した。

では、正確な位置をリアルタイムにさらす行為にはどう対処すべきなのだ？　私のときと同じように、自分の子どもがその場所にいるとしたら。

心情が手に取るようにわかるツイートだ。壁に追いつめられただけでなく、マスクは傷ついているのだ。ワイスからなかなか返事が来なかったので、マスクは催促までしている。

バリ、言葉遊びではなく、まじめに聞いてるんだ。きみの考えを教えてくれ。

続けて個人攻撃もしているが。

真実を一生懸命に追い求めるのではなく、メディアエリートの目に「善」と映り、両方の世界に片足ずつ突っ込んでいられるように、自分は道徳的に正しく考えているとアピールしているわけか。

数え切れないほどの人を前に、心がダダ漏れである。息子を狙いやがった。なのに、オレが非難されるのか？　ジャーナリストを何十人か、ソーシャルメディアから一時的にはじき出しただけで？

しかし、もう何時間かたつとさすがに頭が冷え、矛盾にみずから気づいたらしい。まさしくこういうときのためにツイッターを買ったのではなかったのか、ソーシャルメディアで言論の自由が失われるのは、人類を前に進めるという自分のミッションがあやうくなるほどの危険だと考えたからではなかったのか、と。

というわけで、その夜10時56分、マスクは平静を取り戻して、アンケートを投稿した。

私の正確な位置情報をリアルタイムにさらしたアカウントの凍結をいつ解除すべきか。

いますぐ

明日

7日後
もっと先

感情的になりすぎて、イデオロギー的な判断が一時的におかしくなっていると気づき、どうすべきかは世論に任せることにしたのではないだろうか。

翌晩の真夜中20分すぎ、結果が出た。凍結はただちに解除すべきだという意見が過半数を占めている。マスクは、約束を守る旨、投稿する。

民は語れり。私の位置情報をさらしたアカウントについて、いま現在をもって凍結を解除する。

この一言で、「長いナイフの夜」が終わり、凍結のほとんどが解除された。ただし、この事件で、マスクのなかでなにかが変わった。それは、ツイートの流れを追うだけでわかる。おもしろおかしい話ではなくなった。ゲームではなくなった。ミームを投入する雰囲気ではないし、マスクらしい冗談を飛ばす雰囲気でもない。最後に取ったアンケートも、マスクにとっては、チェイスセンターでブーイングを受けたのと同じように、驚きの結果だったはずだ。世の中は、基本的に、自分の味方だと思っていたはずだ――これまではそう思っていられたのだから。

しかるに、マスクはまちがっていた。民は語り、マスクは、いやいやながら、耳を傾けた。

マスクの周りには暗雲が渦巻いている。そのことは、この週末、ツイッター本社でマスクの存在から逃げ遅れた人なら、みな、痛感したはずだ。

息子は無事だったし、気に食わないアカウントだと思えば凍結するなど、思うがまま、自分の領地かなにかみたいにツイッターを好きにするのはやめた。それでも、あのハイウェイやガソリンスタンドの事件にかき乱された感情は、なにもせずに消えてなくなったりしない。いつまでもわだかまり、どろどろとしたうらみに変わっていく。腹立たしいツイートのスレッドに、腹立たしいツイートがひとつ、またひとつと増えていくように――。

我々の人生は、もしかすると、仮想のＮＰＣが暮らすシミュレーションの世界なのかもしれない。だが、マスクにとって、シミュレーションがこれほどリアルに感じられたことはなかった。

―――2022年12月17日

第22章 死の螺旋

「さらしたら凍結される。それだけのことだ」

「これ、本気か？　いや、その、さ、手加減とかしなくていいのか？」

エスターは、ベッドの上に置いたノートパソコンを見下ろしていた。隣には夫がいる。いま書いたメールが読めるほどすぐ近くだ。だから、その顔には心配が広がっている。エスターは肩をすくめ――夫が正しいかもと、ちょっとだけためらった。エスターは、だいたいいつも、書いたメールは送ってしまう。ざっくばらんな質《たち》で、人とぶつかることを恐れないからだ。マスクがツイッターを買収し、社内の立場が急上昇してからの1カ月半でも、何回ぶつかったかわからないほどチーフ・ツイットとぶつかってきた。

でも、最近は、いろいろと状況が変わってしまった。ほかの人々と同じく、彼女もそう感じていた。特にここ数日がひどい。マスクは明らかに不機嫌で、キレやすい。先週水曜日には息子が乗った車が正気とは思えないストーカーに止められた事件があり、そのあといろいろとごたついたのも、すべてマスクが悪いと言う気にはなれない。ツイッターのトップという立場にいたら、自分も同じことをしたかもしれないと思うのだ。いったんは追い出したジャーナリストもアカウントを復活するなど、失策も大半は軌道修正した。心配なのは、機嫌が悪くなっていることと、それに伴って、決断の仕方も変わっていることだ。もともと計算より本能で動くタイプではあるが、いまは、感情に支配されてしまっているように感じられる。

先週の木曜日、多くの有名ジャーナリストを相手にマスクが大立ち回りを演じていたとき、とあるスペースのライブ配信があり、エスターを含め、何十万人もが耳を傾けることになった。突然連発されたアカウント凍結について話し合おうと、ツイッターでさかんに活動してきたジャーナリストが集まって企画したもので、マスクも飛び入りで途中参戦した。そのときのマスクも、最初は、いつものように完璧な感じだった。

しかし、事態は、思ったとおりになど展開しない。答えやすい質問がいくつか出たあとの夜中11時半ごろ、ツイッターから追い出されたジャーナリストのひとり、ワシントンポスト紙のドリュー・ハーウェルから、@ElonJetの凍結とそれを報じたジャーナリストの凍結について尋ねられた。

最初はさらされるのはいやなものだなどと、冷静かつ論理的に答えていた。しかし、だんだんと口調が荒くなり、言葉が次から次へと転がり出るようになっていく。

「今後は、ジャーナリストと、え〜、単なるジャーナリストと、ふつうの人を区別しないようにしていくつもりです。誰でも等しい扱いになるわけです。ジャーナリストだからといって特別扱いはしません。みんな、単に、みんな、ツイッタラーなんですよ――みんな、単に、みんな、市民なんですよ……さらせば凍結される。それだけのことです」

このあと、調子がぐっと厳しくなった。ツイッターにアクセスできないようにブロックしたはずの記者と話をしているのだと気づいたらしい。厳命によりツイッターから追い出したはずだ、スペースにアクセスすることさえできない過去の人のはずだ、と。

「あとですね、凍結の回避というか、だまくらかそうとするみたいなのとか、あと、え〜、リアルタイム情報へのリンクは、明らかに、それはつまり、どう見ても、趣旨をごまかしているわけで、それは、書いてもペーストしても変わらないのと同じくらい、リアルタイム情報を実際に共有するのと変わらないわけです」

これに対してハーウェルは、我々はリアルタイム情報を投稿したわけではない、ただ、ニュースを報じていただけである、凍結されたアカウントへのリンクは、適切な報道に必要なものだから示しただけであると押し返す。また、今回用いられた手法は、ツイッター1・0がハンター・バイデンのノートパソコンなどのときに用い、マスク自身が批判したものだとの指摘もあった。

マスクは一瞬口ごもってから反撃した。小ばかにするような調子だが、内心のいらだちがダダ漏れである。

「さらしたら凍結される。それだけのことだ」

この言葉を最後に、マスクはスペースから退出。続けて、わりとすぐに、スペースそのものが使えなくなった。のちにツイッターが説明したところによると、技術的なバグを修正するためにスペースのサービスを一時停止したとのことである。この技術的なバグというのは、こちらもあとで説明があったように、凍結されたアカウントのユーザーがスペースにアクセスできることを指している。つまり、マスクに対峙《たいじ》し、不愉快な思いをさせることが可能なのが問題だったのだろう。

いずれにせよ、言論の自由にほど遠いことだけはたしかだ。

エスターは、イデオロギーを特に重視していないし、プライベートでつらい出来事があり、それをどうにかしようとしているときにまで、動じることなく適切な対応をしろと言う気もない。ただ、感情にふりまわされて失敗することが増えているのは心配だった。ソーシャルメディアの運営は、ロケットの建造以上に難しいことに、マスクはいまだ気づいていないように見えるのだ。

言論の自由にまつわる問題は、エンジンの燃焼率などと違い、計算でどうこうできるものではない。言論の自由とはぐちゃぐちゃでわけのわからないものであり、対話から収益を上げるビジネスはほかと違う問題が起きがちだし、それがまた、いろいろと絡みあって惨事になりがちだ。

それでもなお、送ろうとしているメールの題名をじっと見ながら、エスターは、自分の愛する会社にとってと同じくらい、自分にとっても存亡の危機なのかもしれないと思い悩んでいた。

「ツイッターは死の螺旋《らせん》に入っている」

夫の言うとおり、手加減なしの全力全開である。題名と同じく本文も容赦がなく、ツイッターが崩壊の危機にあると信じる理由を並べてある。このまま6週間も放置すれば、死への降下を逆転できなくなると思うのだ。マスクがみずから壊したあれこれをすみやかに修復してくれなければ、プラットフォームの機能は保たれたとしても、手術台の終末期患者というか、血を流しつづけている終末期患者というかみたいなものになってしまう。

大きく三つの面でツイッターは病んでいる。すなわち、収益、ユーザーエンゲージメント、社員の士気だ。全社集会のプレゼンや広告業界向けのスペースイベントでも使えるくらいまで、メールに記した数字をいじるのも不可能ではない。しかし、この3分野がいずれも崖っぷちどころかそのあたりなどとうに過ぎてしまっていることなど、社内の人間は、みな、知っている。

姿勢を低く、口は閉じたほうが無難だというのはわかっている。いまはマスクの機嫌がかつてないほど闇に染まっているのだからなおさらだ。同時に、こういう懸念をマスクに伝えられるのは自分しかいないし、であれば、声をあげなければならないとも思うのだ。クビをかけることになるとしても。

マスクの周りには、彼の戦略や決断、気まぐれを支持するだけの人しかいない。カラカニスしかり、いとこのジェームズしかり、スティーブ・デイビスしかりである。みな、10階から飛び降りろと言われてもそのとおりにしかねないほど、マスクを崇拝している。専門家の集団ではあるものの、カルトのようなものになっているとも思うのだ。パーソナリティのカルトと言うべきか、イデオロギーのカルトと言うべきか、共通の利益のカルトと言うべきか。ともかく、カルトなら、ほかの人より深く理解できる自信がある。

いま、マスクが本当に必要としているのは、ゴマをする部下1000人より必要としているのは、「ノー」を突きつける気概のあるひとりだとエスターは考えていた。

だから、もう一度、夫に肩をすくめてみせると、賢くないことだとわかった上で、送信のボタンを押した。

マスクからの返事は、意外なほどに早く返ってきた。夫とふたり、並んで読む。夫とふたり、並んで目が大きくなった。よくあることではあるのだが、マスクは、メールの大半を無視したのか、彼女の考えを消化した上で斜め上に話を持っていこうというのからしい。

「ツイッターは死の螺旋に入っている」と書き送って2時間もたたずに返ってきたのは、ふたつの短い文だった。

経済がもうすぐ心停止するが、そう気づいている者はほとんどいない。ツイッターは、社員数を絶対的な最低限まで減らさなければならなくなるだろう。

エスターは、この返事を2回、読んだ。信じられない。お寿司の話をしましょうと言ったのに、タイヤの値段について愚痴られたようなものだ。これ以上は、顔をつきあわせてやらないとどうにもならないだろう。

説得

マスクとは、いつもどおり、すりガラスの壁の向こう、カラカラで話をすることになった。外には大きなガーゴイルが立っている。マスクは、ひとり、会議机に座ってスマホを見ていた。

今回、会議室にあとから入ったエスターは、なるべく自信満々に見えるように歩いた。本当は心配でたまらない。ただ、びくついたりすくんだりはしていない。もう1カ月以上も毎日のようにマスクと仕事をしてきたし、信頼もされるようになっていると思う。もしかすれば、尊重されているとさえ言えるかもしれない。側近連中のように双方向の忠節が生まれるのに何年も時間がかかることは、舎弟の人々を見ていればわかる。でも、年単位の時間はツイッターに残されていない。

マスクの隣に座ってノートパソコンを開き、いますぐ、マスク自身がツイッターの修復に取りかからなければならないと、ずばり核心から話に入った。ところが、マスクは、もっと大きな経済の話に持っていこうとする。メールの返信にもあったように、経済全体がほどなく崩壊する、そうなれば、広告費もおそらくはゼロになる、と。そんなのは責任逃れだ、外部要因のせいになどさせない――エスターはそう思った。

たっぷり30分、エスターは同じことをくりかえし指摘した。「現状を正しく理解していただけるまで私は引きません。私以外は誰も、真実をあなたに告げてくれないからです」と言って。

訴えれば訴えるほど熱くなった。そんなのは「空が落ちてくる」と心配するようなものだとか、メディアがでっちあげたおかしな数字に基づく考えだとか、鼻であしらわれるたび、なんとかしなければならないという思いが強くなっていく。大人として理由を示すのは、神に与えられた使命というレベルで自分がしなければならないことだと感じるほどに。

実は、彼女の名前エスターは聖書から取られたものだ。エスターの名前を冠した書（エステル記）に、ペルシャ王宮に入って妃となった美しい女性エステルが、その地位を活用して、高官の策謀から民を守った話が載っているのだ。エスターは、この名前の意味を心に刻んで生きてきたし、入れ墨で体に刻むまでしている。そんな彼女にとって、いま、このときは、現代の王に仕える地位にいるのも神の思し召しであり、いかに厳しくても言わなければならないことを言うためなのだと感じてしまうものだった。

たしかにマスクは急に怒りだしたりする。特に、自分と相手以外の人間が同席しているとそうなりがちだ。ツイッターブルーの開発で、面と向かって技術者をあほうだとののしったり、議論の真っ最中にお前はクビだと切り捨てたりするのをなんどとなく見たのでよく知っている。

ただ、自分はおそらくそうならない、特に、カラカラでマスクとふたりきりならまず大丈夫だと踏んでいた。だから、後に引かず、突きすすんだ。広告は大きくへこみ、それに伴って収益も大きくへこんでいると指摘する。マスクはツイッターをはじめとするあちこちでいろいろと言っているが、ユーザーエンゲージメントが急降下していることは事実だとも指摘。たしかに利用時間は買収直後に最高値を記録しているが、以来、エンゲージメントは下がりつづけているのだ。そもそも、トップを信じない社員と社員を信じないトップでまともな会社が作れるはずがない。であるのに、現状、恐れと陰口と嫌悪ばかりが社内に広がり、コミュニケーションはゼロとなっている。そんなだから、いまも残る社員の80％は転職先を探している。

最後のほうは、気づくと立ち上がっていたりした。

「こんなことになってしまった原因は、ひとりの人にあります。でも、この状況をひっくりかえせる人も、ひとりだけいます。あなたならどうにかしてくれると信じています」

こういう言い方のほうがマスクは応えてくれる。ずばっと切り込み、称賛で締めるのだ。

少し考えているようだったが、どうやら納得してもらえたらしい。一瞬ながら闇が晴れたみたいで、笑顔も見せてくれた。言いたいことは理解した、どうすべきか考えてみる、過去の失敗は自分のせいだなどとも言われた。

話が通じたという実感を胸に、エスターは会議室を後にした。少なくとも、ほかの人は誰も言わないであろうことを面と向かって伝えることはできた。

ボディガードのあたりまで来たところで、ふりかえってみた。マスクはカラカラにひとり、大きな会議机の真ん中あたりに座り、また、スマホをいじっている。前かがみに背中を丸めて。さっきの笑顔は影も形もない。

意気消沈しているように見える。

お金も権力もうなるほどあり、たくさんの人が付き従っている。なのに、あの大きなガラスの会議室にひとり寂しく座っているように見える。スマホだけを友として。

何週間か前、ツイッターブルーの改修について激論を交わしたときの会話が思いだされる。ふたりだけのとき、話がなぜか家族のことになり、ふたりとも、バーニングマンに参加した結果、自分はどこから来て、なにをすべきなのかを真剣に考えてしまったなどと語り合ったのだ。マスクからは、上の子どもたちはいまティーンエージャーで、自分と一緒にいたがらないんだと愚痴が出た。エスター自身は自分の子どもとても仲がいいが、一般にティーンエージャーは難しい年ごろだ。ただ、イーロン・マスクは、自律運転車や宇宙船や火炎放射器を作っているし、ラスベガスの地下にトンネルを掘ってしまうし、人間を火星に送り込もうとしている。ティーンエージャーなら飛びついてもおかしくないのに、なぜそうならないのだろう。あのとき、エスターは、マスクのことをかわいそうだと思った。そしていま、会議室に座るマスクもかわいそうだと感じた。

下降螺旋に入っているのは、ツイッターだけではないのかもしれない。マスクも、くるくると落ちていっているように感じる。

——2022年12月18日

第23章

民の声は神の声

ワールドカップ決勝戦

サンフランシスコのオフィスビル10階の会議室で目をつぶり、その1日後、地球の反対側で目を開くと、そこは、目を焼くほどに太陽がぎらつき、潮と砂の香りをはらんだ風が吹いていて、砂が多すぎて息をすると痛いほどなんだけど、それでも思わず笑顔になるんだよな、それもそのはず、周りに大勢の人がいて、いや、ほんとに多くて、何万人もいて、みんな、叫んだり歓声を上げたり悲鳴を上げたりと、スタジアムに満杯の人が砂漠のど真ん中に突然出現していて、まるで神話というか、聖書にでも出てきそうだというか、スピリチュアルだと言ってもいいのかもしれないというくらい多くの人がいて、それがみんな空色と白色のストライプ柄と濃紺のユニフォーム姿なので、全体がなんというか、力強く脈打って生きている感じになっている。

その中心でマスクも興奮に震えていた。あまりに人が多いし、その多くが下のフィールドではなく自分を見ている、ピッチを走り回る選手ではなく自分をじっと見ているのですごい圧を感じるが、それでも、マスクは笑みを浮かべていた。

もう少し正確に言うなら、マスクは群衆に取り囲まれていたわけではなく、その上に浮かんでいた。カタールの首都ドーハから北に20キロほど行ったルサイルにある楕円形の巨大なルサイルスタジアム、そのてっぺん近くにある貴賓席にいるのだ。ここからは、詰めかけた8万人もの熱狂的なサッカーファンを見下ろせる。世界最大のスポーツイベント、アルゼンチンとフランスが戦うワールドカップ決勝戦だ。世界中に配信され、15億人以上が見る一大イベントである。

さすがに貴賓席で混雑はしていないが、マスクひとりというわけでもない。すぐ近くに立っているのはカタールの政府系投資機関カタール・インベストメント・オーソリティのマンスール・ビン・イブラーヒーム・アルマームードＣＥＯである[1]。マスクがツイッターを買収した際、３億７５００万ドルを出資した人物だ。さらに、ゆったりとした白いローブを着て頭には覆いという伝統的な中東衣装の人々が並んでいる。この貴賓席は、この日、青に染まっていない例外的な場所のひとつなのだ。マスク自身はハンターグリーンのＴシャツにダークパンツという姿で、カタールの人々に囲まれるとかなり目立つ。といっても、この貴賓席に外国人が彼ひとりというわけではない。マスクの左には前米国大統領の娘婿、ジャレッド・クシュナーが座っている。あごもほっそり、目の間隔も狭めで、全体に細い印象だ。クシュナーはカタールともサウジアラビアとも取引があるなど、金融関連で中東に太いパイプを有している。その何席か先には、世界第2位の製鉄会社を率いるインドのビリオネア、ラクシュミー・ミッタルがいる。[2] 少し前にマスクと握手をしているところが目撃されているので、トルコのレジェップ・タイイップ・エルドアン大統領もそのあたりにいるはずだ。肉に塩をふる姿で知られるソルトベイ、本名ヌスレット・ギョクチェもいる。インスタグラムのフォロワーが5000万人を超える有名人で、このワールドカップでも、アルゼンチンのスーパースター、メッシや優勝トロフィーと一緒の写真を撮りまくり、それをインスタグラムにアップしている。ただ、これがよくなかったらしく、国際サッカー連盟からイベントへの出入り禁止を申し渡されたという話もある。オープニングセレモニーは一大絵巻だし、貴賓席にもスタンドにもセレブがあふれているしで、イベント全体がソーシャルメディアで映えるように作られているとしか思えないのだが。

マスクも、彼なりのやり方で映えを追求した。まず、前日の夜、自分のジェットで1万3000キロの旅に出る直前、次のようにツイートしている（このフライトも、復活した@ElonJetに追跡されている。ただし、公開を少し遅らせる形で）。

日曜日は初のワールドカップだ！　試合のことや感想などをツイッターに書くか

ら楽しみにしていてくれ

翌朝、スタジアムについた瞬間からは、ツイートストームだ。

9時53分、「いま、ワールドカップの会場にいる」とツイート。添付の動画には、フランスとアルゼンチンの国旗がはためき、花火が盛大に上がるオープニングセレモニーの様子が映っている。

10時27分には「アルゼンチンがすっごいゴールを決めた！🇦🇷🇦🇷🇦🇷」とツイート。こちらも動画が添付されている。そしてその40分後には、

大興奮のワールドカップだ！
前半、🇦🇷が2対0で先行
🇫🇷は巻き返せるのか？

このツイートが３８００万回以上も閲覧されたからか、11時54分にもまた会場からツイートしている。

フランス、よくやった！🇫🇷🇫🇷🇫🇷

同点だ!!

さらに1分後。

フランスのこのゴール、1秒で2万4400ツイートも投稿があった。ワールドカップ史上最多だ！

エンゲージメントが下がってるってどこの話よ？　1秒2万4400ツイートだぞ？

元気いっぱいのマスクは、12時39分にも「3対3だぁ！　すっげー」とツイート。

そして午後1時2分、手に汗のペナルティーキック合戦をアルゼンチンが制し、試合が決まった瞬間にも。

砂漠の決闘だ。
これ以上の試合なんて考えられない。
の試合、すごかった!!!

貴賓席で美女と金持ちに囲まれ、今年最大のスポーツイベントを見ながら、1億200

0万人以上もいるフォロワーに向けてツイートする。こんなに気持ちのいいことはない。ここ数日、いや、数週間、たぶん数カ月で最高の気分である。

この世のものと思えないほどの完璧な癒やしで、ここしばらく続いたつらい現実を忘れさせてくれる。現実というシミュレーションのアルゴリズムが主人公中心に修復され、NPCは、それぞれ、本来の役割に戻ったわけだ。カタールの人々、ビリオネア、クシュナー家の人々など、向けられる顔はいずれも輝いている。畏怖に敬意、さらに、そう、愛に満ちている——マスクにはそう感じられた。

みんなのラブバルーンが体に満ちてふわりと浮くような心持ちを味わいつつ、貴賓席のバルコニーから体を乗りだし、青また青のユニフォームを着たファンと握手する。握手する、ハグする、愛する——ファンを、カタールの人々を、クシュナー家の人々を。

リセットだ。復活だ。サンフランシスコも、重苦しい本社も、オレをきらい、恐れて、すりガラスの向こうであれこれ画策するツイープスも、すべてが遠く感じられる。オレをさらしてくれたジャーナリストも、オレをつぶそうとする大手メディアも、すべてが遠く感じられる。

みんな、まともに見えてないんだ。1秒で2万4400ツイートだぞ。熱烈なファンがこんなにいるんだぞ。シミュレーションは正常に戻ったんだ。

痛恨のアンケート

マスクが心を決め、ツイートを用意したのは、原子力のような太陽が地平線の下に沈み、クールなレザーに包まれる快適なプライベートジェットに収まって世界に沿う曲線で家路についてからのことだ。カタールの王族と語り合ったからか、インドのビリオネアと語り合ったからか、クシュナーと語り合ったからか、はたまた、気まぐれな思いつきなのかはわからないが、マスクは、ツイートをひとつ用意した。ふつうのではなく、アンケートだ。どうにもおかしいと感じてきたあれもこれも、すべてが正しい状態に戻った、闇に染まっていたあれもこれも、すべてが光を取り戻した――まちがいなくそうだと感じているのだが、この感覚が正しいと確かめたかったのだ。

ツイッターのトップから退くべきだろうか？
アンケート結果には従うつもりだ。

投稿はカタール時間の午前2時20分（ツイッター標準の米国東部時間では午後6時20分）。すさまじい勢いで回答が積み上がっていく。そして、ほどなく、おそらくは数分も待たずして、マスクは、状況を読み誤ったとさとった。雰囲気に流された、と。だまされてしまった、と。

リロードするたび、数字が悪くなっていく。悪く、悪く。

さらに悪く。

プライベートジェットは空高く昇っていて、その革張りの腹に収まっているというのに、

マスクは、墜ちていた。きりもみ状態で墜落だ。

下へ。下へ。下へ。

民は語れり。民の声は神の声。

——2022年12月20日

第24章 ツイートする者はツイートによって滅ぶ

1750万人のユーザーが出した答え

「願いはよく考えて選ぼう。望んだとおりになってしまうかもしれないから」というじゃないか。

@elonmusk ——2022年12月18日午後6時43分

10階でエレベーターを降りた瞬間、なにかおかしいとジェシカは感じた。角を曲がり、カラカラの隣に広がるオープンなワークスペースに入ると、奥の方にツイープスが群れていて、会議室の入口に立つボディガードのほうをそっとうかがっている。最近は、身を隠せるほど家具が残っていない。ウォータークーラーもなくなったし、観葉植物ももうない。

4日前、つまり、マスクがワールドカップでカタールに向かう前、見切り市だ買ってくれと、社員向けガレージセールのようなものが行われて、事務用品やTシャツから観葉植物にいたるまでが売られたのだ（大半はツイッターのロゴ入りだ）。大半はひとつ2ドルと大特価で、売上は1万1000ドルに達した。もちろん、会社の収支にとっては焼け石に水だ。ただ、観葉植物は売ってしまったほうがたしかによかった。水をやる係がもういないからだ。

もっとも、10階には少しくらい緑を残してもよかったんじゃないかと思える。あまりに殺風景なのだ。ツイープスはふたりとか三人とかかずつかたまり（マスクから徒党は禁止と申し渡されているのだが）、お葬式かなにかのように、ひそひそとささやきあっている。石から削り出したようなボディガードは、押し黙ったままだ。

ツイッターを生きながらえさせることができる人は、誰もこの仕事をしたいと思わない。後継者なんていないないいんだ。

@elonmusk ――2022年12月18日午後7時4分

人のいない机やキューービクルの間をすり抜け、以前はシダの葉で隠されていた、スパゲッティのように絡みあう延長コードをよけながら、ジェシカはワークスペースの向こうへと進む。プログラマー用ワークステーションでは、誰だか知らないが、疲れた目の若者がひとり、ノートパソコンにのしかかり、キーボードを必死にたたきまくっていた（先日、競合するソーシャルメディアに誘導する投稿を経営陣の判断でバンするという粗相をしてしまい、マスクが謝罪したりしたので、その修正をしているのかもしれない）。その横を通ったとき、以前はトラスト&セーフティにいた女性ふたりの姿が目の端に入った。ふたりは、いまもまだ、なにがしかのモデレーションに携わっているはずだ。硬いフローリングの床を滑るようにして、ふたりに近づく。

この仕事をしようというおバカさんがみつかったら、CEOを辞任する。そのあとは、ソフトウェアとサーバーの部門だけを見るつもりだ。

@elonmusk ——２０２２年12月20日午後8時20分

彼の話をしていることは明らかだ。かわるがわる、カラカラを囲むすりガラスのほうにそっと視線を走らせているからだ。

うわさによると、彼はずっとあそこにこもっているらしい。無表情なボディガードに入口を守らせ、ひとりで。ガラスの向こう側は照明が消されているか、かなり低く落としてあるように見える。彼は机についているのかもしれないし、そうでないのかもしれない。

影のようにぼんやりとしたものしか見えなくて、それが家具なのか、先日誰かの持ち物になった観葉植物なのか、それとも、経験したことがないほど強烈なパンチを心にくらい、気落ちしたビリオネアなのか、よくわからない。

あのアンケートは、投稿されてすぐに気づき、それから24時間、回答が締め切られるまで、くりかえし、くりかえしチェックした。そして、最終の結果に驚きはしなかったが、エンゲージメントの数字には言葉を失った。投票者数が1750万人というのもすさまじいが、閲覧者の3億6300万人に比べるとたいしたことがないように思えてしまう。米国の総人口より多くの人が見たわけだ。これはツイッターが世界的な存在であることの証明であり、マスクにとっては、ツイッターがいまもユーザーに支持されていることの証明である。ツイッターはオンライン版世界のタウンホールになれると、マスクは、また、示したのである。

こうして民は語り、議論の余地のない結果が出た。57%、1000万人近い人が「イエス」を選んだのだ。マスクはツイッターのトップから退くべきだ、と。マスクも、どちらに風が吹いているのか、回答期限の24時間を待たずにわかったはずだ。というか、すぐにわかったことだろう。アンケートから1～2時間は何回かツイートしたものの、それから1日近く、押し黙ってしまった。これほど長い時間、ツイートがないなど、もう何年もなかったはずだし、ツイッターを買収して以来初めてであることはまちがいない。

カタールから本社に戻ってきたマスクは、ほとんど誰とも言葉を交わさず、うなだれ、背中を丸めて歩いていたとジェシカは聞いている。ボディガードでさえ、いつもより少し離れて歩いていたというし、舎弟も、もともと本社にいなかったのか隠れていたのか、姿を見せなかったという。

そして、10階の会議室にこもってしまった。仕事関連でマスクの判断を仰ごうとしたツイープスも何人かいたが、みな、ボディガードに追い返されてしまう。誰も入れるなと厳命されているらしい。いつもマスクと外の世界をつなぐ役割を果たしているジェーンの姿もない。マスクは、ただひとり、暗い会議室に何時間もこもって出てこない。

ジェシカのところには、サンフランシスコ本社のさまざまな人からいろいろなメッセージが届いていた。お前、辞任しろよと何百万人もの人に言われてCEOのメンタルが崩壊したら会社はどうなるんだと心配する者もいる。ツイートする者はツイートによって滅ぶんだなとおもしろがる者もいる。あれほど短期間で自分の評判を地に落とし、なおかつ、絶対にまちがわない天才だと舎弟以外に思われてなどいないと気づけないのはおかしいだろうと混乱する者もいる。

ジェシカ自身は、いわく言いがたい思いを抱えていた。アンケートに回答してはいないが、大変な1週間を経験したばかりのマスクに重荷を積み増すのもどうかと思うのだ。自分にも子どもがいる。だから、息子が乗った車がつけ狙われたと聞いて過剰に反応したのを責める気になれない。たしかに、ツイッターのトップとしてまちがった判断をいくつも下してきたが、なぜそうなったのか、理由に気づいてほしい、そして、ソーシャルメディア企業の経営はロケットの建造と大きく違うのだと気づいてほしいと思っている。数学や科学の世界ではない。こう動けばこう返ってくるという世界ではない。理屈どおりに動くわけではないのだ。なぜなら、人を中心としたビジネスだから、感情が渦巻くビジネスだからだ。

トラスト&セーフティの元部員までもう2歩まで来たところで、ふたりの言葉が聞こえるようになった。これからツイッターがどうなるのか、本当にCEOを辞任するのか、アンケートは無視するのか、それとも、広告主やジャーナリスト、全社集会やスペース、あるいはツイッター上で彼に詰め寄ったツイープス、ヨエル・ロス、ロビン・ウィーラーなど、自分に立ちむかってきた人にしてきたように今後もむちを打ち続けるのか心配だとささやいているのではなく、マスク本人を心配してささやきあっているようだ。

「安否確認」という言葉が聞こえた気がする。驚いたことに、ふたりは、サンフランシスコ警察に安否確認をお願いしようかどうしようかと相談しているらしい。

イーロン・マスクの。

マスクが会社関係のつながりを完全に切ってしまったので、ちゃんと生きているかどうか、警察に連絡する以外に確認する手だてを思いつけないということなのだろう。

ほほが熱くなった。ふたりとも、まだ電話に手を伸ばしてはいないが、そうすべきなのではと考えているだけで十分すぎる。自分は、マスクと話をしようと思ってここに来た。部下としてではなく、批判者としてでもなく、なにかしてほしいと願う人としてでもなければいなくなってほしいと願う人としてでもなく、ひとりの人間として、同じ人として、守る者として、彼と同じように、世界の行く末を案じる者として、彼と同じように、世界をよくしたいと望む者として。

でも、いまこうしてここに立ち、同僚ツイープスふたりが安否確認の相談をしているのを聞くと、ボディガードを、ガラスを見ると――無理だと思った。とても無理だと思ってしまった。

ジェシカはきびすを返すと、エレベーターに戻ることにした。

「ツイッターがイーロンマスクを壊した」

20分後、ジェシカは、マーケット通りと10番通りの交差点に立ち、そよ風をノートパソコンのバッグに感じつつ、ホテルに戻るウーバーを待っていた。バッグは軽い。ほとんどバッグそのものの重みしかないのだ。マスクがツイッターを買収したことを受け、サンフランシスコにとどまると決めて以来、自分のパソコンは机に置きっぱなしだ。荷造りは30

分もあれば終わるだろう。そうしたら空港へ行き、夫と子どもたちが待つニューヨークへ夜行便で帰る。

辞表はまだ出していない。辞任のメールは飛行機に乗ってから送るつもりだ。でも、この2カ月、肩に感じていた重みは、もう、消えている。先のことはなにもわからないが、ツイッター1・0を一緒に作ったツイープス仲間と同じくらい、善意に満ちていてつながりが感じられ、元気になれる集団をみつけられればいいなと思う。落ちついた先で昔の仲間に会うこともあるかもしれない。仲間の大半は、いま、後ろにそびえるアールデコの建物を自分の家と呼ばなくなっているわけだし。

本社ビルをついふりかえりそうになる自分を必死に抑える。ふりかえったら、10階あたりの窓の向こうにマスクのシルエットが浮かんで見えそうな気がするのだ。サイレンは聞こえない。警察や消防がかけつける気配はない。ということは、カラカラの外で相談していたツイープスふたりも、たぶん大丈夫だろうと思いなおしたのではないだろうか。

マスクも、そのうち、自我に受けた傷を癒やし、復活するだろう。すでに、ツイッター上で、CEOアンケートの痛打から抜け出そうともがき始めている。

マスクお気に入りのフォロワーのひとり、キム・ドットコムからも次のようなツイートがあった。インターネットアントレプレナーで活動家でもあり、ハッカーでもあり、ずばずばものを言う人物だ（コンピューター詐欺とサイバースパイの罪に問われ、亡命していたこともある。このときは、米国に送還されると不正資金洗浄に恐喝、電子的通信手段による詐欺の罪にも問われるので、送還に長らくあらがった)。

お〜い、@elonmusk さんよ。ディープステートの敵筆頭という立場でこういうアンケートは浅はかだろう。敵さんはツイッター最大のボットアーミーを擁しているんだからさ。ひとり30〜40アカウントもコントロールする「アナリスト」を十万人も動員して、きみに不利な投票をするに決まっている。いったん全部ご破算にして、アンケートをやり直すべきだ。大半の人は、きみを信じているよ。

続けて、実は、ボットを捕まえる「ハニーポット」としてアンケートを投稿したんじゃないかと投稿。沈黙を破り、マスクがこれに反応する。

おもしろいね。

ほかのフォロワーから、こんな提案も出された。

ポリシー関連のアンケートには、サブスク契約でブルーチェックがついているア

カウントしか回答できないようにすべきだ。このゲームに金を投じているのは我々なのだから。

マスクが賛成だと答える。

たしかに。そうなるようにするわ。

彼はいなくなったほうがいいと過半数の人が考えていると認めたくないからか、あるいは、怪しい結果だと本気で思ったのかはわからないが、アンケートの結果をそのまま受け入れ、身を引くつもりがなくなったことはまちがいない。少なくとも、すぐには。ただ、ツイッターで自分がしてきたことによって自分を見る世界の目が変わったりしていない、今回の買収で自分の評価に大きく傷がついたりしていないと装えなくなったこともまちがいない。

いますぐ去ることはない。「民は語れり。民の声は神の声」にも限りがあるということだろう。

自我が傷つきやすく、本能的に勝利を求めるから、すぐに去るわけにいかないのかもしれない。こちらのほうが可能性は高いと思うのだが、面目は施したと言えるくらいの期間、トップに居座ってから、自分の全体的な評判を回復する手を打とうということなのかもしれない。

でも、そんなことは、もうどうでもいい――ジェシカはそう思っていた。あのアンケートで自分がどう思ったのかを見るにつけ、マスクがどれほど大変な思いをしたのか、推測するに難《かた》くない。10番《テンス》ビルの会議室から出てきてツイッターを歩き回り、次から次へと布告を発し、ツイープスをクビにして、原形をとどめないほどプラットフォームをいじくり回すのがいつになるかはわからないが、そのときのマスクは、洗面台を手に本社に入ってきたときのマスクと違う人になっているだろう。

ジェシカは思った。イーロン・マスクがツイッターを壊したのではない。

ツイッターがイーロン・マスクを壊したのだ。

いずれにせよ、マスクなりツイッターの残骸なりが事態を収拾するまで待つ気は彼女になかった。

——2023年2月13日

第25章 沈みかけた船

失われた活気

マークは、大きなゴミ袋を片手に、携帯をもう一方に持ち、暗いリビングをそろそろと進んでいた。スカベンジャーハントみたいなもので、いまは、どこの家も似たようなことをしているだろう。部屋の向こうにはテレビがつきっぱなしになっているが、試合後のインタビューやタッチダウンのリプレイもとうに終わり、ふつうの放送に戻っている。なにやら見た目のいい連中がトークショーだか座談会だかをしているようなのだが、夜中の2時にあの調子は元気がよすぎるだろう。そう思いながら、マークは、携帯のライトで足元を照らし、いつもと違う場所に置かれた家具の間を抜けていく。そして、まだ半分残っているビールの缶やピザの油でべったり重い紙皿をみつけたり、何歩か進んではチートスのかすをカウチから払ったり、プレッツェルを床から拾い上げたりする。

なるべく音を立てないよう、慎重に進む。理由があるのだ。天井の明かりをつければ楽なのに、そうしないのも同じ理由からだ。大部屋というのは友だちを16人も呼んでスーパーボウルを観るパーティにはいいが、妊娠したばかりの妻を起こさないように注意しながら掃除をするには不向きである。

ジーナはまだ妊娠6週間というところだ。それでも、すでに、お腹で育つ新たな命の影響を感じている。それにしても、人生がこれほど急変するとは思わなかった。マスクから「本気」メールをもらったあと、残る部下を中華屋で激励したのが昨日のことのように思える。であるのに、それからわずか1カ月半のクリスマスには家の頭金を払い、新年には、もうすぐパパになると知らされたのだ。

ここに引っ越してきたのも1週間前で、リビング以外は家具もまだそろっていない。まあ、おかげで掃除がわりと楽なのだが。シミや汚れらしきものがライトに照らし出されるたび、マークは、きちんとしたがる性分と受けたしつけを必死に抑え込んで無視した。

携帯はライトとしてのみ使っているのではなかった。ツイッターも開いてある。なにせ、マークの人生はいまだツイッターを中心に回っているし、骨と皮ばかりのようになったチームも（クリエイティブ34人だけに絞られた）、営業の仲間と協力して広告事業の立て直しに苦心しているからだ。マスクの公式なコメントでは、広告主の大半が戻りつつあるとされているが、実態はもっと「微妙」である。アップルは戻ってきた。一方、AT&Tやマース、フォルクスワーゲンなど、有名クライアントの多くはいまなお様子見だ。[1] コカ・コーラもユニリーバもかなりしぶくなってしまった。そんなこんなで、広告収入は、マスクの買収前に比べて見る影もないというのが現状だ。

いずれにせよ、この夜にツイッターをほぼ開きっぱなしにしたのは、スーパーボウルのとき、ツイッター以上におもしろいところはないからだ。フィールドでカンザスシティ・チーフスとフィラデルフィア・イーグルスが闘いをくり広げているあいだ、ツイッターは、審判のおかしな判定とかプレイの途中にはさまれるコマーシャルとか、リアーナのハーフタイムショーとかの話題で持ち切りで、マークも、コメントを読んだりミームに大笑いしたり、なにか追加できるときにはしたり、ゲームに動きがあまりないときにはスクロールしたりと大忙しで満喫したのだ。

これこそツイッターの真骨頂だ。リアルタイムの対話、意見、ニュースを一瞬で世界的に共有する。話題の中心になっている人々からも反応をもらったりしつつ。

ワールドカップが終わって6週間。マスクは、CEOアンケートで打ちのめされ、珍しくもいっとき黙り込んだが、いまはもう、通常運転に戻ってツイートしまくっている。技術的な問題が起きたり、システムが一部動かなくなったり、ヘイトスピーチが増えたと苦情がつづいたり、エンゲージメントが下がりつづけたり、どうしてこんなことをするんだと思うような形でユーザー体験が変えられたりといろいろあったりはするが、プラットフォームとしてのツイッターはなんとか動きつづけている。

それでも、チーフ・ツイットはどこか変わったようにマークには思える。舎弟やボディガードを引きつれて本社を練り歩いているという話が聞こえてこなくなったし、言論の自由についてあれこれ宣言したり、本気の誓いをたてさせることもなくなったようだ。最近の話はもっと混沌《こんとん》としている。マスクの手の者が適当な技術者に声をかけては、あそこを変えろ、これを作れと要求しているらしい（プロダクトも、マスクがたまたま参加したツイッター上の会話から生まれたものだったりするらしい）。しかも、声をかけるのはたいがい真夜中だし、やらなければクビだと必ず脅すらしい。

ツイッター1・0のスノーフレーク文化もどうかとは思っていたが、あの文化が消えると同時に活力も失われたことは認めざるをえない。1年前、社員のスラックでは輝くアイデアや議論が飛びかい、一緒にやろうぜという話に発展したりしていた。それがいま、スラックは気味が悪いくらいに静かで、恐れと不安がわだかまっているように感じられる。

カウチの下にもぐってしまった紙皿を拾うためビーズクッションを回りこみながら、マークは、親指を画面に滑らせ、スラックへと切り替えた。昔はいつもスラックとツイッターを並べて開いていたのに、最近、スラックを見ることはめったにない。だから、いつもどおりゴーストタウンなんだろうと思っていた。

ところが、メッセージがひとつ、たまたまオンラインになっている人であれば誰でもいいと、全員に宛ててポストされたとの通知に出迎えられた。しかも、投稿したのはジェームズ・マスク。[2] マスクのいとこで、サンフランシスコ本社をいまだにうろうろしている数少ない舎弟のひとりだ。加えて、「非常に緊急」であり、すぐに返事をしてくれとのこと。「プラットフォーム全体のエンゲージメントにかかわる問題」があり、朝まで放置するわけにはいかないので、それを「デバッグできる」技術者とプログラマーを探しているらしい。

そこまで緊急なのか。マークはカウチの角に腰を下ろした。時間は……2時40分か。スーパーボウル後のこんな夜ふけに、技術者を求めてかけずりまわるとは。頭おかしいんじゃないか？　おそらく、いわゆるイーロンプロジェクトなんだろうな。

パワーユーザー乗数

大騒ぎの理由は、翌日、プラットフォーマーのテックジャーナリスト、ゾーイ・シファーとケイシー・ニュートンの記事を読んで得心した。スーパーボウル中にマスクが投稿したイーグルスの応援ツイートが原因らしい。このツイートは９１０万回、閲覧された。これはすごい数字に見えるのだが、同じくスーパーボウル中に、イーグルスファンの妻を支持するとバイデン大統領が投稿したツイートは、閲覧数が２９００万に達している。

マスクにとってはおもしろくない事態で、自分のツイートを削除するとプライベートジェットに飛び乗り、サンフランシスコに飛んだ。

プラットフォーマーによると、ジェームズとマスクは、真夜中に技術者を80人も集め、この「プラットフォーム全体のエンゲージメントにかかわる問題」――すなわち、マスクのツイートが米国大統領のツイートよりエンゲージメントが少なかった件――の修正を求めたという。できなければ全員クビだと、はっきり宣言もしたらしい。

結局、この問題は、朝までに解決された。身もふたもないやり方で。イーロン・マスクのツイートに光があたるようにツイッターのコードを書き換えたのだ。マスクのツイートが1000倍目立つように、ツイッターご自慢のアルゴリズムが変わった。ちなみに、この倍率はパワーユーザー乗数と呼ばれ、イーロン・マスクにのみ適用されるのだとプラットフォーマーは報じている。

さて、このあたりの事情をまだ知らないマークは、暗いリビングでカウチの角に腰をかけ、ジェームズ・マスクがスラックに流した緊急メッセージを見つめて頭をふるばかりだった。

これは違う。これは、何年か前、ヒューストンで大きなスクリーンに登場したマスクじゃない。あのときのマスクは、集まったツイープスが心を奪われるほど魅力的かつ刺激的で、スノーフレーク世代さえもが拍手と歓声を送った。でもいまは、これは、言論の自由なんかじゃない。世界のタウンホールでもなければ、平等な場にするという話でもない。真実とか火星とか人類の存在条件とかなんとか、マスクが信じているたわごとでもない。

こんなのは、ただの混迷だ。船長がなにか思いついてはそれにとらわれてしまい、安全に舵《かじ》を取れないから、船が沈みかけているのだ。

それでも、どこかほかに行くという話はない。いまはまだ。これから家のローンを返していかなければならないし、妻は妊娠している。部下も、いまなお残っている部下も、守らなければならない。それに、なにより、いまだ、ツイッターを信じてもいるのだ。

マスクを信じる部分も、まだ、自分のなかに残っている。真夜中に技術者をクビにするマスクではなく、ヒューストンで見たマスク、宇宙船や電気自動車のマスクだ。

スマホ側面のボタンを押して表示を消すと、沈むようにカウチに座る。ゴミ袋が床に触れて形を変えていく音だけが、暗闇のなかに響いた。

——2023年2月25日

第26章 孤独な人

技術者をたてつづけにクビに

ＧＰＳで確認したわけではないが、地獄の五丁目から六丁目のどこかにいるのはまずまちがいない。エスターにはそうだとしか思えなかった。ゆったりと流れる川は、日焼け止めをたっぷり塗った天使でいっぱいだ。大きなツリーハウスっぽい建物の陰では、手足から塩素を含むしずくを吹き出しつつスティールドラム４台のバンドが演奏しつづけている。このふたつに挟まれる形で、どうにもぐらつくビーチチェアに前かがみに座っているのだ。

もちろん、ダンテと、サンフランシスコ郊外に広がるグレートウルフロッジと呼ばれる水生ディストピアにはなんの関係もない。木をテーマに広がるお手軽な地獄の光景は、むしろハックルベリー・フィンを思いおこさせる夢のウォーターパークだと言える。弾丸のように飛びかう水しぶきと甲高い笑い声に包まれ、びしょぬれの子どもが大勢、同じくびしょぬれの浮き輪につかまっている。まるで、難破船から逃げてきた乗客かなにかのようだ。そして、そのすぐ横には、本当になにかあって悲鳴をあげているのか、それとも、ばか高いチキンフィンガーをもっとちょうだいと嬌声《きょうせい》をあげているだけなのかをなんとか見分けようと、必死の形相の親が大勢集っている。

すでに1日半、お土産物屋の迷路に沼地かと思うほどの湿気、耳をつんざく金切り声の嵐に浸っている。金曜の午後に事務所を出てから、座っているなと思える体勢になったのは初めてかもしれない。ノートパソコンは、閉じたままで隣の席に置いてある。

この週末は仕事をしないと自分にも夫にも約束してここに来た。なにせ、この2カ月がおかしすぎた。新しいプロジェクト（クリエイター、サブスク、場合によっては新しい決済方法までも含むマネタイゼーションスキーム各種）から古いプロジェクト（ツイッターブルーの再改造と、サブスクと組み合わせて運用するブルーチェック）までを圧力鍋で時短調理したのだ。だから、家族が一緒に楽しく過ごせるようにと、グレートウルフロッジへ来ることにした。だというのに、カラカラからどれほど離れようとも――ふやけているのに12ドルもするホットドッグをどれほど食べようとも、波のプールでどれほどの回数、転ぼうとも――あとに残してきたものが気になってしかたがない。ぴりぴりしているし、悪いほうに進んでいるとしか思えないあの状況が。

マスクに初めて会い、このままでは会社がだめになると訴えてから何週間かは、言わなければならないことは聞いてくれる人だと楽観的に構え、ツイッター復活の方法をいろいろと検討した。カタールに行く直前のあれこれとCEOアンケートはかなりこたえたようで、カラカラから出てきたマスクは、1月の丸々1カ月間、口数が減り気味で、エスターの改革案にわりと沿った動きをしてくれた。広告業界とのつながりが回復するようにといろいろ努力してくれたし、トラブりそうなツイートはかなり避けてくれたし、大量解雇も、少なくとも彼女が知る範囲ではやっていない。

ところが2月前半の2週間は、特に、スーパーボウルの前後は、けんか腰のマスクに戻ってしまった。ツイートのエンゲージメントで米国大統領に負けた件では、あまりに暴虐で乗組員の反乱を招いたとされるブライ艦長さながらに行動したし、小規模ながら何人もたてつづけにクビにして、世の中で騒がれるなどしたのだ。後者の発端は、ツイッターの反応が「多くの国で」遅い理由をマスクが説明したのに対し、アンドロイド端末用のプログラムを6年間開発してきているのだが、その説明はまちがいだと、みんなが見ているところで訂正した技術者がいたことだ。それから何時間か続いたツイートの応酬は、横から首を突っ込んだやじ馬に対するマスクの一言、

彼はクビにした。

で終わったし、さらに、技術者の言うことは正しいと擁護したツイープもすぐさまクビになり「しょーもない投稿でクビになったわ（爆）」の一言を残して消える事態となってしまった。さらに、この数日前にも、大罪を犯して放逐された技術者がひとりいた。マスクのエンゲージメントが減っているのは、ツイッターを買収したころよりツイッタラーとしての人気が下がっているからだと匂わせたのだ（1000倍のブーストがかかるようにアルゴリズムを改修させる事件の前だったというのに[1]）。

妄想の暴走

ちょっともめたからといって技術者をたてつづけにクビにするだけでも心配だというのに、その後のマスクは妄想が悪化していて、この1週間など、過去最悪のレベルに達しているように感じられる。社員の多くが謀反を企てていると公言してはばからないほどなのだ。社員同士が自由に話しあえると反乱が起きるかもしれない、万が一には、ツイッターの機能停止を狙った破壊活動につながることさえあると考えたのか、社員のスラックチャンネルを疑うようにもなっていた。

実は、エスターがグレートウルフで浮き輪をよけまくる三日前の水曜日、社内のスラックが全部止まったことがある。「通常メンテ」だと説明があったが、プラットフォーマーの取材にスラックの人間は、「そんなのはうそっぱちだ。『通常メンテ』なんてものはない」と答えている。[2] マスクは、なぜ、スラックを停止したのか。Xが乗った車の一件があったあと、ジャーナリストのアカウントを次々に凍結したときと同じで、妄想が奔《はし》りすぎたのか、怒りのあまりか、それくらいしかエスターには思いつくことができない。

職場の雰囲気がどんどん不安定になっている――そう感じているのは、自分だけではないはずだ。マスクの側近でさえ身をすくませていると感じる。ひとつ、強く印象に残っていることがある。テスラから移籍してきた優秀な技術者が、こんなイーロンは初めてだ、これ以上はとても耐えられないという言葉を最後に出ていくなど、クビや辞任が続いた結果、マスクのいとこのジェームズ・マスクがツイッターのエンジニアリングを統括することになった。訓練も教育も経験も足りないだろうにと思っていたところ、ある夜遅く、防音の電話ブースに隠れ、涙を抑えようとしているジェームズに遭遇したのだ。

ああ、やっぱり、無理な仕事でつらいんだと思い、安心させようと思って声をかけた。大丈夫、あなたは彼のいとこなんだから、親戚なんだから、大丈夫だよ、と。でも、ジェームズからは、あなたはイーロンがわかっていない、大丈夫な人なんていない、誰でも、いつ切られるかわからないんだと返ってきた。

ジェームズは、ツイッターがどれほどひどい状況になりつつあるのか、少なくとも理解はしているが、スティーブ・デイビスは、いまだにイーロン教カルトの最高侍者でありつづけているようだ。だから、こらえ性のないデイビスとぶつかることが増えている。

火花が散るほどぶつかったこともある。暗号通貨のドージコインをツイッターの決済システムで取り扱えるようにしろと言われたときのことだ。ドージコインは、もともと、暗号業界をネタとするジョークとして作られたデジタル通貨で、マスクがツイッターで支持を表明したことから人気の「ミームコイン」になったものだ。その組み込みにエスターは反対で、ドージは値動きが激しいしごまかしも多いので、それをツイッターに追加するのは愚かであると訴える文書を作成し、提出した。

そして、カラカラに呼び出された。デイビスら侍者数人としばらく言い争い、エスターは本音をぶちまけるしかないと判断した。マスクが必要としているのはイエスマンではない、真実を語ってもらうことだ、彼が前に進むのを常識で支援してくれる人なんだ、と。

鼻で笑われた。特別な人だからとマスクを守るはずの人々が、実はおだてて背中を押し、かえって彼の評価に傷をつけているのが実情なのかもしれない。そう、そういうことなのかもしれない。側近にしてはいけない人々を側近にしてしまっているのかもしれない。

ここ数日、そのまずい人々が防御を固めようとしている気がする。月曜朝、出勤すると、デイビスがカラカラに鍵をとりつけていた。説明はない。中をのぞくと、大きなホワイトボード2枚に、いまも残るツイープの名前がずらりと書かれている。給与が高いほうから降順だ。デイビスとジェームズ・マスクとジャレッドとジェーンが出たり入ったりして、なにやらひそひそと話をしたりメモを書いたりしている。そういう場に自分が呼ばれていない、組織図を見てくれとか提案はないかとか、なにがしかの声さえかからないのは、どう考えても警報級の事態だ。

でも、この件を努めて心から追い出そうとし、実際、それなりに成功して週末を迎えることができた。というわけで、グレートウルフに向けて車に荷物を積み、子どもの水着がちゃんとあること、クーラー一杯にスナックがあって1時間ほどのドライブに耐えられることを確認しているとき、エスターは、晴れやかな笑顔でいることができた。

半分ほども来たあたりで、エスターは夫に冗談を飛ばした。

「そういえば、サンフランシスコに戻ったときに無職の可能性、半分くらいあるかしら」

あのときは、ふたりとも大いに笑った。それから1日、ぬれぬれの浮き輪がステュクス川を流れていくのを見ていたら、どうにもがまんできなくなり、ノートパソコンを手に取ると開き、スイッチを入れることにした。

なにも変わったことはない。スクリーンから漏れる光が、さすがにそんなことはなかったとため息をつく彼女のほほを照らし……次の瞬間、画面が――

真っ黒に

なった。

パソコンを見つめる。キーをたたいてみた。なにも起こらない。ノートパソコンが、仕事用のノートパソコンが、レンガにされてしまった。すでにたくさんのツイープスが経験してきたように、自分も、メールへのアクセスもスラックへのアクセスもツイッターへのアクセスもブロックされてしまったのだ。

最初にわきあがった感情は、混乱だ。どういうこと？　クビになったの？　似たような経験をしたけど、実は技術的な問題だったとか、システムが止まっただけだったとかの話も聞いたことがある。アカウントからロックアウトされたけど、誰に聞いても、まだ社員なのかクビになったのかはっきりした答えがもらえなかった人もいる。その人のことは、ひそかに、シュレーディンガーのツイープと呼んでいた。解雇されていると同時に雇用されているわけだ。

でも。違うんだろうな。スペースキーを親指でくりかえしたたく。なにも起きない。そうだよ。わかってる。終わったんだ。マスクに切られたんだ。

ツイッターが破滅に向かって螺旋を滑り落ちているとメールに書いたせいかもしれないし、そのあとに直接そう言ったせいかもしれない。マスクの妄想が悪化しているせいかもしれないし、CEOアンケートにつながったあれこれで生まれた怒りや混乱、不安が消えなかったせいかもしれない。単純にまた剣をふるっただけかもしれない。ツイッターの収支をちょっとだけ整えるために。

なにせマスクである。私を狙い撃ちにしたわけではないだろう。それでも、またたとえマスクが相手であっても、撃たれたと感じて傷ついてしまう。そういうものだ。それに、昔の仕事仲間やツイッター関連の知り合いのなかには、これを知ったらはしゃぐ人がいるはずだ。なんだかんだ言って、ほかの人が切り捨てられるなかで自分は上にのぼったのだから。それに、大混乱のツイッター2・0でできるかぎりのことはしたが、マスクに忠誠を誓ったから、いま、こうして、グレートウルフロッジのビーチチェアに無職で座っているのだから。

後悔はない。爪痕は残そうとしたし、短い間ながら、ツイッターをよくしようと世界一の金持ちと肩を並べて仕事をしたのだ。

こうなっても、マスクを恨む気持ちはわいてこない。逆に、彼はかわいそうだと思ってしまう。自分は成果を誇りながらツイッターを出ていくわけだし、前に立ち上げたスタートアップがツイッターに買収された際の対価も（十二分に）払ってもらったことになるという極上のパラシュートまでつけてもらった（そのあたり、マスクは気にもしていないだろうが）。いい経験をさせてもらったし、なんといっても、自分には家族もいれば未来もあるのだ。

パソコンを閉じ、ぐらつくビーチチェアに背を預けた。目を閉じ、マスクの姿を思い描く。あの大きなガラスの会議室で、がらんとした長机の真ん中に座っている。スマホだけを持って。

このとき思い浮かべていたのは、ビリオネアのマスクではない。思いつきで無理難題を求めてくる、ときとして圧政的なボスでもない。テスラやスペースXを作った天才でもない。

このとき思い浮かべていたのは、最後に見た彼だ。いつも見ていた彼だ。カラカラにひとり、スマホだけを友に、机に向かっている彼だ。

あんなに悲しくて、あんなに孤独な人は見たことがない。

あんなにお金があって、あんなに力を持っていて、あんなに賢くて、あんなに夢があって（しかも、ぜんぶ、すばらしい志の夢で）、あんなになんでも持っていて、それでもなお——

あんなに悲しくて、あんなに孤独な人は見たことがない。

大きく息を吸って吐く。塩素の匂いがした。

そして、目を開いた。さあ、前に進まなくちゃ。

——2023年4月20日

エピローグ 爆発

スターシップ

朝8時33分、5、4、3、2、1と秒読みが雷のようにスターベースのコマンドセンターに響くと、ズズズズズッと世界がゆれ、太陽が1000個もまとめて爆発したかのような轟音《ごうおん》がとどろく。マスクは白い背の椅子から飛び上がるように立ち、そのままの勢いで、壁一面のガラス窓と天井から藤棚のようにいくつも垂れ下がるフラットスクリーンの群れに突進した。ガラス窓を突き破らんばかりだ。目の前でリアルタイムに、リアル世界で展開される壮観なショーを見つめる。背中を丸め。目を見開いて。食い入るように。

人類の歴史というタイムラインにおける不連続な崖。文明の進化を示す標識。ダ・ヴィンチのモナ・リザな瞬間、アインシュタインの相対性理論な瞬間、ニュートンのリンゴ、プロメテウスの火、あるいは、スティーブ・ジョブズのiPhone、ザッカーバーグのフェイスブックな瞬間だ。心臓が早鐘のように打ち、心拍が急上昇し、胃がひっくりかえる、目からビームな瞬間だ。１０００年に一度の出来事、シミュレーションがフル回転する出来事だ。

そういう光景が、いま、実際に展開している。カウントダウンが終わり、ラプター２エンジンから白い煙がもうもうと上がる。メタンと水素を混ぜたものが燃える巨大な炎が噴き出す。色は黄色から白だ。発射台全部とタワーの半分が熱と炎の竜巻としか表現のしようがないものに包まれる。そして、その中心で、人類史上最大のロケットが震え、脈打ち、そして、動きだそうとしている。ステンレスの輝きをまとうスターシップは、巨大なブースターも含めると全高１２０メートルに達する。壮観だ。これほど美しい光景をマスクは見たことがなかった。人類は見たことがなかった。この世で、この宇宙で、これほど完全無欠なものはほかにない。そして、すべてが、管制室もすべてが、ゆれて、ゆれて、ゆれていた。

ゆっくりと、もしかすると少しゆっくりにすぎるくらいゆっくりと、もしかするとわずかに傾いて、巨大なロケットが上昇を開始した。33基あるラプター２エンジンのうち、フルに推力を発揮できる状態にない３基を停止したとの言葉が管制室に響くが、30基あれば十分だ。だから、巨大なロケットが上昇していく。火と煙に乗り、タワーを少しずつ登るように。上昇するにつれてスピードも上がっていく。ついにタワーを越え、円錐形《えんすいけい》の先端を曇りがちの空、それでもやはりテキサスらしいアクアマリンの空に向け、さらに上昇していく。

そして、マスクが息を飲んだ。技術者でいっぱいの管制室全体が息を飲んだ。ロケットはタワーを越えてアクアマリンの空に上昇し、シミュレーションのピクセルに溶け込むように小さくなっていく。さらに高く、さらに速く、そして、さらに高く。27秒間、さらに高く、さらに速く、そして、さらに高く飛んだところで、通信がロストしたと声が上がる。それでも、もう35秒、夢が続いた。しかし、原因は不明だがラプター4基の熱シールドが壊れたとのささやきが広がる。世界を変える出来事がもう23秒続いたところで、壮麗なる宇宙船は推力のコントロールを失ってしまう。

そして、マスクが窓越しに見守るなか、フラットスクリーンのウインドウを通して見守るなか、一瞬の間があったあと、ロケットが傾き、頭をふるように回転する。1回。2回。3回。螺旋《らせん》だ。くそいまいましい螺旋だ。すみやかに、自動的に、判断が下される。

フライト打ち切りシステムが稼働し、その瞬間、宇宙船が爆発した。炎と煙を噴き出して。同じくその瞬間、マスクの周りから歓声が上がった。部外者には不可解な光景かもしれない。フラットスクリーンで、極限までピクセル化されたアクアマリンの空で、ロケットの爆発炎上が続いているのに、技術者が歓声を上げ、肩をたたき合っているのだから。もちろん、マスクは、それがなぜだか理解していた。

スターシップが発射台とタワーを離れて離陸した。史上最大のロケット、史上最高にパワフルなロケット、いつの日か人類を火星まで運び、複数惑星に住めるようにしてくれるロケットが期待どおりの性能であると確認できたのだ。

マスクが自分の椅子に戻る。興奮が収まらない。母親など、家族もみんな、発射台を望める展望台から見ているはずだ。そのほかにも数千人が、いや、何百万人もが見ているはずだ。ボカチカキャンパスの近くから直接に、あるいはオンラインで、さらにはテレビで。ただ、たしかにすさまじい数の人が見たわけではあるが、なし遂げられた偉業のすごさに比べるとあまりに少ないと言わざるをえない。

50年前なら、世界中が注目し、マスクとともに喜び、祝ったはずだ。ワシントンDCで紙吹雪のパレードが行われ、祝賀会が開かれただろうし、ハリウッドがニュース映画を作り、全国の映画館に配ったことだろう。たしかに、今回、ロケットは爆発したかもしれない。いや、このすぐあとにスペースXがツイートで説明したように、これは指令で制御されたフライトの終了であり、「スターシップは予定外の急速分解となった」と言うべきなのだろうか。いずれにせよ、少々期待外れだったとは言えるものの、今回の事態が予想されていなかったわけではない。

マスク自身、数日前にツイッタースペースで「なにか不具合が生じるまでに発射台から十分遠いところまで打ち上げることができれば、成功とみなすべきだと考えています」と述べているのだ。

「発射台を吹っ飛ばす事態は避けたいですね」という言葉もあった。打ち上げ時、膨大な熱と音波が平らな表面にたたきつけられる時間が数秒ほど長すぎたのか、発射台はコンクリートに亀裂が入ってゆがんでしまったが、(少なくとも全体が)吹き飛ぶほどの大ごとにはならなかった。

発射台はそんな感じだったが、それでも、マスクにとっても技術陣にとっても、この打ち上げは成功以外のなにものでもない。1段目のブースターを切り離し、スターシップの本体が軌道に向けた旅に入る直前までは行けたのだし、そもそも、この打ち上げはなにしかの破壊で終わるはずだったのだから。これはスターシップの初フライトであり、発射台に軟着陸する予定にはなっていなかった。すべてが計画どおりに進んだとしても、最後は海に墜落するように突っ込み、回収されて技術陣の研究材料になるはずだったのだ。荷物なし、乗組員なしで、情報収集と、このロケットを飛ばせることの証明が目的だったわけだ。

そんなわけで、世界中が祝賀ムードで大騒ぎしてもよかったはずだ。しかし、誰しもがマスクと同じように考えたわけではなかった。というか、メディアの反応は大きく異なっていた。

ＡＰ通信は「スペースXの巨大ロケット、テキサスから打ち上げた数分後に爆発」、ＣＮＢＣは「スターシップロケットの歴史的な打ち上げ試験、フライト中に爆発」と報じた。ニューヨークタイムズ紙は「スペースXのスターシップロケット、打ち上げには成功するも、数分後に爆発し、意欲的な目標の達成はならず」とツイートしている。ワシントンポスト紙は「4分で失敗――スペースXのスターシップがフライト中に分解」、ＢＢＣは「マスクのスペースXの巨大ロケット、試験フライトで爆発」である。

これらの見出しはいずれも事実を正しく記述していると言えるわけだが、事実は事実として、それとは別に真実というものがあるはずだ。今回の打ち上げ試験に多少の批判が寄せられることはマスクも予想していただろう。最初の秒読みで問題が発覚し、打ち上げを4月20日に延期したのもよくなかった。「マリファナを吸う」の隠語である４２０を連想させる日付で、眉をひそめた人が少なからずいるのだ。実はツイッター買収の提案価格が1株54ドル20セントと（マスク本人も認めているように）株価から考えたら高すぎる数字だったのも、マリファナに引っかけたかったからなんじゃないかと言われたくらいで。

それでもなお、こういう見出しばかりというのは理不尽だろう。単なる事実よりも、マスクがスターベースで実現したことの偉大さのほうが大きいのではないだろうか。人類にとってスターベースが象徴する意味という真実のほうが大きいのではないだろうか。50年前なら、世界中が祝賀ムードになったはずだ。

いや、6カ月前であっても、ニュース番組に登場したマスクに対し、国中から、世界中から、拍手が送られたかもしれない。

だというのに、実際のところ、技術者の拍手に包まれて白い椅子に戻るマスクは、目を細めて歯を食いしばっていたのではないだろうか。

このとき、世界は彼に刮目《かつもく》したはずなのだ。これこそ、世界が望むマスクなのだから。世界が、以前は、いや、基本的にずっと、愛してきたマスクなのだから。テスラとスペースXのマスク、電気自動車と惑星間の夢を象徴するマスクなのだから。宇宙船を作り、都市の地下にトンネルを掘る天才なのだから。

ところが、シャペルのショー以来、110号線にほど近いガソリンスタンドの一件以来、CEOのアンケート以来、世界の大半にとって、彼はそういうマスクでなくなってしまった。

スターシップが青い空に初めて突き進んだこの日、マスクは、従来のブルーチェックを廃止するよう指示した。これで、セレブ、ジャーナリスト、政治家、著名人も、新ツイッターブルーの月8ドルを払っていなければ、熱いまなざしを向けられてきたブルーチェックがつかなくなる。マスクは、手を一振りするだけで、場を平等にしてしまった。つまり、ずっと研究をしてきた科学者のツイートも、学位をいくつも持つ歴史学教授のツイートも、最前線にいる戦場ジャーナリストのツイートも、映画スターのツイートも、タイム誌で50

年も仕事をしてきた経験豊富な記者のツイートも、どこぞのビリオネアのツイートも、ほかのツイートと区別がつかなくなる、真夜中になにかをキメて浮かんだことを書いた大学生のツイートとも、世の中のすべてに怒りを抱き、陰謀論に染まったユーチューブジャンキーがレッドブルウォッカを5杯も飲んだところで吐き出すたわごととも、区別がつかなくなるわけだ。

著名人もセレブもジャーナリストも科学者も、しぶしぶなのか喜んでなのかは別として、いままで無償で与えられてきたチェックにお金を払ってくれるはずだとマスクは考えたのかもしれない。チェックが特別であることを意味しなくなっても。本人認証がされていることを意味しなくなっても。逆に、そのあたりなど、どうでもいいと考えているのかもしれない。ツイッターにとっては、平等な場であること、カースト制がなく、(マスク自身以外)特別扱いもない平等な場であることのほうがはるかに大事だ、と。

マスクがどう予想していたにせよ、著名人もセレブもジャーナリストも、価値の切り下げられたブルーチェックなどいらないと考える人が多かった。これはこれで、すごいことをマスクはしたと言える。闇市場で、かつて、数万ドルの高値で買っていた人々が、たった8ドルを払う気さえなくしたのだから。

さらに、その日のうちに、おいおい、んなもん買ったのかよとあざける著名人が増える事態になってしまう。これを受けて、マスクは、一部のセレブや著名人に無償でチェックをつけると方針を転換。最初は、レブロン・ジェームズ、スティーヴン・キング、ウィリアム・シャトナーなど、新ブルーチェックをさかんにけなす人々にかぎっていたが、うわさによると、すぐ、フォロワー100万超えのセレブ全員に拡大されたらしい。

こうして、平等な場は始まったときと同じくらい急転直下で終わった。しかも、マスク自身が選ぶなど従来どおりに勝手気ままで不公平なブルーチェックが一部のセレブに無償で配布されるとともに、同じチェックが、あっちにもこっちにも、お金を払った人々のアカウントについていて、チェックにどれほどの意味があるのかと感じる状況という形で。

これは、テスラのマスクと違う。スペースXのマスクと違う。電気自動車や巨大ロケットのマスクと違う。これはツイッターのマスクだ。平等な場、言論の自由、星空を渡る人類など、イデオロギーはすばらしいのに、それを具体化しようとしたとたん、混乱とごまかしと脊髄反射に堕してしまうマスクだ。

ツイッターを買収したのは、「ウォーク・ウイルス」なるものに感染していると思ったから、言論の自由が危ないと思ったから、規制や足かせが基本的にない世界のタウンホールがなければ、せっかく開いた悟りの窓も活用できないと考えたからだ。人類文明が複数惑星に広がり、いつか訪れる破壊を免れられるのはこれからしばらくの期間だけだ。ツイッターを買ったのは、巨大なロケットを空に打ち上げたのと同じ理由、すなわち、世界を救うため、だ。

しかし、ツイッターとスペースXは違うし、ツイッターのプラットフォームは、ロケットのようにあちこち好きなようにいじってみられるものではないし、それこそ、場合によっては爆発させてみたりできるものではない。ツイッターは人を核に作られているからだ。

だというのに、マスクは、ある種の公平性を求めてブルーチェックのシステムをいじり、最終的に爆発させてしまった。ツイッターがインターネットで究極の真実を提供する場になるためには必要な措置だと、マスクは、なんどもなんども語っている。だがその一方で、ここ何カ月も、著名人や報道媒体をツイッターから追い出し、長年にわたって技を磨いてきたジャーナリストをおとしめるようなことを続けている。ロケットを「市民技術者」に作らせたら飛ばせないものにしかならないのと同じで、ニュースはどう報道すべきかと学びつづけている人々の参加なくして、ツイッターが究極の真実を提供する場になることなどできないというのに。

言論の自由を守る砦《とりで》になるという件も、そういう言論がさかんに交わされるように守るガードレール的なものがなければ実現できない。インターネットの隅にわだかまる闇を狙い撃ちで照らす人がいなければ、ツイッター自体がそういう闇のひとつになりかねないのだ。

マスクがめざしたのは、その逆で、闇を照らす光にツイッターを変えることだ。だというのに、ツイッターを混乱させ、そのしっぺ返しで、自分の評判に、おそらくは取り返しがつかないほどの傷をつけてしまった。

ツイッター買収で自分のイメージが傷ついたりしていない、自分の能力や特質を世界がどう見ているのかが変わったりしていないと知らぬふりはもうできない。どうにかして、自分で自分につけた傷を癒やさなければならない。だから、5カ月前に尋ねたアンケートの結果にやはり従うことにしたと、スターシップの打ち上げから1カ月もたたない5月12日、発表する。広告の経験が豊富でＮＢＣユニバーサルのグローバルな広告営業部門を率いているリンダ・ヤッカリーノに、ＣＥＯとしてツイッターの経営にあたってもらうことにしたというのだ。

ヤッカリーノには基本的に業務を仕切ってもらい、自分は、今後も、プロダクトデザインと新技術の開発に携わるとマスクは語ったが、その実、ヤッカリーノには、有能かつ人品卑しからぬ大人として分別を提供する役割が期待されているように思える。彼女なら広告主も安心し、ツイッターに戻ってきてくれるのではないかという期待もあるだろうし、マスクに当たるスポットライトが減って、これ以上、評価に傷がつくのも防いでくれるのではないかという期待もあるだろう。シェリル・サンドバーグのフェイスブック参加で、木の人形みたいだったマーク・ザッカーバーグが血の通った人間に変わったのと同じように、マスクのイメージを復活させるのも目的のひとつということだ。

気まぐれなビリオネアを抑えつつ、彼に焼き切られた広告業界との絆を結びなおす――それが彼女の仕事ということになるのだろう。ヤッカリーノがどのくらいの期間、耐えられるのかはわからないが、とにかく、新ＣＥＯは、マスクの評価を回復する第一歩にすぎない。これに続けて、大変な子ども時代や彼の職業倫理、成功の実像などを著名ジャーナリストのウォルター・アイザックソンが描く称賛満載の伝記がもうすぐ出るという発表もあった。多角的なＰＲキャンペーンかと思う状況だが、ここまでしても十分とは言えないかもしれない。

マスクがツイッターを壊し、続けてツイッターがマスクを壊したという見方は、ソーシャルメディアに「ウォーク・ウイルス」が感染しているという見方と同じくらいそそられるものであり、同じくらい長く尾をひくであろう。その傷は、ＣＥＯを誰かに譲ったり、光り輝く伝記を出したくらいで癒やせるものではない。マスク自身が、自分の言葉で、自分の行動で始末をつける以外にないのだ。

真実とは、個人の主観に左右されるものだ。それはマスクも身に染みて理解したことだろう。ロケットの打ち上げは、近年でもっとも重要と言える技術革新だととらえることもできるし、テキサスの空に散った大爆発だととらえることもできる。実際のところ、どちらも正しい。マスクが誰よりもよく知るように、シミュレーションとは黒と白の２色で描かれるものではなく、光を構成するあらゆる色を用いて描かれるのだから。

マスクは、スペースXの椅子に座り、テキサスのあの空から最後の煙が舞い降りてくるのを見ながら、ひとつの選択を迫られている。どちらのマスクになるのか、だ。

謝辞

すぐれたプロデューサーで、本書を書くようにと背中を押してくれた友、ボー・フリンに特大の感謝をささげたい。マスクにもツイッターにも、何年も前から注目してきたが、ボーがはっぱをかけてくれなければ、これほど複雑なストーリーに取り組む気概はわかなかっただろう。編集者のキャリン・マーカスにも大いにお世話になり、おかげで、本書の執筆は私のキャリアでも特にすばらしい体験となった。ベン・セビア、コリン・ディッカーマン、カレン・コストリニクにも、細やかに、かつ、上手に本書を導いていただいた。私なら本書を書き上げられると信じてくれたエージェントのエリック・シモノフとマット・スナイダーにも、特大の感謝をささげなければならない。ぶっ通し、かつ、猛スピードで仕事をしてくれたイアン・ドーセットにも、どこまでも私に伴走してくれたジミー・フランコ、ジェニーン・ペレスらアシェットのチームにもお礼を申しあげたい。

　このような本は、生きるも死ぬも、情報提供者次第である。この点については、幸運にも、多くの人に協力していただき、幅広い知見を得ることができた（匿名が条件の人が多かった）。驚く話が多く、さまざまな刺激をいただくことができた。今回もテスラと財務についてたくさんのアドバイスをしてくれたロス・ガーバーは、特に名を記して感謝したい。

最後に、いつもどおり、一番大事な人、秘密兵器のターニャにありがとうの言葉を贈る。アッシャー、アーヤ、ベーグル、クリームチーズ、両親、そして、バグジーの記憶にも——みんなのおかげで最後までがんばれたよ。

訳者あとがき

電気自動車のテスラや宇宙開発のスペースXなど並外れた実績を挙げてきたイーロン・マスクが、２０２２年10月、ツイッター社（現X社）を買収し、すさまじい勢いで改革を始めた。買収からわずか1カ月半で社員数を4分の1近くまで減らすほど強烈に人員を整理する、システムが不安定になるという技術陣の反対を押し切ってサーバーなどの機材をぎりぎりまで集約するという具合だ。なにせ、「なんでもできるかぎり減らせ。10％は元に戻さなければならなくならないのなら、それは減らしたりない」と考える経営者なのだ。もちろん、ツイッターの使い勝手に直接影響する機能やユーザーインターフェースにもどんどん手を入れた。そんなわけで、アルゴリズムの変更はもちろん、機材も集約しすぎて運用が不安定になるなど、その影響は日本のユーザーにも感じられるものとなった。

マスクは、なぜ、なにを目的に、こういう改革をしたのか。そのあたりは、公式伝記『イーロン・マスク』（ウォルター・アイザックソン著、井口耕二訳、文藝春秋）に詳しく記されている。ただし、あくまで、イーロン・マスク側から見た話だ。対して本書『Breaking Twitter　イーロン・マスク 史上最悪の企業買収』は、この買収をツイッター社の側から見て描いている。

　つまり、この2冊を読めば、ひとつの企業買収劇を買収する側とされる側、両方から見ることができる。これはまたとない機会だと言えよう。しかも、その買収劇が、ハードウェア的にもソフトウェア的にも、そして人的にも、会社をぶち壊してしまうのではないかと思うほど過激なものなのだ。これがおもしろくないはずがない。

『イーロン・マスク』を読むと、マスク自身、ツイッターの買収では珍しくもずいぶんと迷い、悩んでいることがわかる。逆に、ツイッター社員の目で事態を見ると、そうして迷い、悩んでいることなどわからず、思いつくまま好き勝手をしているようにしか思えない。だから、困惑する。反発もする。反発して改革の障害だとみなされ、追放されたりする。もちろん、マスク直属の側近として献身的に仕えた社員のなかには、マスクの苦しい胸の内を推測した者もいる。だが、そんな人でさえ、理由も告げられずにクビを切られたりする。米国企業でもみなが驚く激しいリストラで、日本の企業では考えられないことのオンパレードである。

　いや、単純にクビを切られるだけならまだしもかもしれない。裏切ったとみなされれば、ツイッター上で世界一の影響力を誇るマスクにいびられることさえあるのだ。マスクがあおれば尋常でない炎上になる。それこそ、オンラインに話がとどまらず、リアルな暮らしさえも侵食するほどの炎上になってしまう。

マスクという人物は、頭がよくて優秀である一方、思い込みが激しい。また、トラブルに身を置いていないと生きている実感がわかないらしく、なにかというと、自分からトラブルに突っ込んでいく。そして、それを下手に止めれば、逆意があるとみなされ、たたき出されたりする。

そんなマスクが、2024年の米国大統領選挙でトランプ候補を強力に支援し、第2期トランプ政権では政府効率化省のトップに起用された。いま、政府職員は、みな、これからどうなるのかと恐れおののいていることだろう。さすがに、米国政府の職員を1カ月半で4分の1に減らす大手術はしないだろうが、それを言うなら、ツイッター社のときも、人員を1カ月半で4分の1に減らす大手術など、誰も想像していなかったはずだ。

まだ当分、イーロン・マスクから目を離すことはできそうにない。いや、ますます目が離せないと言うべきだろう。

テスラやスペースXの経営者という立場だったころは、そういう仕事をしていないかぎり「よくも悪くもすごい人だなぁ」と見ているだけですんでいた。だが本書が取りあげているツイッター社では、我々もユーザーとして影響を避けられなくなった。今後は、米国政府を通じて、日本の経済などにも幅広く影響を及ぼしてくる可能性がある。

米国はこれからどうなるのか。日米関係はどうなっていくのか。本書を訳しながら、そんなことが気になってしかたがなかった。

2025年1月　井口耕二

出典

第２章　ギガテキサス

1. Tom Randall, Josh Eidelson, Dana Hull, and John Lippert, "Hell for Elon Musk Is a Midsize Sedan," *Bloomberg Businessweek*, July 12, 2018.

第３章　不意打ちの株式取得

1. Harsh, "Car Collection of Ousted Indian-Origin Twitter CEO Parag Agrawal," *CarBlogIndia*, November 2022.
2. "EmTech Stage: Twitter's CTO on Misinformation," *EmTech MIT* podcast, Gideon Lichfield, produced by Jemma Strong and Emma Cillekens, *MIT Technology Review*, November 18, 2020.

第４章　ツイッターの運営・管理

1. Informed Conference 2022, Knight Foundation, Kara Swisher and Yoel Roth, Session 10.
2. Ibid.

第５章　テキサス州ボカチカ

1. TedX conference, with Chris Anderson, April 14, 2022.

第７章　資金集め

1. Brittany Chang and Tim Levin, "See inside the $50,000, prefab tiny house that Elon Musk uses as a guest house in Texas," Business Insider, August 5, 2022.

第９章　運をつかんだ者

1. Zoe Schiffer, Casey Newton, and Alex Heath, "Extremely Hardcore," The Verge, January 17, 2023.
2. Dan Adler, "How Alex Spiro Became Elon Musk's (and Megan Thee Stallion's and Jay-Z's) Go-to-Lawyer," *Vanity Fair*, March 6, 2023.

第10章　占領

1. Elon Musk text exhibits, Exhibit H.
2. Mae Rice, "Inside Twitter's Fun and Functional San Francisco Headquarters," builtinSF, February 18, 2020.
3. Kate Conger, Mike Isaac, Ryan Mac, and Tiffany Hsu, "Two Weeks of Chaos: Inside Elon Musk's Takeover of Twitter," *New York Times*, November 11, 2022.
4. Erin Woo, Kaya Yurieff, and Becky Peterson, "Inside Elon Musk's Wild First Week at Twitter," The Information, November 5, 2022.
5. Zoe Schiffer, Casey Newton, and Alex Heath, "Extremely Hardcore," The Verge, January 17, 2023, https://www.theverge.com/23551060/elon-musk-twitter-takeover-layoffs-workplace-salute-emoji.
6. Conger, Isaac, Mac, and Hsu, "Two Weeks of Chaos."
7. Schiffer, Newton, and Heath, "Extremely Hardcore."
8. Alex Heath, "Elon Musk is putting Twitter at risk of billions in fines, warns company lawyer," The Verge, November 10, 2022.

第11章　レイオフ

1. Kate Conger, Mike Isaac, Ryan Mac, and Tiffany Hsu, "Two Weeks of Chaos: Inside Elon Musk's Takeover of Twitter," *New York Times*, November 11, 2022.

第13章　イーロン・マスク狂騒曲

1. Brock Colyar, "It Was a Real Wormy Halloween This Year and at Heidi Klum' s Party, We All Got Haunted by Elon Musk," The Cut, November 3, 2022.
2. Naledi Ushe and Elise Brisco, "Bathtubs of Blood, a Giant Worm, Elon Musk: What We Saw Inside Heidi Klum's Halloween Party," *USA Today*, 11/1/2022.

第14章　終わりの始まり

1. Dan Milmo, "Twitter Trolls Bombard Platform after Elon Musk Takeover," *Guardian*, October 30, 2022.

第15章　炎上

1. Informed Conference 2022, Knight Foundation, Kara Swisher and Yoel Roth, Session 10.

第16章　突きつけられた二択

1. Alex Heath, "Inside Elon Musk's First Meeting with Twitter Employees," The Verge, November 10, 2022.

第17章　全社集会

1. Zoe Schiffer, Casey Newton, and Alex Heath, "Extremely Hardcore," The Verge, January 17, 2023, https://www.theverge.com/23551060/elon-musk-twitter-takeover-layoffs-workplace-salute-emoji.
2. Ibid.

第18章　ヨエルを襲う悪意

1. Informed Conference 2022, Knight Foundation, Kara Swisher and Yoel Roth, Session 10.

第19章　シャペルのステージ

1. "Elon Musk Tries to Tweet Through It after Getting Booed at Dave Chappelle Show," Salon, December 12, 2022.

第20章　トラスト＆セーフティの解体

1. A. J. McDougall, "Twitter Dissolves Its Trust & Safety Council After Founding Members Resign," Daily Beast, December 12, 2022.

第21章　位置情報

1. Drew Harwell and Taylor Lorenz, "Musk Blamed a Twitter Account for an Alleged Stalker, Police See No Link," *Washington Post*, December 18, 2022.
2. Jack Sweeney, "Elon Musk Wanted to Buy My ElonJet Twitter Account——I've Named My Price," *Newsweek*, November 3, 2022.
3. Rebecca Kern, "Musk Reinstates Majority of Suspended Journalist Accounts,"

Politico, December 17, 2022.

第 23 章　民の声は神の声

1. Pete Syme, "Elon Musk was photographed with the CEO of Qatar's sovereign wealth fund hours before asking followers if he should quit as Twitter boss," Business Insider, December 21, 2022.
2. Sanya Jain, "Elon Musk with Lakshmi Mittal in Viral Pic from FIFA World Cup Final," MoneyControl, December 20, 2022.

第 25 章　沈みかけた船

1. Nicole Farley, "Advertisers Slow to Return to Twitter despite Musk's Claims," Search Engine Land, April 14, 2023.
2. Zoe Schiffer and Casey Newton, "Yes, Elon Musk Created a Special System for Showing You All His Tweets First," The Verge, February 14, 2023.

第 26 章　孤独な人

1. Zoe Schiffer and Casey Newton, "Elon Musk Fires a top Twitter Engineer over His Declining View Count," Platformer, February 9, 2023.
2. Casey Newton and Zoe Schiffer, "New Cracks Emerge in Elon Musk's Twitter," Platformer, February 23, 2023.

［著者］

ベン・メズリック（Ben Mezrich）

ノンフィクション作家、小説家。1969年、米国ニュージャージー州プリンストン生まれ。ハーバード大学卒業。デヴィッド・フィンチャー監督、アーロン・ソーキン脚本の映画『ソーシャル・ネットワーク』の原作『facebook　世界最大のSNSでビル・ゲイツに迫る男』（青志社）、全米トップの興行収入をたたき出した人気映画『ラスベガスをぶっつぶせ』の原作『ラス・ヴェガスをブッつぶせ！』（アスペクト）、『The Antisocial Network』（未邦訳）など、ニューヨークタイムズ紙が選ぶベストセラーに選ばれたものをはじめとして数多くのベストセラーを書いてきた。著書の累計販売数は世界全体で600万部を超えている。

［訳者］

井口耕二（いのくち・こうじ）

翻訳者。1959年、福岡県生まれ、東京大学工学部卒業。米国オハイオ州立大学大学院修士課程修了。主な訳書に、『スティーブ・ジョブズ Ⅰ・Ⅱ』（講談社）、『イーロン・マスク　上・下』（文藝春秋）、『スティーブ・ジョブズ 驚異のプレゼン』『スティーブ・ジョブズ 驚異のイノベーション』（ともに日経BP）、『インスタグラム：野望の果ての真実』（NewsPicksパブリッシング）などがある。

Breaking Twitter

――イーロン・マスク 史上最悪の企業買収

2025年３月25日　第１刷発行

著　者――――ベン・メズリック

訳　者――――井口耕二

発行所――――ダイヤモンド社

〒150-8409　東京都渋谷区神宮前6-12-17

https://www.diamond.co.jp/

電話／03･5778･7233（編集）　03･5778･7240（販売）

装丁――――杉山健太郎

オリジナルカバーデザイン――©Greg Mollica

カバーイラスト――――©Danielle Del Plato

DTP――――梅里珠美（北路社）

校正――――円水社

製作進行――――ダイヤモンド・グラフィック社

印刷・製本――――ベクトル印刷

編集担当――――林えり

ISBN 978-4-478-12058-3